Politik　　Wissenschaft　　Zukunft

W0096461

Ingrid Mittenzwei

Friedrich II. von Preußen

Eine Biographie

2., unveränderte Auflage

Pahl-Rugenstein

Pahl-Rugenstein Verlag, Köln 1980
Vom VEB Deutscher Verlag der Wissenschaften
genehmigte Lizenzausgabe
© by VEB Deutscher Verlag der Wissenschaften, Berlin/DDR
Printed in the German Democratic Republic

CIP-Kurztitelaufnahme der Deutschen Bibliothek
Mittenzwei, Ingrid:
Friedrich II. [der Zweite] von Preussen: e.
Biographie / Ingrid Mittenzwei. – Köln: Pahl-
Rugenstein, 1980.
   (Kleine Bibliothek; 182)
   ISBN 3-7609-0512-9

Inhaltsverzeichnis

Der Kronprinz

Die Kindheit

Am 24. Januar 1712, einem Sonntag, wurde dem Kronprinzen in Preußen, Friedrich Wilhelm, ein Sohn geboren. Als die Nachricht eintraf, saß der Kronprinz gerade mit seinem Vater, dem damals in Brandenburg-Preußen regierenden König, Friedrich I., beim Mittagsmahl. Beide empfanden große Freude. Da die erstgeborenen Söhne Friedrich Wilhelms im Säuglingsalter gestorben waren, schien bis zu diesem Zeitpunkt die Erbfolge in der preußischen Monarchie nicht völlig gesichert. Der sehnlichst erwartete neue Erdenbürger, der einen Sonntag später den Namen seines Großvaters Friedrich erhielt, wurde mit Glockenläuten und Kanonenschüssen gefeiert. Auf diese Weise erfuhr Berlins Bevölkerung von der Geburt des Prinzen.

Die damals schon mit Mutterwitz und Schnoddrigkeit ausgestatteten Berliner hatten indes keinen Grund zu lauter Freude. Den Bürgern und Bauern in brandenburgisch-preußischen Landen ging es denkbar schlecht, und viele ihrer Kinder dürften im Gegensatz zum Prinzen mit großer Sorge auf dieser Welt empfangen worden sein. Die Berliner fürchteten einen erneuten Anlaß für Prunk und Protz, die Zurschaustellung königlicher Würde. Auf die Prunksucht des Königs führten sie den Tod der ersten beiden Kinder Friedrich Wilhelms zurück. Die Neugeborenen, so munkelte man in Berlin, hätten das Salutschießen sowie die Last des schweren Seidenmantels und der Krone nicht vertragen. Sicher war das nicht der Grund für den frühen Tod der beiden Brüder Friedrichs. Die hohe Kindersterblichkeit der Zeit machte auch vor Fürstenthronen nicht halt. Trotzdem zeigt das Gerücht, was die Berliner über Friedrich I. dachten. Der jedoch hielt sich diesmal zurück. Am Abend der Geburt gab es kein Feuerwerk, wurde nicht illuminiert. Am preußischen Hof wurde neuerdings „gespart". Brandenburg-Preußen steckte 1712 in einer Krise.

Seit der Jahrhundertwende waren die europäischen Staaten in zwei große kriegerische Auseinandersetzungen verwickelt. Im Westen und Süden Europas kämpfte Österreich, das mit den bürgerlichen Seemächten England und den Niederlanden verbündet war, mit Frankreich um das spanische Erbe. Im Osten und Norden widersetzten sich Dänemark, Polen-Sachsen und das emporstrebende Rußland der schwedischen Vormachtstellung im Ostseeraum. Hinter dem Streit um die spanische Erbfolge, der noch vor dem Tode des letzten spanischen Königs aus dem Hause Habsburg begann, verbargen sich gewichtige Interessen der großen europäischen Mächte. Das absolutistische Frankreich, das nach dem Westfälischen Frieden zur Hegemonialmacht Europas geworden war und auch im Reich nach seinem Willen schaltete und waltete, sah seine Führungsposition gefährdet, sollte es zu einer Vereinigung des spanischen und österreichischen Besitzes der Habsburger kommen. England und die Niederlande aber fürchteten für ihren Kolonialhandel. Spanien war zu diesem Zeitpunkt nur noch nominell die größte Kolonialmacht Europas. Niederländische und englische Handelskapitalisten hatten Zug um Zug den gewinnbringenden Handel mit den überseeischen Kolonien Spaniens an sich gebracht und deren Ausplünderung in großem Stile organisiert. Diesem Handel drohte Gefahr, falls anstelle des schwachen Spanien das starke Frankreich die Kolonien in Besitz nehmen würde. Was wie ein Streit feudaler Herrscher um eine Erbfolge aussah, war in Wirklichkeit das Aufeinanderprallen zweier Welten. In Europa hatte seit dem Beginn des 16. Jh. die Ära des Übergangs vom Feudalismus zum Kapitalismus begonnen. Die aus den ersten siegreichen bürgerlichen Revolutionen in den Niederlanden und England hervorgegangenen Staatswesen bürgerlichen Typs kämpften mit der stärksten Feudalmacht Frankreich um die Hegemonie auf dem europäischen Kontinent und um die Ausbeutung der unterdrückten kolonialen Länder.

Brandenburg-Preußen war wie andere feudale Staaten in diese Auseinandersetzungen einbezogen. Es suchte als Juniorpartner Österreichs und der Seemächte sein Süppchen am europäischen Feuer zu kochen. Die Teilnahme am Spanischen Erbfolgekrieg und ein mit Polen-Sachsen abgeschlossener Geheimvertrag hatten dem brandenburgischen Kurfürsten 1701 die langerwartete Königskrone gebracht. Auf Hilfstruppen aus Brandenburg-Preußen angewiesen, widersetzte sich der Kaiser nicht länger und stimmte der Ernennung des brandenburgischen Kurfürsten zum König in Preußen zu. Dasselbe tat August II., Kurfürst von Sachsen und König von Polen, nachdem sich der Brandenburger verpflichtet hatte, in den zu erwartenden Auseinandersetzungen im Norden Europas nicht die Partei Schwedens zu ergreifen.

Friedrich I., der Großvater des jungen Friedrich, war eine schillernde Erscheinung. Körperlich klein und verwachsen, ein leicht reizbarer und schwacher Charakter, wollte er Macht vor allem durch äußere Repräsentation dokumentieren. Wenn Ludwig XIV., Frankreichs Sonnenkönig, das Idol der meisten großen und kleinen Potentaten Europas war, für Friedrich I. war er es in ganz besonderem Maße.

Unter Ludwig XIV. hatte der französische Absolutismus seinen Gipfelpunkt erreicht. Der Konzentration staatlicher Macht in den Händen des absoluten Monarchen diente neben dem Ausbau des stehenden Heeres und des Beamtenapparates auch der Hof. Am Hof konnte der absolute Herrscher in der Übergangsepoche vom Feudalismus zum Kapitalismus den sozial und teilweise auch wirtschaftlich geschwächten Adel unter seine Kontrolle bringen und ihm die Möglichkeit politisch selbständigen Handelns beschneiden. Der Dienst am Herrscher, die Überhöhung und kultische Zurschaustellung seiner Macht, Zeremonien und barocke Feste gaben dem Hofadel nicht nur einen neuen Lebenszweck, sie dienten gleichzeitig dazu, dem absoluten Herrscher in den Augen des Volkes eine sakrale Weihe zu verleihen. Als Stellvertreter Gottes galt er in den Staatstheorien der Zeit. Und wie man sich Gott in genau festgelegten kultischen Handlungen näherte, so gelangte man auch nur unter Einhaltung bestimmter Zeremonien zum König. Die barocke Architektur unterstützte diesen Ausdruck. Durch eine Flucht von Zimmern, deren Türen livrierte Diener bewachten, gelangte man in die prunkvollen Gemächer des Herrschers wie in das Allerheiligste. Aufwand und Pomp waren nicht nur Ausdruck von Verschwendungssucht, sie dienten der Verklärung des absoluten Monarchen und damit letztlich seiner Macht.

Die vielen kleinen „Ludwigs" auf deutschen Fürstenthronen dieser Zeit ahmten zwar die äußeren Formen des französischen Hofes nach, verfolgten mitunter auch ähnliche Machtansprüche; doch waren ihre Territorien klein, ihre ökonomischen Ressourcen gering. Was herauskam, war oft nicht mehr als eine Karikatur des französischen Absolutismus. Ganz so sah es in Brandenburg-Preußen nicht aus. Brandenburgs Herrscher, die Hohenzollern, hatten im Verlaufe mehrerer

Jahrhunderte durch geschickte Heiratspolitik, Schacher und Erbschleicherei ihren territorialen Besitz beträchtlich erweitern können. In der ersten Hälfte des 17. Jh. war das Herzogtum Preußen durch Erbvertrag mit Brandenburg zu einer Personalunion vereinigt worden. Von nun an sprach man von Brandenburg-Preußen. Später, nach dem Erwerb der Königskrone, gab Preußen der Monarchie ihren Namen. Im Westfälischen Frieden erhielt Brandenburg-Preußen dank der Politik der französischen Machthaber, die über ein Gegengewicht zu den Habsburgern im Reich verfügen wollten, Hinterpommern, das Erzbistum Magdeburg und die Bistümer Halberstadt, Minden und Kammin. Brandenburg-Preußen war zu einer europäischen Macht mittlerer Größe angewachsen.

Es zählte mit Sachsen, Hannover und Bayern zu den deutschen Territorialstaaten, die für die Habsburger eine ernstzunehmende Konkurrenz zu werden drohten. Mit der Teilnahme am Spanischen Erbfolgekrieg und dem Lavieren im Osten wollte Brandenburg-Preußen seine Stellung in Europa festigen und neue territoriale Gewinne im Westen des Reiches erzielen. In Wirklichkeit aber beabsichtigten weder die Seemächte noch Österreich eine Stärkung Brandenburg-Preußens. Zu schwach, um sich gegenüber den Großmächten behaupten zu können, erschöpften seine Machthaber in den langen kriegerischen Auseinandersetzungen lediglich die Kräfte des Volkes und die staatlichen Finanzen. Schon die ständigen Verwicklungen in Kriege hätten ausgereicht, ein so armes Land mit einer selbst für diese Zeit unterentwickelten gewerblichen Wirtschaft und geringer Handelstätigkeit auszubluten. Aber es hatte noch die Verschwendung des Volksvermögens durch die prunkvolle Lebenshaltung des Königs zu ertragen. Der Ausbau der Residenz Berlin, die kostspieligen Liebhabereien Friedrichs I., der Juwelen in halb Europa aufkaufen ließ, die Nachahmung französischer Etikette sowie die barocken Feste, die mitunter Tage oder Wochen dauerten, verschlangen Unsummen, die von intriganten Hofbeamten durch immer umfangreichere steuerliche Auflagen aus dem Volk herausgepreßt wurden. Der Anspruch auf Macht und Größe, den diese Lebensführung dokumentieren sollte, stand in eklatantem Widerspruch zur Wirtschaftskraft des Landes.

Gegen Ende des ersten Jahrzehnts befand sich das Land kurz vor der Katastrophe. Die Einnahmen aus Steuern und Domänen reichten zur Deckung der Heereskosten und der luxuriösen Lebenshaltung nicht mehr aus. Jahr für Jahr wuchsen die Ausgaben, die Einnahmen aber gingen zurück. Durch neue Steuern, vor allem die verhaßten Kopfsteuern, und eine Erhöhung der indirekten Abgaben auf Lebensmittel sollte das Defizit gedeckt werden. Aber das Loch in der Staatskasse wurde größer. Die Verwaltung war desorganisiert und zum Teil korrupt. Die an der Spitze des Staates stehenden Beamten hielten sich nur, weil sie immer wieder Mittel und Möglichkeiten fanden, die finanziellen Ansprüche des Monarchen auf Kosten der Bauern und Bürger zu decken. Am meisten litten unter den katastrophalen Zuständen die Bauern, die damals mehr als zwei Drittel der Bevölkerung ausmachten.

Die Situation spitzte sich vor allem im Osten des Königreiches zu. Schon 1707 war die Lage der Bauern im ehemaligen Herzogtum, der jetzigen Provinz Preußen, so schlecht, daß in einigen Gegenden sogar Brot- und Saatkorn fehlte. Steuern und Abgaben an die Feudalherren verschlangen selbst das Lebensnotwendigste. Eine Hungersnot begann. In ihrem Gefolge traten Ruhr und Hungertyphus auf. 1708 wurden die ersten Pestfälle bekannt. Der schwarze Tod, der sich – begünstigt durch den Nordischen Krieg – zu Beginn des Jahrhunderts erst in schwedischen Lazaretten breitgemacht und dann Polen erfaßt hatte, griff nun auch auf Preußen über. Die Seuche traf auf eine durch Hunger geschwächte Bevölkerung. Viele führten ihr Umsichgreifen auf die Hungersnot zurück. Trotz unvorstellbaren Elends gingen die Steuereintreibungen und Zwangsexekutionen weiter. Die Bauern flohen in die Wälder, sobald sich wieder ein Trupp von Steuereinnehmern näherte. „Wartet ein wenig, wir werden doch sterben, dann könnt Ihr alles nehmen", erklärten die Bauern nach den Worten eines Beamten gegenüber ihren Peinigern.

Die staatlichen Instanzen leisteten in dieser Situation keine wirksame Hilfe. Im Gegenteil, auch 1710 noch wurde verfügt, die Ausgaben für die Hofhaltung des Königs vor allen anderen zu sichern. Die Steuereintreibungen wurden verschärft. Das Elend erreichte seinen Höhepunkt im Sommer 1710. 102 000 Menschen raffte die Seuche allein in diesem Jahr in der Provinz Preußen dahin. Insgesamt waren hier 202 000 Tote das Resultat der beiden Pestjahre. Die Steuereinnahmen mußten unter diesen Bedingungen zwangsläufig zurückgehen. Tote konnten nicht geschröpft werden. Vor verlassenen Bauernhöfen und wüst gewordenen Äckern versagte auch der gewiefteste Steuereintreiber. In anderen Provinzen, die nicht unmittelbar von der Pest betroffen waren, kam es gleichfalls zu Ausfällen. So berichtete man aus dem Magdeburgischen von Erscheinungen des Verfalls, die auf eine Überbürdung mit Steuern zurückgeführt wurden. Das Land war erschöpft. Es trug die Lasten nicht mehr. Die Seuche in Preußen hatte den Ruin nur beschleunigt. Im Sommer 1710 stand Brandenburg-Preußen kurz vor dem finanziellen Bankrott. Bei jährlichen Einnahmen von eineinhalb Millionen hatte das Defizit bis zu diesem Zeitpunkt schon fast eine Million erreicht. Hinzu kamen mehr als eine Million Schulden aus früheren Jahren. Erst in dieser Lage entledigte sich Friedrich I. seiner einflußreichsten Beamten und leitete Maßnahmen ein, um die Katastrophe abzuwenden.

Als der junge Friedrich geboren wurde, war die Pest zwar eingedämmt und das Land begann sich zu erholen, aber elend genug war es um Brandenburg-Preußens Bauern und Bürger noch immer bestellt.

1713 starb Friedrich I. Sein Sohn Friedrich Wilhelm kam auf den Thron. Er war ein Mann von anderem Kaliber. Unter dem Einfluß seines kalvinistischen Erziehers hatte er das höfische Treiben nur mit Widerwillen ertragen. Zwei Bildungsreisen in die bürgerlichen Niederlande hatten einen tiefen Eindruck auf ihn gemacht. Seit sich mit dem Sieg der bürgerlichen Revolutionen in den Niederlanden und in England eine neue Welt herauszubilden begann, waren vielfältige Wirkungen von ihr auf die feudalen Staaten Europas ausgegangen. Der wirtschaftliche Aufschwung dieser Länder, seine Verwaltungseinrichtungen und sein Heerwesen erregten Bewunderung und veranlaßten zur Nachahmung. Ein Prozeß der Anpassung an die neuen Verhältnisse setzte in einigen Staaten ein. Er griff im Rußland Peters I. ebenso um sich wie in Brandenburg-Preußen unter Friedrich Wilhelm I. Sparsamkeit, die Tugend des bürgerlichen Mannes, regierte nun am preußischen Hof, dessen Ausgaben radikal gekürzt wurden. Die einfachere Lebensführung, Ordnung in den staatlichen Finanzen und die Neugliederung und Vereinfachung der Verwaltung kamen der Bevölkerung in Brandenburg-Preußen aber nur bedingt zugute. Wie die Gedanken seines Vaters kreisten auch die Friedrich Wilhelms um die Großmachtstellung seines Landes. Hauptinstrument zur Erringung einer solchen Position war für ihn die Armee. Ausreichende Finanzen und ein jederzeit einsatzbereites starkes Heer sollten ihn davor bewahren, ein Spielball in den Händen der Großmächte zu sein, wie sein Vater es in gewisser Hinsicht gewesen war. Militärische Neigungen hatte Friedrich Wilhelm ebenso früh entwickelt wie seinen Widerwillen gegen das höfische Leben. Nun als König wurde das Militär zum Angel- und Mittelpunkt des Staates.

Er verdoppelte die Stärke der Armee von 40 000 Mann im Jahre 1713 auf 81 000 Mann im Jahre 1740. Unter ihm nahm das Leben der gesamten Gesellschaft jenen militaristischen Zuschnitt und jene barbarischen Züge an, über die fremde Beobachter mit Schrecken berichteten und die sich als unheilvolle Tradition in der deutschen Geschichte fortsetzten.

Der junge Friedrich, über dessen erste Lebensjahre wir schlecht unterrichtet sind, wuchs anfangs unter der Obhut seiner Mutter Sophie Dorothea auf, ohne unter seinem charakterlich unausgeglichenen, zu Jähzorn und Gewalt neigenden Vater allzusehr zu leiden. 1716 erhielt er seinen ersten Erzieher, einen etwa dreißigjährigen Hugenotten, Jacques Egide Duhan de Jandun, dessen Vater – einst Sekretär des französischen Heerführers Henri de Latour d'Auvergne Turenne – 1687 aus Frankreich nach Brandenburg geflohen war. Auf Duhan aufmerksam geworden war Friedrich Wilhelm I. während der Belagerung Stralsunds im Jahre 1715. Die Tapferkeit des jungen Mannes bewog den Monarchen, diesem die Erziehung seines Sohnes anzuvertrauen. Duhan löste seine Aufgabe mit viel Geschick, aber nicht immer zur Zufriedenheit des Königs. Gleichwohl lautete das Urteil seiner Zeitgenossen über ihn ziemlich einhellig. Duhan galt als ein kluger und geistvoller Mann. Die ältere Schwester Friedrichs, Wilhelmine, rühmte Jahre später in ihren Memoiren die großen Kenntnisse und guten Grundsätze des Franzosen. Der Prinz achtete seinen Erzieher und bewahrte ihm auch später – als dieser beim König in Ungnade gefallen war – seine Anhänglichkeit.

Der König wollte seinen Nachfolger vor allem im Rechnen, in biblischer Geschichte und in der Geschichte der letzten 100 Jahre unterrichtet wissen. Latein lehnte er aus persönlichen Gründen ab. Weil er selbst auch unter unsagbaren Mühen nicht in die Anfangsgründe dieser Sprache hatte eindringen können, strich er sie aus dem Unterrichtsplan seines Sohnes. Ganz auf die praktische Tätigkeit eines künftigen Monarchen ließ er auch später den Unterricht des Kronprinzen abstimmen. Wirtschaft und Völkerrecht, „eine elegante und kurze Schreibart" im Deutschen und Französischen, Mathematik mit dem Ziel ihrer Anwendbarkeit im Militärwesen – das waren nach Friedrich Wilhelms Ansicht die Kenntnisse, die ein künftiger Monarch brauchte. Vor allem zum Soldaten wollte er den jungen Friedrich erziehen, weshalb er befahl, ihm „die wahre Liebe zum Soldatenstande" einzuprägen.

Doch der Sohn geriet nicht nach dem Willen des Vaters. Dessen soldatische Neigungen teilte er vorläufig nicht; die Jagd – Friedrich Wilhelms Lieblingsvergnügen – verabscheute er. Statt dessen las er lieber, wenn auch vorerst nur Romane, die ihm seine Lieblingsschwester Wilhelmine zusteckte. Der Kronprinz war eher ein schwächliches Kind mit musischen Neigungen als ein körperlich robuster Draufgänger, wie ihn sein Vater wünschte. Schon früh führten die charakterlichen Gegensätze zwischen beiden zu Spannungen. Friedrich war zwölf Jahre alt, als sich dieser Gegensatz erstmals öffentlich entlud. Während einer Tauffeier bei General Friedrich Wilhelm von Grumbkow, dem engsten Vertrauten und späteren Minister Friedrich Wilhelms, kam es zu einer oft beschriebenen Szene. Der erzürnte König erklärte in Gegenwart aller: „Ich möchte wohl wissen, was in diesem kleinen Kopfe vorgeht. Ich weiß, daß er nicht so denkt wie ich; es gibt Leute, die ihm andere Gesinnungen beibringen und ihn veranlassen, alles zu tadeln."(1) Bei diesen Worten schlug er seinen Sohn. Er tat das in der Folgezeit noch öfter und traf damit das empfindliche Ehrgefühl des Heranwachsenden.

Die Gegensätze zwischen Vater und Sohn waren nicht politischer Natur. Friedrich Wilhelm I., der seine absolutistische Herrschaft im Lande mit despotischen Mitteln durchsetzte, war auch im Familienkreise ein Despot. Vom Sohn und Nachfolger erwartete er unbedingte Unterwerfung. Friedrich sollte sein Werk fortsetzen, mit den Augen des Vaters sehen, seine Neigungen teilen. Vor allem fürchtete er – völlig grundlos, wie sich später erwies – für die militärischen Grundlagen des Staates. „Halte immer auf eine gute Armee und auf Geld", hatte er dem Sohn während der obenbeschriebenen Feier mit Backpfeifen eingehämmert. Für die Armee und ein geordnetes Finanzwesen – die Schöpfungen Friedrich Wilhelms I. – sah er Gefahr; denn der Sohn war dem höfischen Leben nicht so abhold wie der Vater. Früh begann er Schulden zu machen; er liebte Bücher, die sein Vater verpönte. Dafür ritt und schoß er schlecht. Die Gegensätze spitzten sich zu, je älter der Kronprinz wurde.

Friedrich litt unter seinem gewalttätigen Vater. Jahrzehnte später, schon König und in seinem Verhältnis zu anderen Staaten nicht minder gewalttätig, verfolgte ihn der prügelnde und gebietende Vater bis in seine Träume. Seinem Vorleser Heinrich Alexander de Catt erzählte er noch während des Siebenjährigen Krieges voller Unverständnis die bitteren Erlebnisse seiner Kindheit. „Ich war ein Kind", so berichtete er, „und lernte ein wenig Latein; ich deklinierte mit meinem Lehrer ... als plötzlich mein Vater ins Zimmer trat. ‚Was machst Du da?' – ‚Papa, ich dekliniere ...', sagte ich in kindlichem Tone, der ihn hätte rühren müssen. ‚O du Schurke, Latein für meinen Sohn! Geh mir aus den Augen!' und er verabreichte meinem Lehrer eine Tracht Prügel und Fußtritte und beförderte ihn auf diese grausame Weise ins Nebenzimmer. Erschreckt durch diese Schläge und durch das wütende Aussehen meines Vaters verbarg ich mich, starr vor Furcht, unter dem Tische, wo ich in Sicherheit zu sein glaubte. Ich sehe meinen Vater nach vollbrachter Hinausbeförderung auf mich zukommen – ich zittere noch mehr; er packt mich bei den Haaren, zieht mich unter dem Tische hervor, schleppt mich so bis in die Mitte des Zimmers und versetzt mir endlich einige Ohrfeigen." (2)

Der Kronprinz antwortete auf die Grausamkeit seines Vaters mit Widersetzlichkeit, Spott und Ironie. Zuweilen brachte er ihn zusammen mit seiner Schwester Wilhelmine bewußt in einen Zustand blinder Wut, um sich dann im Zimmer der Mutter vor dem Tobenden in Sicherheit zu bringen. Zur Unverträglichkeit der Charaktere kamen allmählich geistige Gegensätze.

Friedrich Wilhelm war trotz aller Unbeherrschtheit und Brutalität ein religiöser Mensch. Aufgewachsen im Glauben seiner Väter, dem Kalvinismus, bot ihm die Religion das Gefühl eigener „Sendung", die Begründung seiner Macht; sie war Grundlage seiner Herrschaftsauffassung. Der Kalvinismus, die religiöse Ideologie der frühen Bourgeoisie in einigen ökonomisch fortgeschrittenen Ländern Europas, hatte sich in verschiedenen deutschen Territorialstaaten als sogenanntes reformiertes Bekenntnis durchgesetzt. Eingeführt durch die Fürsten und seiner antifeudalen Spitze weitgehend beraubt, diente er der Behauptung territorialer Interessen gegen die universalstaatlichen Tendenzen der katholischen und mit der Gegenreformation verbundenen Habsburger. Die ursprünglich lutherischen brandenburgischen Kurfürsten waren mit Johann Sigismunds Übertritt im Jahre 1613 Anhänger der reformierten Lehre geworden. In ihrem Geiste war auch Friedrich Wilhelm I. erzogen worden. Sein Erzieher Rebeur hatte den damals schon ungebärdigen, wilden und ihn peinigenden Kronprinzen mit dem strafenden Kalvinistengott geschreckt. Vor allem die Lehre von der Prädestination, der Auserwähltheit durch Gott, in der sich das bürgerliche Sendungsbewußtsein der Kalvinisten ausdrückte, diente ihm als Mittel der Abschreckung. Das Erlebnis seiner Jugend, die tiefe Angst, nicht zu den Auserwählten zu gehören, hatte Friedrich Wilhelm zum Gegner dieser Lehre gemacht, die im deutschen Kalvinismus ohnehin weitgehend preisgegeben worden war.

Im Staate Friedrich Wilhelms I. wurde die Prädestinationslehre bekämpft. Aus dem Erziehungsplan seines Sohnes war sie gestrichen. Für diesen aber wurde gerade sie ein Mittel, sich gegen die Anforderungen des Vaters zur Wehr zu setzen. Friedrich bezog sie ganz auf sich und dokumentierte so eine Eigenschaft, die er später noch deutlicher ausprägen sollte; denn bei der Lektüre seiner späteren Jahre spielte die Möglichkeit der Identifikation immer eine große Rolle. Wenn Gott den Weg eines Menschen vorherbestimmt hat, so schloß er aus der Prädestination, wenn er ihn auch in seinem Wesen festgelegt hat, wie soll ihn dann eines anderen Menschen Wille umformen? Um die Behauptung seiner Individualität ging es ihm bei der Übernahme dieser Lehre. Ihre Ablehnung durch den König und ihre Anerkennung durch den Kronprinzen deuten nicht auf eine grundsätzlich andere Herrschaftsauffassung hin. Sie bezeugen nur die geistige Regsamkeit Friedrichs, der ganz im Gegensatz zu seinem Vater das Wissen seiner Zeit in sich aufzunehmen begann. Heimlich kaufte sein Erzieher Duhan eine große Bibliothek für ihn auf, wodurch der Kronprinz seine Schulden vermehrte. Die Philosophen zogen ihn an. Als Sechzehnjähriger unterschrieb er einen Brief an seine Schwester Wilhelmine, eine für ihre Zeit belesene und geistig interessierte junge Dame, erstmals mit „Frédéric le philosophe". Doch war das mehr die Anmaßung eines jungen Mannes, über dessen tatsächliche Lektüre aus dieser Zeit wir wenig wissen. Sie muß spärlich genug gewesen sein; denn aus seinen damaligen Meinungsäußerungen läßt sich kaum auf spezielle philosophische Interessen schließen.

Ihre äußerste Zuspitzung erfuhren die Gegensätze zwischen Vater und Sohn durch den Plan der englischen Doppelheirat. Die Mutter Friedrichs stammte wie eine ihrer Vorgängerinnen auf dem preußischen Königsthron aus dem Hause Hannover. Ihr Vater war seit dem Jahre 1714 gleichzeitig englischer König. 1727 folgte ihm ihr Bruder, Georg II. Unzufrieden mit dem Leben in Berlin und ihrer wenig glanzvollen Rolle, ohne große geistige Interessen und Fähigkeiten, begann sie am Hofe eine eigene „Partei" zu schaffen und ihre beiden älteren Kinder, Friedrich und Wilhelmine, in sie einzubeziehen. Streitpunkt wurde die außenpolitische Orientierung der preußischen Monarchie. Nach den Wirren und Leiden der beiden großen europäischen Kriege war eine Zeit relativer Ruhe eingetreten, während der die Großmächte eifersüchtig über das entstandene Kräfteverhältnis wachten. Keiner wollte den anderen zu stark werden lassen. Aus diesem Grunde war es auch zu einer gewissen, gegen die

Habsburger gerichteten Annäherung der einstigen Gegner Frankreich und England gekommen.

Friedrich Wilhelm I. hatte im Herbst 1726 einen Vertrag mit dem Kaiser abgeschlossen, der – ohne männliche Erben – damals um die Anerkennung der weiblichen Erbfolge durch die deutschen und europäischen Mächte rang. Der preußische König wollte mit Hilfe dieses Vertrages seine Erbansprüche auf Jülich und Berg bekräftigen. Wie seine Vorgänger verfolgte er eine auf „Abrundung" und territoriale Expansion gerichtete Außenpolitik. Seine neue Orientierung auf Österreich wurde von Grumbkow, seit 1728 sein Minister, unterstützt. Die Annäherung an Österreich war nicht nach dem Sinne Frankreichs und Englands. Ihr widersetzte sich auch die Königin, die gegen den König und Grumbkow mit fremden Gesandten am preußischen Hofe intrigierte. Fürstenheiraten waren damals ein Politikum ersten Ranges. Sie wurden unter dem Gesichtspunkt einer eventuellen Erbfolge bzw. politischer Bündnisse vollzogen. Deshalb entsprach es dem Zeitcharakter, wenn die Auseinandersetzung um die außenpolitische Orientierung Preußens im Streit um die Heirat der beiden ältesten Kinder ausartete. Die preußische Königin wollte Wilhelmine mit dem englischen Thronfolger, dem Prinzen von Wales, und Friedrich mit der englischen Prinzessin Amalie verheiraten. Beide waren Feuer und Flamme, versprachen sie sich von der Heirat doch Reichtum und Macht sowie die Befreiung vom autoritären Vater. Der englische König Georg II. zeigte sich diesen Plänen nicht abgeneigt, wollte als Vorbedingung jedoch einen englisch-preußischen Pakt abschließen, während Friedrich Wilhelm I. nichts gegen die Heirat hatte, sofern – was ganz unmöglich war – daran keine politischen Bedingungen geknüpft wurden. Intrigen vergifteten das ohnehin eintönige Leben am preußischen Hofe. Liest man die Briefe der Beteiligten aus dieser und späterer Zeit, so fühlten sich vor allem die Heranwachsenden zeitweilig in der Hölle. Die Mutter teilte ihre Gunst je nach Willfährigkeit der Kinder, hetzte gegen den König und lieferte Sohn und Tochter dem Unwillen des Vaters aus. Friedrich Wilhelm selbst erlag den Einflüsterungen seines Ministers, wütete gegen Wilhelmine und Friedrich und glaubte allen Ernstes an ein mit fremden Mächten geschmiedetes Komplott. Davon aber konnte trotz allem nicht die Rede sein.

Unter diesen Umständen wurden die Beziehungen zwischen Vater und Sohn unerträglich. Friedrich Wilhelm wollte den Sohn beugen. Er ging dabei, wie kurz darauf aus einem Verhör Friedrichs erkennbar wurde, stufenweise vor. Der Kronprinz wurde „hart traktiert"; erst in Gegenwart des Kammerdieners, dann der Offiziere des königlichen Regiments und schließlich der Generalität. Seine Abneigung gegen den Sohn und seine Sorge um den Bestand der Monarchie waren so groß, daß er eine Abdankung Friedrichs ins Auge faßte und den jüngeren, 1722 geborenen August Wilhelm in jeder Beziehung vorzog. Später, in der Küstriner Haft, faßte Friedrich seine Jugenderlebnisse in einem Brief an Wilhelmine in dem Stoßseufzer zusammen: „Ich habe jetzt die bittere Erfahrung gemacht, daß ein feindlich gesinnter Vater das schlimmste auf Erden ist."(3) Seine Rettung sah der junge Mann nur noch in der Flucht, über die er, wie er 1730 aussagte, „alle Tage fast neue Anschläge" machte.(4)

Flucht und Haft

Die Fluchtpläne Friedrichs verdichteten sich 1730. Angesichts des noch nicht aufgegebenen Gedankens seiner Heirat mit der Prinzessin Amalie wollte er sich anfangs nach England wenden. Während eines Staatsbesuchs in Kursachsen am Hofe Augusts des Starken verhandelte der Kronprinz mit dem britischen Residenten Melchior Guy Dickens, der sich auf dem Wege nach England befand. Georg II. widerriet der Flucht. „Man würde alles tun, seine Schulden zu bezahlen", ließ er durch den gleichen Dickens übermitteln, „aber er sollte itzo nicht gedenken, wegzugehen."(5) Nach dieser Absage dachte der Kronprinz an Frankreich als Fluchtziel. Er hoffte, wie er in seiner Aussage nach Vereitelung der Flucht bekannte, auf die gespannten Beziehungen zwischen Preußen und Frankreich. Der französische Geschäftsträger, an den er sich wandte, versprach ihm zwar eine gute Aufnahme, doch war das keineswegs eine bindende Zusage der Regierung. Und so wurden nacheinander auch Italien und die Niederlande als Fluchtziele in Betracht gezogen.

Schon das zeigt, wie abenteuerlich Friedrichs Plan war. Auch bei gespannteren Beziehungen hätte sich wohl kaum eine Regierung dazu bereitgefunden, dem preußischen Thronfolger Asyl zu gewähren, weil die außenpolitischen Folgen unübersehbar gewesen wären.

Friedrich Wilhelm I. beschrieb später, im Jahre 1731, wie er sich bei Gelingen der Flucht verhalten hätte. Den Sohn schreckte er mit dem Unglück der Mutter und der Schwester. Vor allem aber wäre er in Hannover eingefallen; nichts hätte ihn davon abhalten können, sollte er auch Leben, Land und Leute dabei aufs Spiel setzen. Wer wollte schon einen Krieg wagen, nur um den preußischen Thronfolger gegen seinen tyrannischen Vater zu unterstützen? So unüberlegt wie der Fluchtplan angelegt war, so dilletantisch wurde er ausgeführt. Im Sommer 1730 begab sich der König auf eine Reise nach Ansbach. Friedrich begleitete ihn. Am 5. August übernachtete die Gesellschaft in Scheunen in Steinsfurth, südlich Sinzheims. Friedrich glaubte, sein Vorhaben endlich ausführen zu können. Er hatte sich kurz zuvor in Ludwigsburg heimlich einen roten Rock schneidern lassen und damit bereits den Verdacht seiner näheren Umgebung hervorgerufen. Als er am frühen Morgen noch vor dem König aufstand und diesen Rock anlegte, beobachtete ihn sein Kammerdiener, der nichts Gutes ahnend sofort den Oberstleutnant Friedrich Wilhelm von Rochow benachrichtigte. Inzwischen war auch ein ins Vertrauen gezogener Leutnant mit den zur Flucht bestimmten Pferden gesehen worden. Rochow begab sich zum Kronprinzen, der den Vorfall später so schilderte: „Als Er kaum 10 Schritte aus der Scheune gewesen, habe Ihm der Obrist Lieutenant Rochow begegnet, und mit Ihm zu sprechen gekommen, Ihn auch über $\frac{1}{2}$ Stunde aufgehalten, darüber der Tag angebrochen, und obwohl der Prinz von Ihm gesucht loszukommen, sei es doch nicht angegangen, wie denn die andern dazu gekommen."(6) Aus der Flucht wurde nichts. Friedrich gab den Plan zwar noch nicht auf; aber der König erhielt bald davon Kenntnis. Er ließ den Kronprinzen sofort verhaften, als man in Wesel preußisches Gebiet erreichte.

Friedrich Wilhelm I. reagierte auf den Fluchtversuch seines Sohnes als Despot. Der Kronprinz wurde unter strengster Bewachung auf die Festung Küstrin gebracht und dort unter außerordentlich harten Bedingungen in Einzelhaft gehalten. Sein Mitwisser Hans Hermann von Katte wurde gleichfalls inhaftiert, während Peter Christoph von Keith rechtzeitig fliehen konnte. Der preußische König vermutete ein breitangelegtes Komplott gegen seine Herrschaft. Er glaubte ausländische Mächte im Einvernehmen mit seinem Sohn. Immer wieder ließ er die Gefangenen darüber befragen, wer noch mit im Komplott gewesen sei. Als die Verhöre Kattes keine Anhaltspunkte für seinen Verdacht erbrachten, ließ er den Leutnant in die Folterkammer der Hausvogtei bringen und ihm die Instrumente zeigen. Er befahl, falls nötig, Katte die Daumenschrauben anzulegen. Inzwischen waren weitere Verhaftungen erfolgt. Ende August hatte man auch den Kammerdiener Friedrichs in Gewahrsam genommen und auf Anordnung des Königs an Hand und Fuß gefesselt. Inhaftiert wurden ferner die Leutnants Johann Ludwig von Ingersleben und Freiherr Alexander von Spaen sowie die Potsdamer Rektorstochter Doris Ritter. Die drei hatten sich auch nach damaligen Rechtsvorstellungen keiner strafbaren Handlung schuldig gemacht. Es war einfach tödlich, in den Dunstkreis absolutistischer Gewalt zu geraten. Während Friedrich unter seiner eigenen Torheit, wie er den Fluchtversuch später nannte, litt, mußten Katte und die junge Doris Ritter weit härter dafür bezahlen, daß sie dem Kronprinzen Freundschaft und Mitgefühl entgegengebracht hatten. Doris Ritter war zum Zeitpunkt ihrer Verhaftung sechzehn Jahre alt. Den Kronprinzen hatte sie im Frühjahr des gleichen Jahres kennengelernt, als er in Abwesenheit ihres Vaters und im Beisein des Leutnants von Ingersleben eines Abends an ihre Tür klopfte, um ihre Bekanntschaft zu machen. Die Liebesgeschichte zwischen dem achtzehnjährigen Kronprinzen und der sechzehnjährigen Rektorstochter – wenn es wirklich eine war – verlief harmlos. Der Kronprinz machte dem Mädchen ein paar Geschenke. Verschuldet, wie er war, konnte er ihr nur abgetragene Sachen verehren. Mitunter besuchte er sie, allein oder in Begleitung des erwähnten Leutnants. Nun, nach dem Fluchtversuch, stand auch Doris Ritter im Verdacht, mit dem Kronprinzen gegen den König „intrigiert" zu haben. Das Mädchen wurde gedemütigt. Auf Befehl des Königs untersuchte man sie. Aber auch die Versicherungen von Hebamme und Arzt, daß Doris Ritter noch Jungfrau sei, bewahrten sie nicht vor der Schande. Sie wurde durch die Stadt geführt, vor dem Rathause, dem Hause ihres Vaters und an allen Ecken der Stadt öffentlich ausgepeitscht. Danach brachte man sie „auf ewig" in das Spandauer Spinnhaus, eine Zwangsanstalt, wie es sie zu dieser Zeit häufiger gab. Die Insassen solcher Zwangsanstalten und Zuchthäuser, Gefangene aber auch Waisenkinder, wurden hier unter menschenunwürdigen Bedingungen in die Disziplin des manufakturkapitalistischen Arbeitsprozesses hineingeprügelt. Doris Ritter blieb nicht „auf ewig" in Spandau, war aber doch für ihr Leben gezeichnet.

Schlimmer noch erging es Katte. Am 22. Oktober wurde ein Kriegsgericht berufen, das über den Kronprinzen und die erwähnten Offiziere zu richten hatte. Im Falle des Kronprinzen lehnte das Kriegsgericht ein Urteil ab, weil es sich um eine Angelegenheit handele, die zwischen Vater und Sohn auszutragen sei. Von den nach fünf Diensträngen abstimmenden Richtern verurteilten drei Katte zum Tode, verbanden das Urteil allerdings mit der Bitte an den König, den Leutnant um des Kronprinzen willen zu lebenslänglicher Haft zu begnadigen. Zwei waren ebenso wie der Gerichtsvorsitzende für lebenslängliche Haft. Das Urteil mißfiel Friedrich Wilhelm I. im höchsten Grade. Er verhängte die Todesstrafe. Liest man die bis in Einzelheiten gehenden Verfügungen des preußischen Königs über die Hinrichtung, wird klar, daß Katte sterben mußte, weil Friedrich Wilhelm seinen Sohn strafen wollte. Der Tod des Freundes war die letzte und schrecklichste Lektion, die er sich für ihn ausgedacht hatte. Deshalb die Anweisung, den Hinrichtungsplatz so zu wählen, daß der Kronprinz ihn gut übersehen konnte; deshalb der Befehl, Friedrich zum Zusehen zu zwingen und den Leichnam mehrere Stunden liegen zu lassen. Der Feldprediger Johann Ernst Müller aus Küstrin, der sich während der Hinrichtung beim Kronprinzen aufzuhalten hatte, erhielt genaue Verhaltensmaßregeln. Nach Kattes Tod sollte er Friedrich animieren, auf die Knie mit ihm zu fallen, um Gott mit tränendem Herzen um Vergebung zu bitten. „Ihr müßet aber alles mit guter Arth und Vorsicht thun, denn Er ein verschlagener Kopf ist, und müßet Ihr wohl acht geben, ob alles auch mit einer wahren Reue und gebrochenem Herzen geschehe."(7) Es vollzog sich alles nach dem Willen des Königs. Friedrichs Absicht, auf den Thron zu verzichten, falls er damit das Leben des Freundes retten konnte, nützte nichts. Katte starb nach den Berichten von Zeitgenossen, aus denen unverhohlene Sympathie für den jungen Mann spricht, mit Würde und persönlichem Mut. Der Kronprinz war Augenzeuge des Verbrechens. In höchster nervlicher Erregung, krank und unter Schlaflosigkeit leidend, verbrachte er die nächsten Stunden und Tage.

„Lehrjahre" eines Königs

Die grausame Lektion hatte Friedrich endgültig gelehrt, daß er sich unterwerfen mußte. War er bis dahin ein junger Mann, der seine Individualität gegenüber dem autoritären Vater offen verteidigte, so begann er jetzt zu heucheln. Gehorsam mimend, versuchte er, den König zu hintergehen, mit List und Falschheit gegen ihn anzukommen. Das schreckliche Erlebnis seiner Jugend deformierte ihn und brachte Charaktereigenschaften zur Entfaltung, die später jedermann auffielen: Zynismus und Menschenverachtung.

Wenige Tage nach der Hinrichtung Kattes wurde der scharfe Arrest für den Kronprinzen aufgehoben. Friedrich Wilhelm verfügte, daß ihm „die ganze Stadt zum Arrest" werden sollte. Gleichzeitig ergingen genaueste Vorschriften für die Lebensführung Friedrichs und der Befehl, ihn in der Kriegs- und Domänenkammer, der Provinzialverwaltung, zu beschäftigen.

Friedrich scheint zu dieser Zeit psychisch außerordentlich labil gewesen zu sein. Kammerdirektor Christoph Werner Hille, ein Beamter bürgerlicher Herkunft und mit bürgerlichem Selbstbewußtsein, der sich des Kronprinzen annahm, berichtete regelmäßig an Minister von Grumbkow über dessen Befinden. Während er am 18. Dezember 1730 melden mußte, daß der Kronprinz zwei Tage lang sehr mißlaunig gestimmt war, weil alle Unterwerfung bisher zu nichts geführt habe, schrieb er im gleichen Brief in einer Nachbemerkung: „Seine Königliche Hoheit sind lustig wie ein Buchfink", und er fügte hinzu: „Wüßte er alles, so würde ihm diese schöne gute Laune rasch vergehen; denn sie entspringt nur der Hoffnung auf ein baldiges gelinderes Los."(8) Am 23. Dezember hieß es in einem anderen Brief wieder, daß Friedrich sehr mißlaunig sei und bittere Klage darüber führe, daß er bei aller Unterwerfung noch nicht die geringste Freiheit erhalten habe. Am 27. schließlich – Friedrich litt damals unter Fieberanfällen – teilte Hille mit: „Er (Friedrich) hat sich vorgenommen, alles ohne Klage zu leiden und sich wacker zu halten. Ich glaube, seine Absicht dabei ist mehr, den König ins Unrecht zu setzen, als sonst etwas."(9) Von Hoffnung bis zur Verzweiflung und dem Bemühen um Standhaftigkeit schwankte damals die Gemütslage des jungen Mannes.

Unterwerfung hatte der König auch hinsichtlich der Prädestinationslehre verlangt. Den hingerichteten Freund noch vor seinem Fenster, mußte Feldprediger Müller mit dem Kronprinzen über die Prädestination diskutieren. Daß Friedrich unter diesen Umständen formal abschwor und Besinnung zur Schau stellte, darf nicht verwundern. In Wirklichkeit war er nach wie vor von der Richtigkeit dieser Lehre überzeugt. Am 18. Dezember schrieb Hille an Grumbkow, daß der Kronprinz mit dem Fatalismus eines Türken an sie glaube. Friedrich Wilhelm war dies schon vorher zu Ohren gekommen. Er hatte Anweisung gegeben, auf den Prinzen einzuwirken, und gleichzeitig von diesem verlangt, die Personen zu nennen, die ihm diesen „Irrglauben" beigebracht hätten. Der Prinz nannte Bücher, aber keine Namen. Als sich Friedrich Wilhelm damit nicht zufrieden gab, bot Friedrich am 27. Dezember noch einmal seine Unterwerfung an

und erklärte den Streit über die Prädestination zu einer rein philosophischen und spekulativen Sache. Da er einsehen mußte, daß gegen
den König nicht aufzukommen war, fügte er sich in der gleichen
Frage zum zweiten Male, ohne von den Argumenten seiner Kontra-
henten überzeugt zu sein. Der Zwang zur Subordination veranlaßte
ihn zur Heuchelei. Von nun an tat er auch in anderen Fragen dem
Vater scheinbar Genüge, schrieb Briefe voller Devotion und Liebe,
während er tatsächlich gegen die väterlichen Absichten intrigierte
und zur Unterwerfung nicht bereit war.

So verhielt er sich beispielsweise auch in der Heiratsfrage. Die
preußische Königin hatte die englischen Heiratspläne noch immer
nicht begraben. Aber der Wind wehte endgültig aus südwestlicher
Richtung. Friedrich Wilhelm I. hegte die feste Absicht, das Band mit
den Habsburgern durch entsprechende Heiraten seiner beiden ältesten Kinder fester zu knüpfen. Im November 1731 heiratete Wilhelmine den Erbprinzen von Bayreuth. Man hatte sie ebenso unter
Druck gesetzt, wie das wenig später mit dem Kronprinzen geschah.
Diesem schlug Friedrich Wilhelm die Prinzessin Elisabeth Christine
von Bevern-Braunschweig, eine Nichte der Kaiserin, als Heirats-
kandidatin vor. Der inzwischen Zwanzigjährige sträubte sich. Er
schrieb teils verzweifelte, teils frivole Briefe an Grumbkow. „Was
die Prinzessin von Bevern betrifft", so ließ er am 26. Januar 1732
verlauten, „so kann man auf eins rechnen: wenn ich gezwungen
werde, sie zu heiraten, werde ich sie verstoßen, sobald ich der Herr
bin, und ich glaube, die Kaiserin wäre darüber nicht sehr erbaut. Ich
will keine Gans zur Frau haben."(10) Immer noch voller Ablehnung schrieb er am 11. Februar: „Lieber wäre mir die größte
H . . . von Berlin als eine Frömmlerin, der ein halbes Dutzend Muk-
ker an den Röcken hängen."(11) Und am 18. faßte er seine Verzweiflung in den Worten zusammen: „Kurz, lieber will ich sterben
als wider Willen heiraten."(12) Aber Friedrich starb nicht. Statt
dessen verfaßte er einen Tag später zwei Briefe. Der eine war an
seinen Vater gerichtet. In ihm hieß es: „. . . und ist es mir lieb, daß
mein allergnädigster Vater von der Prinzessin zufrieden ist. Sie mag
sein, wie sie will, so werde jederzeit meines allergnädigsten Vaters
Befehle nachleben; und mir nichts Lieberes geschehen kann, als wenn
ich Gelegenheit habe, meinem allergnädigsten Vater meinen blinden
Gehorsam zu bezeigen."(13) Der andere Brief ging an Grumbkow.
Er teilte diesem mit: „Es mag kommen, was da wolle, ich nehme
sie nie!"(14) Friedrich beschwor den Minister, dem König die Prin-

zessin von Bevern mies zu machen. Damit wandte er sich ausgerechnet an den Mann, der der eifrigste Befürworter dieses Plans war. Das sprach für die Unerfahrenheit des Kronprinzen. Grumbkow reagierte ablehnend. Gleichzeitig sprach er sich gegenüber Hille über den Kronprinzen aus: „Je mehr ich über den Charakter des Kronprinzen nachdenke, um so gefährlicher finde ich ihn. Ich habe nie einen so glatt zusagenden Brief gesehen, wie den, den man dem König geschrieben hat... Mir aber schreibt er genau das Gegenteil und macht mir tausend ausschweifende Vorschläge, ohne eine Silbe von dem Briefe zu sagen, den er an den König gerichtet hat."(15) Der Versuch, auf Umwegen zum Ziel zu gelangen, brachte dem Kronprinzen nicht mehr als den Ruf ein, ein verschlagener, gefährlicher Charakter zu sein. Der König nahm die von Friedrich gegebene Zusage als bindend. Sie verschaffte ihm die langersehnte Erlösung aus dem Küstriner „Gefängnis".

Die eineinhalb Jahre in Küstrin blieben für die Entwicklung des Kronprinzen nicht ohne Bedeutung. Sein Mentor Hille führte ihn in die Verwaltungspraxis einer Provinz ein. Hille war ein Mann, der, von den ökonomischen Lehren der englischen Merkantilisten beeinflußt, weitreichende Pläne für eine wirtschaftliche Expansion Preußens entwickelte, die er allerdings nicht durchsetzen konnte. Zwischen ihm und dem Kronprinzen entstand ein von Spannungen nicht freies Lehrer-Schüler-Verhältnis.

Auf Befehl Friedrich Wilhelms hatte der Kronprinz die Pachtanschläge der staatlichen Domänen zu überprüfen, ein für ihn langweiliges Geschäft, das er ohne Begeisterung, doch gehorsam verrichtete. Bald konnte Hille an Grumbkow berichten, daß der Kronprinz im Finanzwesen gute Fortschritte mache. Zwar glaubte er, daß sich Friedrich als König mit solcherlei Geschäften nie befassen werde – worin der sonst scharfsinnige Mann gründlich irrte –; dafür erkannte er damals bereits, daß dieser die Arbeit nie hassen, sondern Mittel und Wege finden werde, um Vergnügen mit Arbeitseifer zu verbinden. Bald entwarf Friedrich erste selbständige wirtschaftliche Projekte. So verfaßte er einen Plan zur „Hebung der Leinenindustrie", der gar nicht gnädig aufgenommen wurde, nach Hilles Urteil aber erste Ansätze politischen Denkens enthielt. Der König wollte kein selbständiges „Räsonnieren" seines Sohnes. Der sollte in die finanziellen Details einer Gutswirtschaft oder einer Glashütte eindringen, diese verwalten lernen, aber nicht mehr. Genau das aber lernte Friedrich entgegen Hilles Bemühen nicht. Schon nicht mehr in Küstrin, sondern in Ruppin, wandte er sich im Oktober 1732 mit der dringenden Bitte an Grumbkow, ihm ja jemanden zu schicken, der ihm einen Pachtanschlag für die Domäne in Ruppin ausarbeitete. Der König hatte einen solchen verlangt, und Friedrich mußte bekennen, daß er mit dieser Aufgabe allein nicht fertig würde.

Hille stand in einem durchaus kritischen Verhältnis zum Kronprinzen. Er versuchte, ihm die französische Schöngeisterei auszutreiben, und machte sich über seine dichterischen Versuche lustig. Über die anläßlich des Heiratsprojekts vom Kronprinzen geäußerten frivolen Ergüsse urteilte er mit dem Stolz und Puritanismus eines Bürgers. Er fand, daß sie weniger von einem starken Geist, als von einem Gecken zeugten.

Friedrich entwickelte in seiner Küstriner Zeit Züge, die für den späteren König kennzeichnend blieben: die durchaus nicht bei allen absoluten Herrschern dieser Zeit vorhandene Bereitschaft und Lust zur Arbeit, den Hang zur „Projektmacherei" und Adelsstolz. Hille berichtete von der Verachtung Friedrichs für die Bürgerlichen. Eines Tages hatte der Kronprinz ihm gegenüber seinen Unwillen darüber geäußert, daß ein adliger Landrat dem bürgerlichen Hille Rechenschaft über seine Tätigkeit abzulegen habe. Der Bürger Hille konterte nicht ohne Selbstbewußtsein. Die Welt sei eine verkehrte, so erklärte er. Das sähe man am schlagendsten angesichts der Erscheinung, „daß Fürsten, die nicht recht klug wären oder sich nur mit Tand abgäben, trotzdem vernünftigen Leuten Befehle zu erteilen hätten."(16) Hille schloß die Beschreibung dieser Szene mit der Genugtuung darüber, dem Prinzen eine Wahrheit gesagt zu haben, die dieser nicht immer hören werde.

Auch auf dem Gebiet der Außenpolitik entwickelte Friedrich in seiner Küstriner Zeit Ideen und Pläne, die er bis an sein Lebensende weiter verfolgte. Mit einer Leichtfertigkeit ohnegleichen hoffte er in dieser Zeit auf kriegerische Verwicklungen. Der Krieg war für ihn zunächst nicht mehr als ein Mittel, seinem Küstriner Gefängnis zu entrinnen. Der Kronprinz wollte unter Prinz Eugen kämpfen, um das „Große und Ganze des Handwerks" zu erlernen. Etwas später, schon nicht mehr in Küstrin, als im Streit um die polnische Erbfolge erneut ein Krisenherd in Europa entstand, schrieb er wiederum an Grumbkow: „Gott weiß, ob wir Krieg bekommen oder nicht, aber ich wünschte es sicherlich, um aus der schlimmen Lage herauszukommen, in die ich zu geraten fürchte."(17) Wer den Krieg so zur Bewältigung persönlicher Schwierigkeiten herbeisehnte, der verwarf ihn auch nicht als Mittel der Politik. Aus der Küstriner Zeit, dem Jahre 1731, stammt der berühmt-berüchtigte „Natzmer-Brief" des Kronprinzen, der sein außenpolitisches Konzept für die Zukunft enthielt. Karl Dubislaw von Natzmer war einer der beiden dem Kronprinzen zur Gesellschaft beigegebenen Kammerjunker. Hille und der mit der Aufsicht über den Kronprinzen beauftragte Geheimrat Gerhard Heinrich von Wolden urteilten über Natzmer gar nicht wohlwollend. Sie bezeichneten ihn als „Plänemacher" und „Ränkeschmieder". Dafür kam der Hang des jungen Mannes zu großen Plänen dem Kronprinzen um so mehr entgegen.

Ausgehend von der besonderen Lage Brandenburg-Preußens, seinem uneinheitlichen territorialen Status, sprach Friedrich die Absicht aus, seinen Staat fortschreitend zu vergrößern. Abgesehen hatte er es einmal auf Westpreußen, ein Gebiet, das zum polnischen Staat gehörend, sich zwischen der Provinz Preußen und Hinterpommern befand und das der König später, im Zuge der ersten Teilung Polens 1772 tatsächlich annektierte. Schon der Neunzehnjährige begründete seine aggressive Absicht wie folgt: „Gehört es einmal zu Preußen, so hat man nicht nur freie Verbindung von Pommern nach Ostpreußen, sondern man hält auch die Polen im Zaum und kann ihnen Gesetze vorschreiben."(18) Des weiteren reflektierte er auf den damals noch von Schweden verwalteten Teil Pommerns. „Es würde sich sehr hübsch ausnehmen, wenn es mit unserem Besitz vereinigt wäre." Die Annexion dieses Gebietes betrachtete er als Schritt zu einer weiteren Erwerbung, die sich nach Ansicht des Prinzen von selbst darbot, nämlich die Mecklenburgs. „Hier braucht man nur das Erlöschen des Herzoghauses abzuwarten, um das Land ohne weitere Förmlichkeiten einzustecken."(19) Schließlich meldete er wie seine Vorgänger Ansprüche auf Jülich und Berg an. Großsprecherisch verkündete er: „Ich schreite von Land zu Land, von Eroberung zu Eroberung und nehme mir wie Alexander stets neue Welten zu erobern vor." Einzelheiten darüber, wie das geschehen sollte, ersparte sich der Prinz. Ein Jahrzehnt später waren sie aller Welt bekannt. Vorläufig ging es ihm jedoch, wie er Natzmer schrieb, nur um den Nachweis, „daß Preußen sich bei seiner eigenartigen Lage in der politischen Notwendigkeit befindet, die genannten Provinzen zu erwerben."(20) Der Natzmer-Brief enthielt so, von Einzelheiten abgesehen, in den Grundzügen das außenpolitische, auf Aggression und Ländererwerb gerichtete Programm des späteren Königs. Prinz Eugen, dem der Natzmer-Brief durch Seckendorff in die Hände gespielt wurde, sprach seine

Besorgnis über die weitschweifenden Ideen des jungen Herrn aus. Obwohl vieles noch flüchtig und nicht genügend überlegt sei, scheine es Friedrich an Lebhaftigkeit und Vernunft nicht zu fehlen, „mithin er um so gefährlicher seinen Nachbarn mit der Zeit werden dürfte".(21)

Die Rheinsberger Idylle und der „Antimachiavell"

Am 26. Februar 1732 durfte Friedrich Küstrin verlassen. Bereits drei Tage später wurde er zum Obersten eines Infanterieregimentes ernannt. Von nun an verbrachte der inzwischen mit der Prinzessin von Bevern verlobte Prinz seine Tage in der Garnison Ruppin. Hier lebte er verhältnismäßig sorglos, kümmerte sich um sein Regiment, beschäftigte sich viel mit Musik, las auch bisweilen, aber immer noch ohne spezielle geistige Interessen und sammelte junge, leichtfertige Leute um sich. Mit einem Wort: Er lebte das standesgemäße Leben eines jungen Fürsten, wenn auch im Vergleich zu anderen weniger wüst und weniger luxuriös; denn die beschränkten Mittel und der sittenstrenge Vater erlaubten es nicht anders. Unterbrochen wurde dieses Leben nur durch gelegentliche Aufenthalte im düsteren Wusterhausen, in Potsdam oder Berlin, wo es erneut zu unerfreulichen Szenen kam. Erleichtert kehrte er jedesmal in die Garnison zu seinen Freunden und flüchtigen Liebschaften zurück.

Der 1733 beginnende Polnische Erbfolgekrieg, der Frankreich und die Habsburger erneut auf den Plan rief, bot Friedrich die lange erhoffte Chance: An der Seite des kaiserlichen Feldherrn Prinz Eugen nahm er 1734 an den Kämpfen um Philippsburg teil. Aber das „Große und Ganze des Handwerks" ließ sich vom alten Prinzen Eugen nicht mehr erlernen. Eine schwere Erkrankung des Königs rief Friedrich auch bald nach Potsdam zurück. Friedrich Wilhelm I. litt, wie später sein Sohn und einige englische Herrscher aus dem Hause Stuart, an einer erblichen Krankheit, die moderne englische Mediziner als Porphyria erkannt haben, eine Stoffwechselstörung, die mit Gicht, Hämorrhoiden, Migräne und Koliken verbunden, nicht selten zu Depressionen und Wahnsinn führte. Von einer solchen Krankheitsattacke wurde Friedrich Wilhelm I. 1734/35 betroffen. Gicht, Wassersucht und Lungenentzündung brachten ihn an den Rand des Todes. Friedrich rechnete damals mit dem Ende des Vaters. Die Briefe, die er und seine Schwester Wilhelmine während dieser Zeit wechselten, waren im höchsten Maße makaber. Als er im August der Schwester die Krankheit des Vaters mitteilte, konnte er sich nicht enthalten festzustellen, daß der Dicke sich wohl hüte, „den Weg allen Fleisches zu gehen". Auf einige mitfühlende Worte der Schwester reagierte er kalt: „Die Nachrichten vom König sind schlecht. Man prophezeit ihm kein langes Leben. Doch ich habe beschlossen, mich über alles, was geschehen mag, zu trösten; denn schließlich bin ich fest überzeugt, daß ich bei seinen Lebzeiten keine guten Tage haben werde, und ich glaube, ich finde hundert Gründe gegen einen, daß auch Du ihn rasch vergessen wirst."(22) Schon machten die Geschwister Pläne für den Fall des Thronwechsels. Und wenn sich auch angesichts des schrecklich leidenden Vaters Töne des Mitgefühls in die Briefe mischten, so überwog doch die Hoffnung auf dessen Tod und die Enttäuschung über jede kleine Besserung. Im Januar 1735 teilte Friedrich Wilhelmine mit, daß sich der König zu seinem „großen Erstaunen" wieder erholt habe. Sie tröstete den Bruder damit, daß dies sicher nicht von Dauer sein werde, und prophezeite ein paar Tage später, daß der König bestimmt einen Rückfall bekomme. „Nur etwas Geduld, liebster Bruder, und meine Prophezeiung wird in Erfüllung gehen."(23)

Aber Wilhelmine irrte. Friedrich Wilhelm hatte noch fünf Lebensjahre vor sich.

1736 siedelte der seit zwei Jahren verheiratete Friedrich mit seiner jungen Frau nach Rheinsberg über, dessen Besitz Friedrich Wilhelm I. für den Sohn erworben hatte. Das unansehnliche Schloß war von dem damals noch jungen Georg Wenzeslaus von Knobelsdorff umgebaut worden und hatte jene Harmonie und Leichtigkeit erhalten, die wir noch heute bewundern können. Hier sammelte Friedrich erneut einen Kreis von Freunden um sich, die – wie der Hugenotte Charles Etienne Jordan – bereits von anderem Format als seine ehemaligen Ruppiner Gefährten waren. Überhaupt entwickelte der Kronprinz nun tatsächlich wissenschaftliche und philosophische Interessen.

Zur Philosophie kam Friedrich durch die Lektüre Christian Wolffs, des 1679 in Breslau geborenen Mathematikers und Aufklärers, den Friedrich Wilhelm I. auf Drängen seiner Widersacher 1723 unter Androhung des Stranges aus Halle, wo er an der Universität lehrte, vertreiben ließ.

Die Aufklärung war eine gesamteuropäische ideologische Bewegung, deren Vertreter in Auseinandersetzung mit dem überkommenen Weltbild des Mittelalters und der Antike in philosophischer und literarischer Form Interessen der aufkommenden Bourgeoisie ausdrückten und an den überkommenen Zustand der Gesellschaft, an Kirche und weltliche Feudalität, den Maßstab der Vernunft anlegten. Vernunft als das ursprüngliche kritische Vermögen des Menschen galt ihnen als diejenige Kraft, die die überlebte Ideologie der alten Ordnung und schließlich auch ihre politischen Einrichtungen im Sinne des Bürgertums umzugestalten in der Lage war.

In Deutschland begann sich die Frühaufklärung seit der Jahrhundertwende auszubreiten. Einer ihrer bekanntesten Vertreter war Wolff, ein keineswegs tiefer Denker, aber von universaler Bildung, der auf die deutschen Zeitgenossen nicht zuletzt deshalb eine enorme Wirkung ausübte, weil er, vom philosophischen Rationalismus Gottfried Wilhelm von Leibniz' ausgehend, ein in deutscher Sprache abgefaßtes, allgemein verständliches und geschlossenes System vorlegte. Wolff wurde, um mit Franz Mehring zu sprechen, der Modephilosoph seiner Zeit.

Es hängt sicher mit Wolffs Breitenwirkung zusammen, daß der Kronprinz über ihn Bekanntschaft mit der Philosophie schloß. 1737 vertiefte er sich in Wolffs Schrift „Vernünftige Gedanken von Gott, der Welt und der Seele des Menschen". Er mußte sich das deutsch geschriebene Werk ins Französische übersetzen lassen, weil er, wie er selbst gestand, sonst keine Silbe davon verstand. Nacheinander beschäftigte er sich mit anderen Arbeiten des Philosophen. Die Wirkung auf den Kronprinzen war groß. Enthusiastisch bezeichnete er Wolff als den „berühmtesten Philosophen unserer Zeit". Gleichfalls 1736, von Rheinsberg aus, nahm Friedrich Kontakt mit einem Manne auf, der wirklich zu den „berühmtesten Philosophen der Zeit" gehörte, mit François-Marie Arouet Voltaire. Es begann jene wechselvolle Freund-Feindschaft, in der jeder der Partner eigene Ziele verfolgte. Erstmals besitzen wir auch genügend Hinweise auf die sonstige Lektüre des Prinzen, der zu dieser Zeit offenbar seine Vorliebe für die französische klassische Literatur entdeckte.

Daß Fürsten das Wissen ihrer Zeit in sich aufnahmen, war zwar nicht häufig, aber auch keine Ausnahmeerscheinung. Die neue Weltanschauung war nicht durch Barrieren von der herrschenden Klasse getrennt. In Frankreich schloß sich eine geistig aufgeschlossene Elite aus der Feudalaristokratie der Aufklärungsbewegung an. In Deutschland war das zwar weniger der Fall, doch blieb sie auch hier nicht

29

ohne Einfluß auf den Adel. Die französische und die deutsche Frühaufklärung hatten diese Wirkung mit in ihr Kalkül einbezogen. Noch keineswegs revolutionär, wollten viele ihrer Vertreter der „Vernunft" mit Hilfe der Fürsten zum Durchbruch verhelfen. Die Aufklärung der Herrschenden war ihr Ziel, weil sie mit Hilfe aufgeklärter Herrscher die von ihnen angestrebten gesellschaftlichen Veränderungen durchzusetzen hofften. Auch Voltaire, an den der Kronprinz Briefe voller Verehrung richtete, war wie Wolff ein Anhänger des „aufgeklärten Absolutismus". Wen nimmt es da Wunder, daß er die ihm gebotene Möglichkeit einer Einflußnahme ergriff. Bei Friedrich lagen die Dinge anders. Geistiges Interesse, früh entwickelte Ruhmbegierde, das Bestreben, „große Geister" um sich zu sammeln, sich mit ihnen zu schmücken, brachten ihn in Kontakt zur bürgerlichen Aufklärungsbewegung, deren revolutionäre Sprengkraft er nicht begriff und die damals auch nicht zu begreifen war. Der Einfluß der bürgerlichen Aufklärung auf die Herrschenden war eines jener Phänomene, die mit dem Übergangscharakter der Zeit, dem Siegeszug der neu aufkommenden bürgerlichen Klasse zusammenhingen. Solcher Art unter den Einfluß der Aufklärung Geratene wurden aber nicht automatisch bürgerliche Aufklärer.

Friedrichs philosophische Kenntnisse waren anfangs relativ flüchtig. Er ließ sich jeweils von dem Philosophen fesseln, dessen Werke er gerade las; erst von dem Rationalisten Wolff, später von dem englischen Sensualisten John Locke, ohne vorerst voll zu erfassen, daß beide auf Grundfragen des Seins eine andere Antwort gaben und von Locke eine philosophische Richtung ausging, die zum Materialismus führte; denn Materialismus und Atheismus bekämpfte der Kronprinz damals mit Vehemenz. Mit seiner Schwester Wilhelmine korrespondierte Friedrich in dieser Zeit über die Existenz Gottes, ein Thema, das die Menschen stark bewegte. In Übereinstimmung mit Wolff sah er die Welt als endlich an, sie habe ihren Anfang und ihr Ende. Alles, was einen Anfang habe, aber brauche einen Schöpfer, also Gott. Daher bezeichnete er den Atheismus als ein Dogma, „dem nur ein Wahnwitziger huldigen kann". Als ihm der Deist Voltaire 1737 seine Schrift über Willensfreiheit zusandte, begann zwischen ihm und Friedrich ein schriftlicher Diskurs. Für den künftigen absoluten Herrscher, der über genügend Scharfsinn verfügte, ergab sich aus der Voltairschen Schrift, daß die Welt „nach der Laune der Menschen regiert" werde. Das aber konnte er nicht akzeptieren; in dieser These steckte für ihn Unannehmbares. Seine

Vorstellung von der Weltordnung blieb trotz des philosophischen Einflusses der Frühaufklärung die eines, wenn auch modernen, so doch absoluten Herrschers. Sein Bild von Gott glich dem, das er sich von einem König auf Erden machte. Ein Gott, der in der Weltregierung auf die kleinsten Einzelheiten eingeht, „alle menschlichen Handlungen ebenso lenkt, wie er für die Bedürfnisse unzähliger Welten sorgt, die er erhält", war ihm verständlicher und bewundernswerter als ein Gott, der dem „Müßiggang" verfallen war.

Hatte Friedrich in Küstrin Grundzüge seiner außenpolitischen Konzeption entwickelt, so begann er sich jetzt unter dem Einfluß der Philosophie seiner Zeit Gedanken über die Innenpolitik und seine Herrschaft überhaupt zu machen. Er tat das in Auseinandersetzung mit einer Schrift des Italieners Niccolò Machiavelli. Dessen Buch „Il Principe" (Der Fürst), 1532 erschienen, stieß auf die heftige Ablehnung des Kronprinzen. Machiavelli hatte das Recht des Herrschers begründet, sich im Interesse des Staates über die Gesetze hinwegzusetzen und auch „unerlaubte", verwerfliche Mittel zu benutzen. Seiner Lehre von der Staatsräson haftete der Geruch des Unmoralischen an. Gegen sie wendete sich der Kronprinz. Im März 1739 teilte er Voltaire mit, eine Gegenschrift verfassen zu wollen. Der Franzose bestärkte ihn in seinem Vorhaben. Ein Fürst, der seine Herrschaftsauffassung zu Papier brachte und der Öffentlichkeit verkündete, der war so recht nach dem Sinn des Aufklärers. Ende des Jahres vollendete Friedrich die Arbeit und sandte sie Voltaire zur Begutachtung und Korrektur. Die Schrift – der „Antimachiavell" – enthielt ein Bekenntnis zur Lehre vom Gesellschaftsvertrag.

Die Frage nach dem Ursprung des Staates bewegte die Menschen seit langem. Schon in der Antike hatte man sie zu beantworten versucht, indem man auf einen angeblichen „Vertrag" verwies, den die ursprünglich freien und gleichen Menschen untereinander abgeschlossen hätten, um die Regierungsgewalt einem der Ihren zu übertragen. Seit in Europa die neue Klasse des Bürgertums erstarkte, wurde diese Auffassung zu einer Waffe gegen die Idee vom „Gottesgnadentum" der feudalen Herrscher. Friedrich griff sie auf; er verwarf damit die bisherige feudal-klerikale Herrschaftsbegründung, um mit Hilfe zeitgemäßerer Theorien seinen Machtanspruch auf modernere Weise zu begründen.

Die Anhänger dieser Staatstheorie waren sich keineswegs in allen Fragen einig. Während die einen die Machtübergabe als endgültig ansahen und dem Volk nicht das Recht zubilligten, im Falle eines

Mißbrauchs der Macht den Vertrag zu kündigen, sprachen radikale Ideologen die Idee von der Volkssouveränität aus. Friedrich fügte sich in die erste Richtung ein, obwohl es ihm nicht um eine Stellungnahme zu diesen Auseinandersetzungen ging. Er tat dies möglicherweise unter dem Einfluß des Franzosen Pierre Bayle, dessen „Dictionnaire" er in Rheinsberg gelesen und exerpiert hatte. Bayle gehörte zu denjenigen Ideologen des Bürgertums, die auf die absolutistische Gewalt setzten.

Der Darstellung Machiavellis folgend, ging Friedrich die verschiedenen Staatsformen durch und erklärte in Übereinstimmung mit den oben erwähnten Lehren das „Erbreich", also die Monarchie, für am leichtesten regierbar. Unter den Monarchien wiederum zog er diejenigen vor, deren Herrscher selbst regierten, also die absoluten Staaten. Herrscher dieser Art waren nach seiner Meinung die Seele ihrer Staaten. „Auf ihnen allein ruht das volle Gewicht der Regierung wie die Welt auf den Schultern des Atlas; sie regeln die äußeren wie die inneren Angelegenheiten, alle Verordnungen, Gesetze, Erlasse gehen von ihnen aus, sie füllen zur selben Zeit das Amt des Justizministers aus, des Oberfeldherrn wie des Finanzministers, kurz, alles, was nur irgend für den Staat von Wichtigkeit sein kann, geht durch ihre Hand."(24) Ähnliche Gedanken hatte er schon vorher in Briefen geäußert, wobei er auf seinen Vater als Vorbild verwies.

Aus der Anerkennung des angeblichen Gesellschaftsvertrages leitete Friedrich die Pflicht des Regenten ab, für die „Wohlfahrt" seines Volkes zu sorgen. Nicht unumschränkter Gebieter über seine Untertanen sollte er sein, sondern ihr „erster Diener". Das waren zwar nicht für die Ideologen, aber für einen Herrscher neue Töne, die Illusionen weckten. Friedrich meinte sie auch durchaus ernst. Später, als König, sprach er wiederholt vom Fürsten als dem ersten Diener des Staates. Um diese These richtig zu verstehen, muß man jedoch berücksichtigen, daß sie von einem unmündigen Volk ausging, das über sein Schicksal nicht selbst entscheiden konnte. Wie den Untertanen zu „dienen" war, das wußte allein der selbst regierende Fürst. Er entschied über Wohl und Wehe, über Krieg und Frieden. Sein Volk „glücklich" zu machen, darin gipfelte die ganz in diesem Sinne zu verstehende Forderung des jungen Fürsten. „Ein zufriedenes Volk wird niemals an Aufruhr denken, ein glückliches Volk bangt vor dem Verlust seines Herrschers",(25) so schrieb Friedrich im „Antimachiavell". Der Kronprinz fürchtete keinen Aufruhr, und schon gar nicht in Preußen. Aber er hatte aus der Erhebung der Niederländer gegen

Friedrich II. als Kronprinz. Gemälde von G. W. von Knobelsdorff

Friedrich Wilhelm I., König von Preußen.
Gemälde von G. W. von Knobelsdorf

Sophie Dorothea, Königin von Preußen.
Mutter Friedrichs II. Gemälde von A. Pesne

Wilhelmine. Markgräfin von Bayreuth. Schwester Friedrichs II.
Gemälde von A. Pesne

Elisabeth Christine. Gemahlin Friedrichs II.
Gemälde von A. Pesne

Schloß Rheinsberg von der Wasserseite. Radierung von J. C. Krüger nach einer Zeichnung von F. C. Ekel

den spanischen Absolutismus gelernt, daß eine alles Maß übersteigende Gewaltherrschaft zu Aufruhr und Empörung führen kann. Sie zu vermeiden, mußte sich ein Herrscher nach seiner Meinung angelegen sein lassen. Aus Friedrichs Worten sprach – wenn auch unbewußt – Unsicherheit. Die neue Zeit forderte ihren Tribut. Auf sie stellte sich der künftige König ein.

Friedrich überließ im April 1740 die Schrift Voltaire zur Überarbeitung und zur Drucklegung. Voltaire tat das Seine; aber als die Schrift erschien, war es dem Verfasser nicht mehr recht. Am 31. Mai starb Friedrich Wilhelm I. Friedrich II., nunmehr preußischer König, hatte Rücksichten zu nehmen.

Das Jahr 1740

Hoffnungen und Wünsche

Friedrich der II. war ein junger Mann von achtundzwanzig Jahren, als er im Frühsommer 1740 die Macht übernahm. Nach den Schilderungen seiner Zeitgenossen war er eher klein als mittelgroß und neigte zur körperlichen Fülle. Als auffallend wurden seine großen, lebhaften, stark kurzsichtigen blauen Augen sowie seine etwas nach rechts geneigte, gezierte Kopfhaltung beschrieben. „Er ist leutselig und entgegenkommend", so kennzeichnete ihn der französische Sonderbotschafter Marquis Louis Charles Antoine de Beauvau, ein scharfsinniger und geistreicher Beobachter. „Seine Stimme ist sanft und rührend, so daß sie auf große Bescheidenheit schließen läßt, ja sogar auf etwas Schüchternheit, zumal wenn er zu sprechen beginnt oder mit jemandem zum ersten Male spricht; das trägt nicht wenig dazu bei, ihm die Herzen zu gewinnen, wenn er bestricken will. Sieht man jedoch schärfer zu, so gewahrt man an ihm bald eine spöttische, verächtliche Miene, die unter dem Anschein von Sanftmut und Güte verborgen ist." (1)

Auf diesen die Form wahrenden, höflichen und mitunter schüchtern wirkenden, tatsächlich aber zu Zynismus und Überheblichkeit neigenden, die Verstellung meisterhaft beherrschenden jungen Mann richteten sich die Augen aller. Nach dem harten Regime Friedrich Wilhelms I. hofften viele auf eine Erleichterung. Diese Hoffnungen waren trügerisch. Brandenburg-Preußen befand sich zwar nach dem Urteil des neuen Herrschers und seiner näheren Umgebung in einem außerordentlich wohlgeordneten Zustand. Doch meinten diejenigen, die ihn rühmten, lediglich Preußens intaktes Finanzwesen und den vom vorigen König angehäuften Staatsschatz. Über ihn liefen sagenhafte Gerüchte um; er betrug nach Friedrichs Angaben 1740 aber „nur" 8,7 Millionen Taler. Das waren im Vergleich zu den Schulden anderer Feudalstaaten immerhin beachtliche finanzielle Mittel.

Ansonsten aber war Preußen noch immer ein schwach besiedeltes und wirtschaftlich zurückgebliebenes Land. 1740 lebten hier ca. 2,2 Millionen Menschen, etwas mehr als in Kursachsen, dessen Territorium aber viermal kleiner als das Brandenburg-Preußens war. Nur 1048 Einwohner kamen in der preußischen Monarchie auf eine Quadratmeile (etwa 57 km^2). In Sachsen waren es schon um 1700 dagegen 2017. Der größte Teil der Bevölkerung lebte im preußischen Staate von der Landwirtschaft; nicht nur die Bewohner des platten Landes, sondern auch viele Bürger kleiner und kleinster Städte. Deshalb sagt das Verhältnis von Stadt und Land, das für die einzelnen Provinzen sehr unterschiedlich war, nicht alles über das tatsächliche Gewicht der Landwirtschaft aus. Während in den östlichen Provinzen, in Ostpreußen und Pommern, 75 bis 80 Prozent aller Einwohner auf dem Lande lebten, waren es in der wirtschaftlich weiter entwickelten Westprovinz Kleve-Mörs nur annähernd 60 Prozent. Für die gesamte Monarchie betrug der Anteil der Landbevölkerung im Jahre 1778 noch mehr als 70 Prozent. Schon diese Zahlen dokumentieren, daß sich die meisten Menschen in Preußen in feudaler Gebundenheit und Abhängigkeit befanden. In der Monarchie dominierte die Gutsherrschaft, und viele der an die Scholle gefesselten, frondienstpflichtigen Bauern vegetierten in Armut und Unwissenheit dahin. Was sie vom neuen Herrscher erwarteten, hat keiner der Zeitgenossen aufgezeichnet.

Etwas mehr wissen wir über die Hoffnungen mancher Städtebürger. Das Bürgertum Preußens war um diese Zeit keine einheitliche Klasse. Es zerfiel in verschiedene soziale Schichten, die teils mit den neuen, sich entwickelnden kapitalistischen Produktionsverhältnissen, teils mit den alten feudalen verbunden waren. Die meisten Bürger lebten in Klein- und Kleinststädten. Größere städtische Zentren mit mehr als 10 000 Einwohnern gab es nur in ganz geringer Zahl. Im ganzen Königreich dürften es nicht mehr als sieben gewesen sein. Darunter befanden sich Berlin und Potsdam, die beiden Residenzstädte, sowie solche Handels- und Gewerbestädte wie Magdeburg und Halle, Königsberg und Stettin. Die Mehrzahl der Bürger aber wohnte in Orten, die kaum eine Einwohnerzahl von 2000 erreichten. 75 bis 85 Prozent aller Städte in Brandenburg-Preußen waren solche Flecken mit nahezu ländlichem Charakter. Das Leben dort war karg und eng. Ihre Einwohner ernährten sich von der Landwirtschaft und vom Zunfthandwerk. Selbst in Berlin wurde noch Ackerbau und Viehzucht betrieben. Von der einstigen

Blüte mittelalterlicher Städte, von Selbstbewußtsein und Bürgerherrlichkeit war in ihnen ebensowenig zu spüren wie in den größeren Orten. Sofern sie nicht dem Landesherrn direkt unterstanden, sondern zum adligen oder Domänenbesitz gehörten, unterlagen ihre Bürger sogar feudaler Ausbeutung. Von bürgerlicher Selbstverwaltung konnte hier keine Rede sein. Aber auch in den landesherrlichen Städten war der Bürger seit der Einführung der sogenannten Magistratsverfassung unter Friedrich Wilhelm I. nahezu jeder Einflußnahme auf die Kommunalpolitik beraubt. „Mein Interesse ist es, Bürgermeister zu setzen, die platt von mir dependieren", hatte Friedrich Wilhelm I. unter Bezugnahme auf Berlin erklärt. Als der König starb, glaubten diejenigen kurmärkischen und klevischen Städte, die das Wahlrecht noch besaßen, sich wenigstens dies vom neuen Herrscher sichern lassen zu müssen. Politisch entmündigt und wirtschaftlich schwach, gediehen in den Städten der Monarchie Spießbürgerlichkeit und Untertanengeist. Hinzu kam das militärische Gepräge vieler preußischer Städte, das jedem Fremden sofort auffiel. Das im Verhältnis zur Bevölkerung viel zu große Heer war in Garnisonsstädten konzentriert. Es machte in den größeren Städten Berlin, Potsdam, Königsberg, Stettin, Magdeburg und Halle nahezu ein Viertel der Bevölkerung aus. In kleineren war es oft noch schlimmer. Hier hielten sich Zivilisten und Militärs nahezu die Waage. Die meist mit Weib und Kind in den Häusern der Bürger stationierten Soldaten, die sich von ihrer geringen Löhnung kaum ernähren konnten, beschäftigten sich nebenbei mit Spinnen und anderen Arbeiten. Sie bildeten ein Reservoir billiger, militärischer Disziplin unterworfener Arbeitskräfte.

Trotz vieler Reibereien, die es zwischen Militär- und Zivilbevölkerung gab, profitierte ein Teil des Bürgertums von der Militarisierung des öffentlichen Lebens. Viele Handwerker im Textilgewerbe lebten von Aufträgen für die Armee. Sie rissen sich um solche Heereslieferungen, weil sie auf diese Weise einen gesicherten Absatz für ihre Waren hatten. Für diese „gesicherte" Existenz zahlten sie oft mit der Unfähigkeit, sich im Wirtschaftsleben und auf dem Markt zu behaupten. Da der Staat für ihr Fortkommen sorgte, fühlten sie sich auch in besonderem Maße an ihn gebunden.

Trotzdem hatte sich in den letzten Lebensjahren Friedrich Wilhelms I. Opposition gegen dessen Wirtschaftspolitik geregt. Einige Manufakturunternehmer und „Fabrikanten" – wie in der Sprache der Zeit die Handwerker mitunter genannt wurden – waren gegen die überragende Stellung des Lagerhauses zu Felde gezogen, einer Manufaktur, die ursprünglich in Privathand, unter Friedrich Wilhelm I. in den Staatsbesitz überging. Diese zur Deckung des Heeresbedarfs an Uniformtuchen gegründete Manufaktur war mit außerordentlichen Privilegien ausgestattet und verfügte über monopolartige Rechte. Gegen sie kamen die privaten Unternehmer und Zunftmeister nicht an. Als in der zweiten Hälfte der dreißiger Jahre eine Absatzkrise einsetzte und sich die Lage der „Fabrikanten", nicht aber die des Lagerhauses verschlechterte, da begannen Unternehmer, Zunftmeister und Kaufleute in der Kurmark Brandenburg durch Eingaben an die Behörden Widerstand zu leisten. Ihr Wortführer war der Manufakturunternehmer Johann Georg Wegely. Mit dem Tode Friedrich Wilhelms wurde die Sprache der Opponierenden kühner. Sie wehrten sich gegen die Privilegierung des Lagerhauses und verlangten allgemein eine Aufhebung der Monopole, wobei sie das Argument der freien Konkurrenz ins Spiel brachten. Die Beamten der Provinzialverwaltung unterstützten die Klageführenden teilweise. So machten sie in der Kurmark darauf aufmerksam, daß erst kürzlich 600 „Fabrikanten" Berlin verlassen hätten, weil sie ihren Lebensunterhalt nicht mehr finden konnten.

Unzufriedenheit hatte neben der Vergabe von staatlichen Monopolen auch die Handelspolitik des früheren Königs hervorgerufen. Friedrich Wilhelm I. war im Verlaufe seiner Regierungszeit immer stärker dazu übergegangen, die Akzise, die von der Stadtbevölkerung zu entrichtende Steuer auf Waren des täglichen Bedarfs, in ein Instrument der Schutzzollpolitik umzuwandeln. Fremde Waren, das heißt auch solche aus anderen deutschen Territorialstaaten und sogar aus den Westprovinzen der Monarchie, wurden hoch besteuert, um ihren Verbrauch einzuschränken und das heimische Gewerbe zu begünstigen. Viele Staaten betrieben eine solche Politik zu dieser Zeit; sie fand die Unterstützung von Manufakturunternehmern. Trotzdem erhofften Manufakturisten und Kaufleute vom neuen König vor allem in solchen Handelsstädten wie Königsberg, Stettin und auch in Magdeburg eine Freigabe des Handels. In den „Gravamina" der Stände aus dem Jahre 1740 spielte die Forderung der Städte nach freiem Handel eine beachtliche Rolle. Vor allem den Kornhandel, mit dem Magdeburgs Kaufleute nach ihren eigenen Angaben zwischen 1709 und 1710 über eine Million Taler verdient hatten, der aber durch die Getreidehandelspolitik Friedrich Wilhelms I. stark beeinträchtigt worden war, wollten sie wieder von Einschränkungen befreit wissen. Auch gegen das Verbot der Wollausfuhr sprachen sie sich aus. Warum, so fragten sie, florieren denn in Sachsen die Wollmanufakturen ohne ein solches Verbot?

Aber so buntscheckig und uneinheitlich das in verschiedene soziale und lokale Gruppen aufgespaltene Bürgertum Preußens war, so widersprüchlich waren seine Wünsche an den neuen Herrscher. Während die einen Monopole und Schutzzölle bekämpften, profitierten andere von ihnen, während die einen ihr Heil in der Produktion für die Armee suchten und staatliche Eingriffe in die Privatwirtschaft tolerierten, widersetzten sich andere staatlichem Zwang. Die meisten kleinen Handwerksmeister aber dachten kaum weiter als bis zum morgigen Tag. Sie hingen am Alten, Gewohnten, verteidigten ihre Zunftprivilegien, wetterten gegen Unzünftige, die sie mit dem diskriminierenden Begriff „Pfuscher" belegten, und entwickelten höchst selten eigene wirtschaftliche Initiativen. In Selbstgenügsamkeit und Unwissenheit lebten sie dahin, alles von „oben" erhoffend, von der Allmacht des Königs und seinen Beamten.

Im Adel aber, der herrschenden Klasse, regte sich die Hoffnung auf eine Rückkehr zu alten Verhältnissen, als er über die ständischen Vertretungen unmittelbare politische Gewalt ausüben konnte. Mit dem Machtantritt des neuen Königs versammelten sich die Stände bzw. ihre Ausschüsse in den Provinzen, um dem jungen Monarchen zu huldigen und ihm ihre Ansprüche, ihre „Gravamina" vorzutragen. Sie waren verschieden wie auch die Interessen ihrer Repräsentanten. Allen gemeinsam war die Klage über das Militärwesen. Zwar anerkannte man in der Regel die Notwendigkeit eines stehenden Heeres, aber Auswüchse wie die zwangsweise Werbung wollte man nicht dulden. „Daß man dero getreues Königreich Preußen" von der zwangsweisen Werbung gänzlich befreie, verlangte der „Herrenstand" in Ostpreußen. Ähnlich reagierten die Stände in anderen Teilen der Monarchie. In der Kurmark und in Halberstadt wagten sie sogar Einwände gegen das von Friedrich Wilhelm I. eingerichtete Kantonsystem. Das deutet nicht auf eine friedliche Gesinnung des Adels hin. Aber die Enrollierung, die Erfassung ihrer für den Militärdienst in Kantone eingeteilten Untertanen, schränkte die Ausbeutungsmöglichkeiten der Gutsherren über ihre Hintersassen ein. Sie stellten mit Bedauern fest, daß ihnen die Jurisdiktion über die Enrollierten entzogen wurde und die Enrollierten wie die Beurlaubten sich weigerten, Kopfsteuern zu zahlen. Außerdem würden die Offiziere der Kantone ihre Rekruten häufig zu Dienstleistungen auf den eigenen

Gütern beanspruchen. Sieht man von allen Einzelheiten ab, so ging es den Ständen um eine direkte Beteiligung an der politischen Macht, die der Absolutismus in Brandenburg-Preußen unter den vorhergehenden Herrschern in außerordentlichem Maße beschnitten hatte. In Ostpreußen wollten die Stände alle drei Jahre den Landtag einberufen. In Magdeburg verlangten sie die Wiedereinführung der landständischen Verfassung und in Halberstadt die Wiederherstellung ständischer Rechte. Am deutlichsten drückte man sich in Magdeburg aus. In den Beschwerden der Magdeburger trat das Wesen der ständischen Opposition auch unverhüllt zutage. Dem Adel ging es um die Sicherung seiner Vorrechte. Er wollte nicht nur ein Mitspracherecht beim Erlaß neuer Gesetze, sondern wie früher die Steuern bewilligen und verwalten. Über sämtliche Instruktionen an die staatlichen Verwaltungen sollte man ihn unterrichten. Überhaupt verlangte er, ihn bei der Besetzung der entscheidenden Ämter im Staate mehr als unter Friedrich Wilhelm I. zu berücksichtigen.

In der bürgerlichen Geschichtsschreibung besteht seit Jahren eine Richtung, die eine Traditionslinie von den Ständevertretungen zu den späteren Parlamenten zieht und diese Vertretungen als positives Gegengewicht gegen die Allmacht des absoluten Herrschers begreift. Tatsächlich gelang es in England und den Niederlanden, die Stände in ein Organ bürgerlicher Machtausübung umzuwandeln. Aber dort hatte sich das Bürgertum auch einen anderen Platz in der Gesellschaft erobert. In Brandenburg-Preußen verlangte die ständische Opposition beim Regierungsantritt des neuen Herrschers keine Einschränkung absoluter Gewalt zugunsten bürgerlicher Kräfte; die Privilegien und Machtgrundlagen des Adels wollte sie sichern. Da der Absolutismus unter Friedrich Wilhelm I. im Interesse der Klassenherrschaft des Adels die direkte politische Beteiligung der Stände an der Macht zurückgedrängt hatte, wollte sie nun den Regierungswechsel nutzen, um alte Positionen wiederzugewinnen. Daß sich dabei in ihre Klagen auch wirklich Beklagenswertes mischte, daß sie den Finger auf manche offene Wunde im Lande legte, ändert nichts am allgemein reaktionären Charakter ihrer „Gravamina".

Der Absolutismus war im Jahre 1740 so gesichert, daß Friedrich II. zur Tagesordnung übergehen konnte, ohne auf die Beschwerden überhaupt zu antworten.

Anders war es um die bürgerliche Intelligenz, die Frühaufklärung in den deutschen Territorialstaaten und in Frankreich bestellt. Daß der Verfasser des 1740 erschienenen „Antimachiavell" der junge preußische König war, galt überall als offenes Geheimnis. Mit einem Monarchen, der die Praktiken feudaler Herrscher, der Macht- und Eroberungsgelüste in einem solchen Maße brandmarkte, glaubten viele ihr Ideal einer aufgeklärten, reformbereiten Herrschaft erfüllt. Als „Salomon des Nordens" bezeichnete ihn Voltaire. Und durch das Medium Voltaire sah das literarische Frankreich den neuen Preußenkönig. Zwar enthielten Voltaires Briefe viele hintergründige Schmeicheleien. Doch war nicht nur Schmeichelei im Spiele, wenn er von sich gab: „Sie werden schon geliebt, nicht nur in Ihren Staaten, sondern in ganz Europa", und wenn er im gleichen Brief emphatisch erklärte: „Die Franzosen sind alle Preußen."(2)

Erste Regierungsmaßnahmen

Friedrich II. hat die in ihn gesetzten Erwartungen erfüllt und zugleich nicht erfüllt. Wer auf eine Rückkehr zum Ständestaat rechnete, hatte sich arg verrechnet. Der König dachte nicht daran, seine Macht mit irgend jemandem zu teilen, auch nicht mit dem Adel, in dessen Klasseninteresse er regierte. Wer die „unmilitärischen" Neigungen des Kronprinzen in sein Kalkül gezogen hatte und auf eine Minderung zumindest offenkundiger Gewaltakte hoffte, wurde bald eines Besseren belehrt. Schon im September berichtete ein anonymer Autor: „Er neigt ebenso zu einer militärischen Regierung" wie sein Vater. Seitdem er auf dem Thron ist, so schrieb er weiter, hat er „nur Vorliebe für die Soldaten und glaubt sich nur für das Waffenhandwerk geboren".(3) Seine Favoriten, die Rheinsberger Freunde, die im Glauben an die angebliche Großzügigkeit und Verschwendungssucht des späteren Königs Schulden gemacht hatten und von ihm ihre Begleichung sowie Ämter und Würden erwarteten, mußten bald bemerken, daß die Sparsamkeit des neuen Herrschers wie die des verstorbenen an Geiz grenzte. Da Friedrich II. zu Eigensinn neigte, wandten nach dem Bericht des kursächsischen Hofrates König sogar seine Favoriten allergrößte Vorsicht an, wenn sie ihn zu etwas überreden wollten. Der schon erwähnte französische Gesandte Beauvau urteilte sarkastisch: „Ihr Ansehen (das der Rheinsberger Freunde, I. M.) endete mit dem Bedürfnis, sein Herz auszuschütten."(4) Die Berliner Unternehmer und Handwerker, die von ihm wirtschaftliche Erleichterungen und eine Beseitigung der Monopole des Lagerhauses erbeten hatten, machten nach dreijährigen Unterhandlungen die Erfahrung, daß alles beim alten blieb. Trotzdem hoffte das Volk auf einen milderen Herrscher und die Vertreter der bürgerlichen Intelligenz auf Reformen.

Die ersten Regierungsmaßnahmen gaben dieser Hoffnung auch neue Nahrung. Im Frühjahr und Sommer 1740 herrschte in Preußen zwar keine Hungersnot, aber eine durch Mißernten verursachte große Teuerung. Ungeachtet aller Bitten hatte Friedrich Wilhelm I. die Einfuhrsperre für Getreide unter Androhung der Todesstrafe beibehalten. Berlins Bevölkerung und die vieler anderer Städte litt Not. Schon vier Tage nach seiner Thronbesteigung gab der neue König daher die Getreideeinfuhr aus dem Mecklenburgischen frei. Er beauftragte die Berliner Firma Splitgerber & Daum, in Rußland und Polen Getreide aufzukaufen. Das machte großen Eindruck auf die Bevölkerung. Wer nun aber glaubte, Friedrich würde mit der Getreideschutzzollpolitik seines Vaters Schluß machen, sah sich schon im kommenden Jahr getäuscht. Als 1741 eine bessere Ernte zu erwarten war, führte der König die Einfuhrsperre wieder ein.

Die ersten Regierungsmaßnahmen Friedrichs II. waren widersprüchlich. Als Voltaire den jungen König brieflich nach seinen ersten Schritten befragte, antwortete dieser am 27. Juni: „Ich habe gleich damit begonnen, die Wehrkraft des Staates um 16 Bataillone, 5 Schwadronen Husaren und 1 Schwadron Gardes du Corps zu vermehren. Ich habe die Grundlagen unserer neuen Akademie gelegt. Wolff, Maupertuis und Algarotti habe ich gewonnen. Von 's Gravesande und Euler erwarte ich Antwort. Ich habe eine neue Behörde für Handel und Industrie gegründet; ich nehme Maler und Bildhauer in Dienst und reise nach Preußen, um mir dort huldigen zu lassen."(5) Von der weiteren Heeresvermehrung über Maßnahmen für Handel und Gewerbe bis zu den im ganzen Lande arg darniederliegenden kulturellen Einrichtungen reichte der Gesichtskreis des neuen Monarchen. Nur zu gern waren Voltaire und mit ihm andere bürgerliche Intellektuelle bereit, über die militärischen Bestrebungen ihres Idols hinwegzusehen und dafür die auf kulturellem Gebiet verkündeten Maximen zu begrüßen.

Friedrich hätte in seinem Brief noch auf andere Dinge verweisen können. Durch eine allerdings nie veröffentlichte Kabinettsorder vom 3. Juni 1740 verfügte er: „bei denen Inquisitionen die Tortur gänzlich abzuschaffen."(6) Freilich nahm er sofort Einschränkungen vor. Für Majestätsverbrechen und Landesverrat, auch bei „großen

Mordtaten" war er für ihre Beibehaltung. Bei dem unentwickelten Stand der Kriminaltechnik galt das Geständnis, in vielen Fällen nur durch die Folter erzwungen, als das einzige Mittel, Beschuldigte zu überführen. Deutsche Aufklärer, unter ihnen Christian Thomasius, hatten schon in der ersten Hälfte des Jahrhunderts in ihrem Kampf gegen kirchliche Orthodoxie und Offenbarungsglauben, für die natürlichen Rechte des Menschen, die Barbarei der Folter angeprangert, auch wenn sie vor allzu plötzlichen Veränderungen warnten. Wenn Friedrich II. unmittelbar nach der Regierungsübernahme die Anwendung der Folter zwar nicht gänzlich untersagte, aber doch einschränkte, so war das gewiß dem Einfluß der Aufklärung zuzuschreiben. Auch später wich der König nicht von seinem einmal geäußerten Grundsatz ab. In der Tortur sah er ein grausames und zugleich zur Entdeckung der Wahrheit ungewisses Mittel, das er abgeschafft haben wollte. Lieber sollten zwanzig Schuldige freigesprochen, als ein Unschuldiger geopfert werden.

Gleichzeitig zeigen die 1740 vorgenommenen Einschränkungen von der allgemeinen Richtlinie die Handschrift des preußischen Königs. Da ihm das Staatsinteresse stets oberste Richtschnur aller seiner Handlungen war, mußte ihm die Anwendung der Folter im Falle von Majestätsverbrechen als unabdingbar erscheinen. Und doch ging Friedrich in diesem Falle weiter als seine Umgebung. Sein Chefjustizminister Samuel von Cocceji, der schon unter Friedrich Wilhelm I. in Amt und Würden gewesen war, äußerte Zweifel und schlug in weitaus mehr Fällen die Folter vor. Das Kriminalkollegium, zur Stellungnahme aufgefordert, erweiterte sogar die von Cocceji gemachten Vorschläge um ein beträchtliches. Es bezeichnete die Folter zwar als ein trügerisches Mittel, die Wahrheit zu erforschen, aber dies vor allem deshalb, weil sie nicht immer ausreiche, hartnäckige und starke Personen zum Geständnis zu zwingen.

Schließlich hätte Friedrich in seinem Brief an Voltaire auch auf die von seinen späteren Geschichtsschreibern so gespriesene „Aufhebung" der Zensur für die Berliner Zeitungen verweisen können. Das seinem Kabinettsminister Graf Heinrich von Podewils gegenüber geäußerte Wort von den „Gazetten", die, wenn sie interessant sein sollen, „nicht geniret werden" dürften, ist, von der bürgerlichen Geschichtsschreibung kolportiert, zum Inbegriff aufgeklärter Politik geworden. Bereits Franz Mehring hat jedoch auf den außenpolitischen Zweck verwiesen, den diese Maßnahme zumindest mitverfolgte. Hatte Friedrich II. seinem bedenklichen Minister gegenüber doch erklärt, daß „fremde Ministri sich nicht würden beschweren können, wenn in den hiesigen Zeitungen hin und wieder Passagen anzutreffen, so ihnen mißfallen könnten",(7) woraus Mehring folgerichtig schlußfolgerte, daß es sich bei „dieser glorreichen Preßfreiheit" um nichts als einen alten und ewig neuen diplomatischen Kniff handelte, auswärtigen Mächten allerlei unangenehme Dinge sagen und dabei doch die Hände in Unschuld waschen zu können. Im übrigen überdauerte die nur für den sogenannten „Artikel von Berlin" erteilte Pressefreiheit nicht das Jahr 1740. Der Einfall in Schlesien, die Aggressionspolitik des neuen Herrschers, machten ihr rasch ein Ende.

Friedrichs Verfügung über die Berliner Presse, unmittelbar nach der Übernahme der Regierungsgewalt erlassen, erklärt sich aus seinem persönlichen Verhältnis zur Aufklärung, vor allem zur französischen. Der preußische König wollte wirklich interessante „Gazetten", ein vielbeachtetes Geistesleben. Er wollte, aus welchem Grunde auch immer, Berlin zum deutschen Athen machen. Das aber war nur möglich, wenn die literarischen Produkte der Aufklärer in Preußen auch gedruckt und vertrieben werden konnten. Schon im Briefwechsel des Kronprinzen mit Voltaire war oft vom künftigen Verhältnis des Herrschers zur Aufklärung die Rede gewesen. „Die Philosophen, die des Namens würdig sind, werden in Ihre Staaten gehen", hatte der Franzose ihm bereits 1736 suggeriert.(8) „Herrschen Sie Hoheit, und die Künste werden zu Ihnen kommen." Wiederholt bezeichnete Voltaire Berlin als das künftige deutsche Athen. Friedrich nahm diese Prophezeiungen mit Genugtuung auf. „Daß Berlin Athen werde, diese glückliche Prophezeiung nehme ich gern an."(9) Voltaires Briefe an den jungen Herrscher zeugen vom Versuch französischer Aufklärer, Einfluß auf die Fürsten Europas zu gewinnen. Sein als Prophezeiung und Schmeichelei formuliertes Verlangen nach Förderung der Künste und Wissenschaften fiel auf fruchtbaren Boden. Schon im 21. Kapitel des „Antimachiavell" hatte Friedrich unter der Überschrift „Wie ein Fürst sich Ruhm erwirbt" formuliert: „Nichts gibt einem Reiche mehr Glanz, als wenn die Künste unter seinem Schutz gedeihen."(10) Friedrichs Verfügung über die Berliner Presse ist nur in diesem Zusammenhang zu verstehen. Er wollte Berlin wirklich zum deutschen Athen machen, obgleich es schon unter seinem Vater mehr Sparta glich. Im Falle der Pressefreiheit traf sich der Wunsch des jungen Königs mit den Ansprüchen der Aufklärer. Die Freiheitsforderung der sich entwickelnden Bourgeoisie galt in dieser Zeit noch vorwiegend der Möglichkeit, Gedanken und Meinungen frei äußern zu können. Im Kampf der neuen, zur Macht bestimmten Klasse in Europa spielte die Forderung nach Pressefreiheit eine außerordentliche Rolle. Friedrich II. entsprach ihr in ganz beschränktem Maße und für eine ganz kurze Zeit.

Zugleich setzten die Bemühungen des Königs zur Wiederbelebung der Berliner Akademie ein. Die Akademien als Institutionen der mündig gewordenen Wissenschaften spielten in der Epoche des Übergangs vom Feudalismus zum Kapitalismus eine enorme Rolle. Davon zeugt vor allem die 1662 gegründete englische „Royal Society", die als ausgesprochen bürgerliche und unabhängige Einrichtung viel zum Fortschritt der Naturwissenschaften, der Politischen Ökonomie und der Philosophie beitrug und damit einem Bedürfnis der sich entwickelnden Bourgeoisie des Manufakturzeitalters entsprach. Zwar vollzog sich die Entwicklung der Akademien in Feudalstaaten unter anderen gesellschaftlichen Bedingungen, weil der Staat von ihnen profitierte und reglementierend in ihr Leben eingriff, doch war auch hier wissenschaftlicher Fortschritt nur zu erreichen, wenn die Freiheit der Forschung in gewissen Grenzen gewährleistet wurde.

Die Berliner Akademie, die auf Anregung von Leibniz unter Friedrich I. gegründet, von Friedrich Wilhelm I. aber in ihrer Arbeit behindert und finanziell sehr kurz gehalten worden war, sollte nach dem Willen des neuen Königs wiederbelebt werden. Friedrich II. wandte sich zu diesem Zwecke an bedeutende Gelehrte Europas; unter anderen an Wolff, der sich angesichts der bitteren Erfahrungen aber nicht an die Spitze der Akademie stellen wollte, des weiteren an den berühmten Mathematiker Leonhard Euler, der, aus Petersburg kommend, 1741 in Berlin eintraf, und an den späteren Präsidenten der Akademie, den französischen Mathematiker und Physiker Pierre-Louis de Maupertuis. Die Neugründung der Akademie verzögerte sich jedoch. Der bald darauf ausbrechende Krieg war den Wissenschaften nicht hold. Sparta siegte über Athen.

Am 27. Juni 1740 erließ der König eine Instruktion zur Gründung des sogenannten V. Departements, eines Ministeriums für Handel und Gewerbe, wie wir heute sagen würden. Diese Gründung war in zweierlei Hinsicht von Bedeutung. Sie zeugte vom Interesse des jungen Monarchen für die wirtschaftliche Entwicklung, und sie stellte andererseits einen Schritt zum weiteren Ausbau des Staatsapparates dar. Die bis zu diesem Zeitpunkt existierenden vier Departements, denen 1740 Friedrich von Görne, Franz Wilhelm von Happe, August

Friedrich von Boden und Adam Otto von Viereck vorstanden, leiteten jeweils bestimmte Provinzen. Ihnen zugeordnet waren einige, die ganze Monarchie betreffende Aufgaben. So zeichnete August Friedrich von Boden als Leiter des III. Departements noch für das Postwesen und die Berg- und Hüttenwerke verantwortlich. Handel und Gewerbe wurden vom zuständigen Minister für das IV. Departement, Adam Otto von Viereck, mitverwaltet. Nur die äußeren und die Justizangelegenheiten fielen nicht in ihre Kompetenz. Für sie gab es das sogenannte Kabinettsministerium mit seinen drei „Außenministern" und das Justizdepartement. In diesen, vorwiegend von territorialen Prinzipien ausgehenden Behördenaufbau schlug das V. Departement eine Bresche. Es war so etwas wie ein erstes „modernes" Fachministerium. Überhaupt gehört zu den bleibenden Leistungen des Absolutismus der – natürlich im Interesse der herrschenden Klasse – erfolgte Ausbau der Staatsmaschinerie.

Die Leitung des neuen Fachministeriums erhielt Samuel von Marschall, der unter Friedrich Wilhelm I. geadelt, anfangs dessen Kabinettssekretär und später sein Minister gewesen war. Bei den übrigen hohen Beamten des Generaldirektoriums galt Marschall als Emporkömmling und Außenseiter. Unter Marschall sollten der Geheime Finanzrat Julius Wilhelm Heinrich Beyer und der ehemalige Mentor Friedrichs aus der Küstriner Zeit, Hille, arbeiten. Hille starb jedoch, bevor er den Posten antreten konnte. Marschall bekam vom König den Auftrag, das Manufakturwesen im Lande zu verbessern, fehlende Gewerbezweige einzuführen und vor allem „Kolonisten" ins Land zu rufen. In erster Linie lenkte der Monarch die Aufmerksamkeit des Beamten auf die Leinwandfabrikation und das Seidengewerbe, für das es in Preußen an Arbeitern fehlte, weshalb er empfahl, sie aus anderen Ländern abzuwerben und ihnen gewisse Sonderbedingungen zu schaffen.

Das neue Ministerium funktionierte anfangs nicht sonderlich gut. Es kam zu Kompetenzstreitigkeiten mit den übrigen Ministern, die die wirtschaftlichen Angelegenheiten der ihnen unterstellten Provinzen selbständig regeln wollten. Friedrich selbst aber regierte aus dem Kabinett. Er nahm an den wöchentlichen Kollegiumssitzungen der Minister nicht teil, ließ sich statt dessen durch seinen Sekretär die schriftliche Stellungnahme der Beamten vortragen, um dann in Form von Randbemerkungen oder schriftlichen Antworten auf sie zu reagieren. Diesen Stil behielt er bis zu seinem Tode bei. Die Regierung aus dem Kabinett war eines der Charakteristika friderizianischer Behördenpolitik. Der persönliche Kontakt zu seinen Beamten wurde dadurch schwächer; nur einzeln beorderte er sie zu sich. Auf den Rat des Ministeriums insgesamt glaubte er verzichten zu können. Schon damals schlug der junge Monarch seinen hohen Beamten gegenüber einen rüden und abkanzelnden Ton an. Am 20. Oktober verwarnte er sein ganzes Generaldirektorium, nicht so faul zu sein und nicht so viel zu reisen. „Dieses ist vohrs erste eine erinnerung. sie sollen sich in acht nehmen das es nicht schlimer Kömt."(11) Oft kam es schlimmer. Diese Erfahrungen mußten Friedrichs Beamte nur wenige Jahre später machen.

Kriegsvorbereitungen

Das Wesen des friderizianischen Staates enthüllte sich am deutlichsten in der Außenpolitik. Der König selbst kennzeichnete die Lage Europas zur Zeit seines Regierungsantritts auf die folgende Weise: „Beim Tode meines Vaters fand ich ganz Europa in Frieden. England und Spanien bekriegten sich freilich, aber dieser Krieg spielte sich in Amerika ab. Kaiser Karl VI. hatte soeben mit den Türken einen Frieden abgeschlossen..."(12) Dieses „friedliche" Europa wurde mit dem Machtantritt Friedrichs II. erneut aufgerührt. Wes Geistes Kind der neue Preußenkönig war, zeigte schon die Affäre von Herstal. Die Grafschaft Herstal, zum Besitz der Oranier gehörend, war durch Erbschaft im Jahre 1732 an Brandenburg-Preußen gefallen. Ihre Bewohner aber lehnten sich auf; sie wollten nicht unter preußische Herrschaft gelangen und suchten Schutz beim Fürstbischof von Lüttich, der die Lehnshoheit über Herstal übernahm. Nach dem Tode Friedrich Wilhelms I. verweigerten die Herstaler auch dem neuen König die Huldigung. Friedrich II. schickte einen Gesandten zum Fürstbischof, der diesen aber nicht empfing und auch den Brief des Königs nicht beantwortete. Darauf ließ Friedrich am 11. September 1740 ein preußisches Kommando in den Herrschaftsbereich des Bischofs einrücken und als „Äquivalent" für Herstal die Grafschaft Hoorn und die Stadt Masseyck besetzen. Seine Truppen verbreiteten eine Flugschrift, die schon in dem gleichen widerwärtig heuchlerischen Ton von angeblicher Friedensgesinnung abgefaßt war, wie spätere ähnliche Dokumente. „Seine Majestät der König von Preußen ist durch die Äußerungen des Übelwollens seitens des

Fürstbischofs von Lüttich zum Äußersten getrieben worden und hat sich zu seinem Bedauern gezwungen gesehen, die Gewalttaten und den Schimpf, die der Bischof ihm antun *wollte*, (Hervorhebung von mir, I. M.) mit Waffengewalt zu vergelten." Und weiter hieß es: „Obwohl der König seine Interessen gern der öffentlichen Ruhe geopfert hätte, konnte er im Hinblick auf seine Ehre nicht ebenso verfahren. Dies ist der Hauptbeweggrund dafür, daß er einen seinen Anschauungen so entgegengesetzten Entschluß gefaßt hat."(13) Daß dieser Entschluß seinen Anschauungen gar nicht so entgegengesetzt war, sondern zur politischen Maxime des Königs gehörte, erwies sich wenig später im Falle Schlesiens. Die Affäre von Herstal endete mit einem finanziellen Vergleich. Sie kostete den König von Preußen aber weit mehr, als dieser ahnte. Sein Ansehen als „aufgeklärter" Fürst bekam einen ersten empfindlichen Stoß. Rückblickend auf diese Zeit schrieb im Jahre 1757 der spätere Vorsitzende der sächsischen Restaurationskommission Thomas von Fritsch, ein Anhänger Pierre Bayles und Charles de Sercondat Montesquieus, daß diese Affäre Europa auf die ersten Schritte eines Fürsten aufmerksam machte, dessen Liebe für die schönen Künste auf gemäßigtere Unternehmen hatte hoffen lassen. Die Vergrößerung der Armee habe die Hoffnungen auf einen philosophischen König ganz und gar dahinschwinden lassen.

Am 20. Oktober 1740 starb Kaiser Karl VI. Die Nachricht von seinem Tode traf am 26. in Berlin ein. Friedrich, der sich gerade in Rheinsberg aufhielt, wurde von Minister Podewils sofort davon in Kenntnis gesetzt. Der Preußenkönig begriff seine Chance im selben Augenblick. Voltaire prophezeite er noch am gleichen Tage die völlige Umwandlung des bisherigen politischen Systems in Europa. Am 27. berief der Monarch Podewils und Feldmarschall Graf Kurt Christoph von Schwerin nach Rheinsberg. Dort unterrichtete er sie über seine Pläne, insbesondere über die beabsichtigte Annexion Schlesiens. Bisher hatte Schlesien nicht zu den Gebieten gehört, auf die sich der Aggressionsdrang des Preußenkönigs richtete. Wie seinem Vater ging es ihm zunächst um Jülich und Berg. Der frühe Tod des Kaisers ließ ihn selbst gegen die Bedenken seiner beiden Berater alle früheren Erwägungen über den Haufen werfen. Die Nachfolgerin Karls VI., Maria Theresia, Erzherzogin von Österreich und Königin von Ungarn und Böhmen, schien ihm ein schwaches Weib. Die österreichischen Finanzen befanden sich in einem kläglichen Zustand, und die Armee war durch den letzten Türkenkrieg noch geschwächt. Europa würde sich, so vermutete Friedrich, auf die habsburgische Beute werfen.

Kaiser Karl VI. hatte zwar in Jahrzehnten zähen Ringens die Stände in der habsburgischen Monarchie sowie die wichtigsten deutschen und europäischen Staaten dazu veranlaßt, der sogenannten Pragmatischen Sanktion von 1713 zuzustimmen, die bei Aussterben männlicher Nachkommen die weibliche Erbfolge im Reich der Habsburger sicherte, doch rechnete der Preußenkönig fest damit, daß Bayern und Sachsen nun Erbansprüche geltend machen würden. Warum sollte unter diesen Bedingungen nicht auch Preußen sein Schäfchen ins Trockene bringen, zumal der latente Gegensatz zwischen Frankreich und den Habsburgern, der zuletzt im Polnischen Erbfolgekrieg von 1733 bis 1735 zu offenen kriegerischen Auseinandersetzungen zwischen beiden geführt hatte, ein Eingreifen Frankreichs in die Verwicklungen vermuten ließ? So jedenfalls dachte der König, und schon Ende Oktober munkelte man am Berliner Hof, daß es Brandenburg-Preußen auf Schlesien abgesehen habe. Wie ernst die Situation war und wie rasch der Monarch handelte, geht allein aus der Tatsache hervor, daß Anfang Oktober bereits alle beurlaubten Offiziere den Befehl erhielten, zu ihren Regimentern zurückzukehren. Preußen machte mobil. Für den inzwischen erschienenen „Antimachiavell" fand der König keine Zeit mehr. Der Tod des Kaisers ließ eine Korrektur des Werkes nicht zu, wie er an den Grafen Francesco Algarotti schrieb. „Diese Epoche kann für mein Buch höchst verhängnisvoll und für meine Person vielleicht ruhmreich werden."(14) Seinem Minister Podewils, der noch immer Bedenken hatte, die Fackel des Krieges in Brand zu setzen, schrieb er am 1. November: „Eine Preisfrage für Sie: Wenn man sich im Vorteil befindet, muß man sich das zunutze machen oder nicht?"(15)

Während die Kriegsvorbereitungen in Preußen in vollem Gange waren und längs der Aufmarschlinie in Eile Magazine zur Versorgung der Truppen angelegt wurden, gab sich der junge Monarch leutselig und vergnügungssüchtig. Im November war Voltaire nach Berlin gekommen. An Algarotti berichtete der König: „Unser Treiben ist höchst frivol. Wir ziehen die Quintessenz aus Oden, zergliedern Verse, sezieren Gedanken ... Wir tanzen bis zur Atemlosigkeit, kitzeln unsere Ohren durch schmachtende Töne, die zur Liebe anreizen und einen anderen Kitzel erwecken."(16)

Im Dezember setzten sich die Truppen in Richtung Schlesien in Marsch. Der dänische Gesandte am preußischen Hof, Andreas August von Praetorius, urteilte schon damals: „Keine Macht in Europa vermag so rasch zu handeln wie die Preußen."(17) In Wien war man beunruhigt. Der österreichische Gesandte Anton Otto Botta d'Adorno drückte am 7. Dezember, als alle Vorbereitungen für den Einfall in Schlesien schon im Gange waren, die Besorgnis seiner Gebieterin über den Truppenaufmarsch aus. Friedrich beschwichtigte ihn. Er werde nichts unternehmen, was gegen die Interessen von Maria Theresia verstoße. „Die Zeit werde die Aufrichtigkeit seiner Gesinnungen bestätigen."(18) Der das aussprach, hatte aus der privaten Heuchelei ein Mittel der Politik gemacht. Die Zeit zeigte nur zu bald, was von den Versicherungen des Preußenkönigs zu halten war. Zehn Tage nach dieser Beschwichtigung stellte er sich an die Spitze seiner Armee und verließ Berlin. Am 16. Dezember schrieb er aus Schweidnitz an Podewils: „Ich habe den Rubikon überschritten mit fliegenden Fahnen und Trommelschlag."(19) Der Krieg um das österreichische Erbe, der Europa acht lange Jahre erschüttern sollte, war entbrannt. Viele bürgerliche Historiker haben über die Rechtsgründe Preußens auf Schlesien viele Seiten gefüllt. Rechtsgründe fanden feudale Herrscher immer, wenn sie Eroberungen machen und behaupten wollten. Auch Friedrich II. hatte sie parat. Es hieße jedoch, sich auf das Gleis feudaler Argumentation zu begeben, wollte man auch nur einen Gedanken an sie verschwenden. Der König selbst verhielt sich zu diesen Rechtsgründen auch viel zynischer als seine späteren Apologeten. Auf eine Rechtsdeduktion von Minister Podewils schrieb er: „Bravo, das ist die Arbeit eines trefflichen Charlatans."

Schon die Affäre von Herstal hatte unter den Aufklärern zu Ernüchterung geführt. Der Einfall in Schlesien rief namenlose Enttäuschung hervor. Niemand hatte im literarischen Frankreich geglaubt, daß der Autor des „Antimachiavell" seine Regierungszeit mit einem Angriffskrieg eröffnen würde. Der geistreiche Beauveau bemerkte treffend: „Sein Buch ist zu früh erschienen oder der Kaiser ist zu rasch gestorben."(20) Noch heute denken bürgerliche Historiker über das seltsame Doppelwesen des Preußenkönigs nach, der angeblich Humanität und Machtstreben auf widersprüchliche Weise in sich vereinte. Friedrich II. war zweifellos eine widersprüchliche Persönlichkeit. Klug und geistreich bis zum Sarkasmus auf der einen und konservativ und reaktionär selbst im Denken auf der anderen Seite. Voller Achtung und Güte für seine Freunde das eine und von bitterer Menschenverachtung das andere Mal. Wo er heute heuchelte, konnte er morgen zum Wahrheitsapostel aufsteigen. Obwohl auf seinen

Ruhm und seine Reputation bedacht, tat er alles, um selbst in den Augen seiner Bundesgenossen zum unzuverlässigsten Partner in Europa zu werden. Die Widersprüche aber, die Frankreichs Philosophen und mit ihnen viele spätere Historiker zu erkennen glaubten, gab es nicht; sie entsprangen nur den Illusionen, die man sich über den Kronprinzen und den jungen Monarchen gemacht hatte. Denn auf dem Gebiete der Außenpolitik entsprach Friedrichs Ideologie nicht dem Bild, das die französische Aufklärung von einem aufgeklärten Herrscher hatte. Selbst im „Antimachiavell", dem vielgerühmten Zeugnis für die beabsichtigte Politik eines aufgeklärten Fürsten, hatte Friedrich auf Fälle verwiesen, die nach seiner Meinung Kriege zur „zwingenden Notwendigkeit" machten. Zu diesen zählten Verteidigungs- und Präventivkriege. „Nicht weniger wohlbegründet" als diese fand er Kriege, „mit denen ein Herrscher bestimmte Rechte oder bestimmte Ansprüche, die man ihm bestreiten will, behauptet."(21) Friedrich II. tat im Jahre 1740 nur, was er schon im „Natzmer-Brief" und im „Antimachiavell" vorgezeichnet hatte: Er begann die Epoche seiner Eroberungen und fand auch „Rechtstitel", um diese zu begründen. Friedrichs Neigung für die Philosophie und ihre aufgeklärten Vertreter war Liebhaberei und private Neigung; sie war auch ein Zeugnis für die Kraft der neuen bürgerlichen Weltanschauung, und sie hat auf einige seiner ersten Regierungsmaßnahmen sicher eingewirkt. Nie aber hat Friedrich II., weder in den ersten Regierungstagen noch in den letzten, unter dem Einfluß der Aufklärung das Wesen der feudalen Klassenherrschaft angetastet und seinem Expansionsdrang Zügel angelegt.

Die Eroberung Schlesiens

Friedrichs Motive für den Krieg

Schlesien, in das der preußische König mit seinen Truppen im Winter 1740/41 einfiel, gehörte zusammen mit Böhmen und Ungarn seit dem Jahre 1526 zum Habsburgischen Vielvölkerstaat. Seine wechselvolle Geschichte, vor allem die Ostexpansion, hatten dazu geführt, daß auf seinem Gebiet verschiedene Nationalitäten ansässig waren: neben den Angehörigen slawischer Völker, den Polen, Tschechen und Sorben hauptsächlich Deutsche. Berechnungen polnischer Historiker für das Ende des 18. Jh. ergaben, daß zu diesem Zeitpunkt 68 Prozent aller Einwohner deutscher Abstammung waren und 28 Prozent Polen. Die polnische Bevölkerung lebte vorwiegend auf dem Lande; mehr als 90 Prozent vegetierte hier unter außerordentlich elenden Bedingungen dahin. In Schlesien hatte sich die Gutswirtschaft durchgesetzt. Die an die Scholle gebundenen Bauern stöhnten vor allem in Oberschlesien unter der Last der feudalen Ausbeutung. Leibeigenschaft, schlechte Besitzverhältnisse und Frondienste bis zu sechs Tagen in der Woche kennzeichneten ihre Lage.

In gewerblicher Hinsicht gehörte Schlesien zu den entwickelten Gebieten. Seine wichtigsten Gewerbezweige waren die Leinen- und Tuchherstellung. Zentren der Leinenproduktion befanden sich im Gebirge. Die Weber, die zu dieser Zeit in ihrer Mehrheit nur noch nominell selbständig, in Wirklichkeit aber von Kaufleuten, ihren Verlegern, abhängig waren, produzierten große Mengen feinster Leinenwaren, sogenannte Schleier, die die Kaufleute meist roh und ungebleicht nach den Niederlanden verkauften, von wo aus sie, weiterverarbeitet, nach England und Amerika vertrieben wurden. Aufkommende Konkurrenz anderer Länder machte den schlesischen Kaufleuten seit den zwanziger Jahren des 18. Jh. schwer zu schaffen. Der Absatz schlesischer Leinenwaren im Ausland ging zurück.

Tuche wurden vor allem in solchen Städten wie Breslau, Goldberg,

Grünberg und in der Grafschaft Glatz produziert. Daneben stellte man leichtere Wollstoffe her. Ein Teil der gröberen Tuchsorten wurde außerhalb Schlesiens verkauft. Man nahm sie in Böhmen, Ungarn und Wien ab; über Triest vertrieb man sie nach Italien; auch in Polen und Rußland fanden sie Absatz. Schlesiens Außenhandel war unter diesen Bedingungen nicht unbeträchtlich. Das Land nahm in gewisser Weise eine Mittlerrolle zwischen den Staaten des Ostens und den weiterentwickelten Gebieten Westeuropas ein.

Wer nun von modernen Vorstellungen ausgehend glaubt, der Überfall auf Schlesien hätte vorwiegend wirtschaftliche Gründe, der irrt. Später, nach der Einverleibung dieses Gebietes in den preußischen Staat, nutzte Friedrich II. die wirtschaftlichen Ressourcen der neuen Provinz recht kräftig aus. Zunächst aber bestimmten ihn vor allem politische Gründe, in Schlesien einzufallen. Der junge Monarch wollte Preußen eine andere Stellung im Konzert der europäischen Mächte verschaffen. Das Land, das Friedrich I. seinen Nachfolgern hinterlassen hätte, sei so etwas wie ein Zwitter gewesen; mehr Kurfürstentum als Königreich, so schrieb Friedrich II. in der „Geschichte meiner Zeit". „Es war ehrenvoll, diesem Zwitterzustand ein Ende zu machen, und das war sicher einer der Beweggründe des Königs bei den großen Unternehmungen, zu denen so vieles ihn reizte",(1) so urteilte er selbst über die Motive seiner Aggression. Preußen in den Rang einer Großmacht zu heben, das war das erklärte Ziel, das sich der Preußenkönig mit seinem Angriffskrieg 1740 stellte. Dazu boten ihm der Tod des Kaisers, der Zustand des Habsburgerreiches und die von ihm erwarteten europäischen Verwicklungen die günstigste Gelegenheit. Daß Schlesien und nicht ein anderes Land Objekt des Raubkrieges wurde, hing mit seiner Lage und den Verhältnissen in Preußen selbst zusammen. Schlesien lag nahe und war militärisch fast ungeschützt. Die Möglichkeit seiner Eroberung entsprach den Kräften, über die der preußische König verfügte. Weiter schrieb er in der „Geschichte meiner Zeit": „Endlich war der Krieg, den er (Friedrich, I. M.) in Schlesien führen konnte, die einzige Art von Offensive, welche die Lage seiner Staaten begünstigte, weil er hier nahe an seinen Landesgrenzen blieb und durch die Oder eine stets sichere Verbindung behielt."(2) Hinzu kamen persönliche Motive, über die sich Friedrich in Briefen an seine Freunde wiederholt äußerte. Für einen Fürsten seiner Zeit galten Kriege als eine Sache des Ruhms und der Ehre. Feudale Moral- und Wertvorstellungen bestimmten die persönliche Haltung des Monarchen zum Krieg: Dem Phantom „Ruhm" jagte er nach. So jedenfalls schrieb er an Voltaire gleich zu Beginn des Krieges. „Wahrhaftig, es ist ein großer Wahnsinn, aber einer, von dem man schwerlich loskommt, wenn man einmal davon ergriffen ist."(3) Noch deutlicher drückte er seine Haltung zum Kriege im Februar 1741 in einem Brief an seinen Freund Charles Etienne Jordan aus: „Ich liebe den Krieg um des Ruhmes willen."(4) In einem gleichfalls an Jordan gerichteten Schreiben faßte er wenig später seine persönlichen Gründe wie folgt zusammen: „Meine Jugend, die Glut der Leidenschaft, der Ruhmesdurst, ja selbst die Neugier ... Die Genugtuung, meinen Namen in den Zeitungen und später in der Geschichte zu sehen, hat mich verführt."(5) Diese noch frisch unter dem Eindruck des Kriegsgeschehens gemachten Äußerungen sollten nicht unterschätzt werden. Das Motiv, sich in der Geschichte zu sehen und auf seine Zeitgenossen zu wirken, war bei Friedrich II. stets gegenwärtig. Es bildete den Hintergrund vieler seiner Unternehmungen und seiner Beziehungen zu Freunden und Aufklärern. Der Preußenkönig beherrschte für seine Zeit das Geschäft der „public relation" nicht weniger schlecht als mancher spätbürgerliche Politiker heute. Diesen Wesenszug prägte er später noch deutlicher aus. Als er im Siebenjährigen Kriege einen neuen Vorleser, Heinrich de Catt, in seine Dienste nahm, stellte er sich vor diesem regelrecht zur Schau. Er arbeitete selbst am Image, das sich seine Umwelt und spätere Generationen von ihm machen sollten. Zu diesem Bild gehörte, daß er, ein eigentlich friedlicher Mensch, ein Philosoph und Poet, Kriege zu führen gezwungen war. Das versuchte er während des Siebenjährigen Krieges Catt ebenso weiszumachen wie Jahre früher Jordan: „... Daß Dein Schüler in der Philosophie, Ciceros Schüler in der Rhetorik und Bayles Schüler in der Vernunftslehre eine militärische Rolle in der Welt spielen würde! Wer hätte das gedacht, daß die Vorsehung einen Dichter dazu ausersehen hätte, das politische System Europas umzustürzen und die politischen Kombinationen seiner Herrscher über den Haufen zu werfen!"(6)

Schon der „Natzmer-Brief" und der „Antimachiavell" hatten gezeigt, daß der Preußenkönig in Fragen des Krieges nicht auf den Positionen der Aufklärung stand. Als er in Schlesien einfiel, wandte sich der damals über achtzigjährige Charles Irénée Castel, Abbé de Saint Pierre, dessen Plan eines ewigen Friedens in Europa aus dem Anfang des Jahrhunderts Zustimmung auf der einen und Spott auf der anderen Seite hervorgerufen hatte, an den preußischen König. Der französische Frühaufklärer, der kriegerische Auseinandersetzungen bekämpfte, weil sie nach seiner Meinung die Entwicklung des menschlichen Fortschritts behinderten, wollte Kriege in Europa abschaffen, indem er den illusionären Plan eines europäischen Staatenbundes entwarf, in dem die Regierenden selbst über den territorialen Status quo und den ewigen Frieden wachen sollten. Seine Einsicht in die Realitäten des Lebens reichte nicht aus, um zu erkennen, daß er damit die Wölfe zu Hirten über die Völker Europas bestellte. Ungeachtet der Kritik seiner Zeitgenossen, die von „linken" und von „rechten" Positionen ausging, verfocht der Abbé mit einer an Starrsinn grenzenden Beharrlichkeit seine Friedensideen gegenüber den Monarchen Europas. Entsetzt über den Einfall in Schlesien, richtete der greise Aufklärer Briefe an den Preußenkönig, die leider nicht erhalten sind, und verfaßte eine Schrift mit Vorschlägen zur Wiederherstellung des Friedens. Friedrich II. verhielt sich arrogant und ironisch. An Voltaire schrieb er: „Der Abbé de Saint Pierre, der mir so wohl will, daß er mich mit seinen Briefen beehrt, hat mir ein schönes Werk übersandt, in welcher Weise der europäische Friede wiederherzustellen und dauernd zu befestigen sei. Die Sache ist völlig ausführbar; zu ihrem Gelingen fehlt nur die Einwilligung Europas und was derartige Kleinigkeiten mehr sind."(7) Gleichzeitig regte er einen „Anti-Saint-Pierre" an, in welchem ein anonymer Autor Friedrichs Krieg gegen Maria Theresia rechtfertigte.

Der preußische König war ein Anhänger der These vom Gleichgewicht der europäischen Mächte. Diese These, entstanden und eingesetzt als ideologische Waffe im Kampf gegen die universalstaatlichen Bestrebungen der Habsburger im 16. Jh., hatte ursprünglich eine progressive Bedeutung. Sie trug den Interessen der sich entwickelnden Nationalstaaten Rechnung. Mehr und mehr aber war sie im Verlaufe der Zeit zu einem Mittel geworden, mit dessen Hilfe die absoluten Herrscher Europas ihre Kriege rechtfertigten. Als Friedrich II. diese These aufgriff, wurde sie von französischen Aufklärern seit langem attakiert. Friedrich schrieb im „Antimachiavell": „Die Ruhe Europas ist in erster Linie bedingt durch die Erhaltung jenes weisen Gleichgewichts, das darin besteht, daß dem Übergewichte einzelner Herrscher die vereinigten Kräfte der anderen Mächte die Waage halten."(8) Und obwohl er selbst das Gleichgewicht Europas durch den Einfall der preußischen Truppen in Schlesien empfindlich störte, ging er auch in den folgenden Jahren nicht von dieser These ab: Allerdings diente ihm nun das neu entstandene Kräfteverhältnis als Ausgangspunkt.

Der erste Schlesische Krieg (1740–1742)

Die Preußen hatten in Schlesien zunächst leichtes Spiel. Ihnen standen nur geringe österreichische Kräfte gegenüber. In zwei Richtungen, gegen Glogau und Bunzlau und gegen Schweidnitz vordringend, stießen sie nur in den besser gerüsteten Festungen Glogau, Brieg und Neiße auf Widerstand. In Glogau ließ der Festungskommandant beim Anrücken der preußischen Truppen die Vorstädte abbrennen. Damit begann der Leidensweg der Schlesier, die für den Eroberungsdrang des Preußenkönigs mit Not, Hunger, Brandschatzung und dem Verlust ihres Hab und Guts zahlen mußten. Wie der in den Vorstädten von Glogau lebenden Bevölkerung ging es wenig später der von Brieg und Neiße. Am 7. und 8. Januar 1741 brannten die Vorstädte von Brieg sowie zwei in der Nähe befindliche Dörfer nieder und am 12. Januar die von Neiße. Auf diese Weise sollten die Festungen in einen besseren Verteidigungszustand versetzt werden. Ende Januar befand sich Schlesien in preußischen Händen. Die schwache österreichische Streitmacht zog sich an die böhmische Grenze zurück. Nur Glogau, Brieg und Neiße leisteten noch Widerstand.

Friedrich II. hielt sich während des Vormarsches bei dem Truppenteil auf, der in Richtung Glogau und Breslau vorrückte. Er selbst schildert sein Leben während dieser Zeit auf die folgende Weise: „Wir marschieren von 7 Uhr früh bis 4 Uhr nachmittags. Dann speise ich, arbeite, empfange langweilige Besuche, und schließlich kommt ein Wust von albernen Bagatellen. Da gilt es, Leute, die Schwierigkeiten machen, zu belehren, Heißsporne zu zügeln, Faule anzutreiben, Ungeduldige im Zaum zu halten, Raubgierige in die Schranken des Rechts zu weisen, Schwätzer anzuhören und Stumme zu unterhalten!"(9) Daneben aber hatte der König mit handfesteren Dingen zu tun. Das besetzte Schlesien mußte mit seinen Hilfsquellen, mit Menschen und mit Geld, während der kurzen Atempause, die Ende Januar eintrat, zur Vorbereitung eines neuen Feldzuges herhalten.

Die Besetzung Schlesiens war von seinen Einwohnern auf unterschiedliche Art und Weise aufgenommen worden. Soziale, nationale und konfessionelle Gegensätze bewirkten, daß ein Teil der Schlesier die Herrschaft der Habsburger ablehnte, aber auch von einem Machtwechsel zugunsten Preußens nichts hielt. Im Gegenteil, viele befürchteten, unter die Zuchtrute des preußischen Königs zu geraten, der, wie es in einem Flugblatt aus diesen Tagen hieß, den Untertanen die Groschen in der Tasche zählte. Vor allem schreckte die Aussicht, in das preußische Heer gepreßt zu werden. Die Gründe für die teils reservierte, teils feindselige, in einigen Fällen auch zustimmende Haltung gegenüber Preußen waren unterschiedlich motiviert. In Breslau, der Hauptstadt Schlesiens, glaubte ein großer Teil der Bürgerschaft sich am besten durch Neutralität aus dem Streit der beiden Parteien heraushalten zu können. Als am 14. Dezember 1740 eine österreichische Besatzung in die Stadt einrücken wollte, wurde dies durch einen Volksauflauf verhindert. Eine unbewaffnete Menge von Handwerkern unter Führung eines Schusters zwang dem Kommandanten die Erklärung ab, die Stadt könne sich allein am besten verteidigen. Die Hoffnungen vieler Breslauer Bürger schienen sich anfangs auch zu erfüllen. Als der preußische König am 31. Januar 1741 vor ihren Toren stand, billigte er der Stadt vorläufig, aus taktischen Gründen, die angestrebte Neutralität zu. In der Stadt waren schon vor der preußischen Bedrohung die Zunfthandwerker in Opposition zur städtischen Obrigkeit und zur österreichischen Regierung geraten. Als Friedrich II. sich Breslau näherte, sangen bezeichnenderweise gerade die unteren Schichten der Stadtbevölkerung ein Grablied auf die Akzise, das mit den Worten begann: „Nun ruhen all' Acciser." Nur zu bald sollte sich erweisen, daß der Steuerdruck der preußischen Regierung nicht leichter als der der österreichischen zu ertragen war.

Unter der Kaufmannschaft Breslaus herrschte dagegen aus wirtschaftlichen Motiven eine eindeutig antipreußische Stimmung. Die Kaufleute fürchteten für ihre engen Handelsbeziehungen mit anderen Teilen der österreichischen Monarchie, vor allem mit Böhmen, Mähren und Ungarn. Sehr bald zeigte es sich, wie berechtigt diese Befürchtungen waren. Zudem hatte sich die Stadt Breslau viele Privilegien erhalten können. Zu diesen gehörten das Stapelrecht und das sogenannte jus präsidii, das dem Landesherrn in Kriegszeiten die militärische Besetzung der Stadt untersagte. Auch die Stände verfügten durch den im Habsburgerreich nicht so straff wie in Preußen ausgebildeten Absolutismus noch über viele Vorrechte, so daß unter ihnen eine antipreußische Stimmung vorherrschte.

Die Haltung der schlesischen Bevölkerung zu den vordringenden Preußen wurde von konfessionellen Gegensätzen überlagert. In den an das Fürstentum Glogau grenzenden Kreisen begrüßten viele Bewohner den Einmarsch der Preußen. In diesem Gebiet war die Mehrheit der Bevölkerung protestantisch. Wegen ihrer Zugehörigkeit zu dieser Konfession hatte der intolerante habsburgische Absolutismus sie bisher von einer Beteiligung am Stadtregiment ausgeschlossen.

Dem katholischen Rat stand hier eine vorwiegend protestantische Gemeinde gegenüber, die auf die Angelegenheiten der Stadt keinen Einfluß nehmen konnte. Von den herannahenden preußischen Truppen erhofften sie eine Änderung der städtischen Verhältnisse, vor allem eine Beteiligung an der Machtausübung in der Stadt. In Schweidnitz fürchtete die Geistlichkeit im Januar einen Sturm auf das Kloster. Dem katholischen Bürgermeister nahmen die aufgebrachten Bürger die Stadtschlüssel ab. Der König von Preußen nutzte die in Schlesien vorhandenen konfessionellen Gegensätze für sich aus.

Aktiver Widerstand schlug dem preußischen Heer zu Beginn des Krieges vor allem im Gebiet von Neiße entgegen. Seit dem 11./12. Januar 1741 wurde die Stadt von preußischen Truppen belagert. An ihrer Verteidigung beteiligten sich neben einer schwachen österreichischen Besatzung Abteilungen einer Bürgerwehr unter Führung eines Fleischers. Derselbe Fleischer hatte kurz zuvor beim Versuch des österreichischen Staates, neue Steuern einzuführen, die Opposition der Bürgerschaft angeführt. Friedrich II., der um die Haltung der Einwohner von Neiße wußte, trat für eine harte Behandlung ein. Er war für eine Beschießung des „Pfaffennestes".

Viele Bauern flüchteten beim Herannahen der preußischen Truppen mit ihrer gesamten Habe in die Wälder. Oft stieß das einmarschierende preußische Heer auf verlassene Dörfer. Der Leutnant Victor Sigismund von Miltitz vom I. Bataillon Garde, der während dieser Zeit ein Tagebuch führte, notierte zum Beispiel unter dem 3. April 1741 den Einzug in Groß-Neuendorf, wo alle Bewohner die Flucht ergriffen hatten. Der Leutnant stellte lakonisch fest: „... so ward der Ort ganz reine ausgeplündert".(10)

Friedrich II. war nach der Besetzung Schlesiens für kurze Zeit nach Berlin zurückgekehrt. Hier bestimmten eifrige diplomatische Aktivitäten und weitere Vorbereitungen auf einen neuen Feldzug seine Tätigkeit. Der schnelle militärische Erfolg Preußens hatte zwar viel, aber noch nicht alles zu dessen Gunsten entschieden. Der König bemühte sich um die diplomatische Anerkennung seiner Eroberung. In Frankreich gab es zu dieser Zeit eine starke Gruppierung, die auf eine Teilnahme am Krieg an der Seite Preußens drängte. Trotzdem konnte sich Kardinal André Hercull de Fleury, der führende Mann der französischen Regierung, noch nicht zu einem Eingreifen entschließen. Er lavierte vorerst zwischen den Parteien. In England dagegen fürchtete man einen Machtzuwachs Preußens vor allem wegen der hannoverschen Besitzungen des Monarchen. Ziel der englischen Politik war es deshalb, Preußen zur Einhaltung der Pragmatischen Sanktion zu zwingen. Im Februar 1741 bahnte sich eine große Koalition zwischen England, Rußland, Österreich, den Niederlanden und Sachsen gegen den Aggressor Preußen an. Dadurch schien der preußische Militärstaat zunächst diplomatisch isoliert.

Mitte Februar 1741 kehrte Friedrich II. nach Schlesien zurück. Hier erfuhr er von dem diplomatischen Debakel, was ihn veranlaßte, sein Werben um Frankreich zu intensivieren. Auch militärisch verschlechterte sich anfangs seine Lage. Zwar erfolgte am 8. März der Sturm der Festung Glogau, doch gelang es wenig später dem österreichischen Heer unter Generalfeldmarschall Graf Wilhelm Reinhard von Neipperg, mitten unter den preußischen Truppen zu erscheinen, sie voneinander zu trennen und Neiße zu besetzen. Das veranlaßte den König, eiligst seine Armee zusammenzuziehen. Die in Oberschlesien stationierten Heeresgruppen erhielten Befehl, sich bei Jägerndorf mit dem König zu vereinigen. Am 10. April 1741 kam es zur ersten Schlacht des Schlesischen Krieges. Unweit von Mollwitz trafen 23 400 Preußen auf 16 000 Österreicher. Nach Eröffnung der Schlacht durch eine Kanonade der preußischen Artillerie schienen anfangs die Österreicher im Vorteil, deren überlegene Kavallerie den rechten Flügel der Preußen hart attackierte. Die preußische Reiterei floh. Sie jagte nach Schilderung des Königs zwischen den beiden eigenen Infanterielinien dahin und hätte sie niedergeritten, wäre nicht auf die Flüchtenden geschossen worden. Friedrich, der sich ihnen entgegenstellen wollte, wurde von der Flucht mitgerissen. Die Schlacht entschied schließlich die preußische Infanterie. Fünf Stunden hielt sie stand, obwohl die Munition auszugehen begann. Die Lage war kritisch. In dieser Situation beschwor Feldmarschall Kurt Christoph von Schwerin Friedrich II., das Schlachtfeld zu verlassen. Der König tat das und ritt nach Löwen. Nur mit Mühe entging er der Gefangennahme. In der „Geschichte meiner Zeit", in der Friedrich II. verhältnismäßig kritisch über eigene wie fremde Fehler urteilte, findet man über diesen Vorfall bezeichnenderweise keine Zeile. Offenbar empfand der ruhmbesessene Preußenkönig noch im reifen Mannesalter seine militärischen Anfänge beschämend. Schwerin riß indes das Ruder herum. Die gut gedrillte preußische Infanterie gewann an Boden. Ein Angriff auf die linke Flanke der Österreicher brachte den Preußen den Sieg. 9300 Tote, Verwundete und Vermißte auf beiden Seiten waren die blutige Bilanz dieses Tages. Die erste Schlacht des jungen Preußenkönigs blieb nicht ohne Einfluß auf ihn: Da war zunächst emotional zu verkraften, daß

Schlachten Opfer kosten. „Gott behüte uns vor einer zweiten so blutigen und mörderischen Schlacht wie bei Mollwitz!" schrieb er an seinen Bruder August Wilhelm. „Mir blutet das Herz, wenn ich daran denke."(11) Er erkannte weiter in der preußischen Kavallerie den schwachen Punkt seiner Armee und begann sie in der Folgezeit verstärkt zu drillen und auszubauen. Schließlich zog er für sich und andere „junge Militärs" die Schlußfolgerung, den Kampf nicht vorzeitig aufzugeben. Über „mörderische Schlachten" hat der König auch später sein „Herz bluten lassen", ohne jemals echte Konsequenzen daraus abzuleiten. Sein Rat an die jungen Militärs aber diente ebenso wie der blitzartige Überfall auf Schlesien künftigen Generationen preußisch-deutscher Militaristen bis hin zu den Faschisten als Vorbild einer Blitzkriegsstrategie und Durchhaltepolitik.

Die militärischen Folgen des Sieges waren indes unbedeutend. Die Österreicher blieben in Oberschlesien. Nur Brieg, das erneut belagert wurde, fiel im Mai in die Hände der Preußen. Dafür machte Friedrich II. nun auf diplomatischem Felde Boden gut. Zunächst setzten englische Vermittlungsversuche in Wien ein, die aber fehlschlugen. Dann arrangierte sich der Preußenkönig mit Frankreich, dem alten Rivalen der Habsburger. Nachdem Frankreich sich im Mai 1741 mit Bayern vereinigt hatte, das gleichfalls Ansprüche auf das österreichische Erbe erhob und die Kaiserwürde für sich beanspruchte, schloß es am 5. Juni ein Offensivbündnis mit Preußen ab, in welchem es Friedrich II. den Besitz des eroberten Niederschlesien mit Breslau garantierte. Die Preußen verpflichteten sich dafür, bei der bevorstehenden Kaiserwahl für den bayrischen Kurfürsten zu stimmen und auf die Erbfolge in Jülich und Berg zu verzichten.

Während so ein Offensivbündnis gegen die Habsburger zustande kam, dem sich auch die Pfalz anschloß, hatten die zugunsten der Österreicher unternommenen Koalitionsversuche keinen Erfolg. Das veranlaßte Sachsen zu einem Stellungswechsel. Im Herbst 1741 standen den Österreichern somit Preußen, Bayern, die Pfalz, Sachsen, Frankreich sowie Sardinien und Spanien gegenüber. Der von Brandenburg-Preußen begonnene Schlesische Krieg hatte sich damit zum Österreichischen Erbfolgekrieg erweitert. In der von inneren Gegensätzen zerrissenen Mächtegruppierung begann nun das Gefeilsche um die Aufteilung der österreichischen Besitzungen. Jeder Bündnispartner versuchte, ein möglichst großes Stück aus der noch nicht errungenen Beute zu erhalten. Die preußischen Ansprüche wurden größer. Außer Schlesien bis zur Neiße verlangte der König im Verlaufe des Jahres

1741 auch noch eine Meile Landes am rechten Neißeufer sowie die Grafschaft Glatz.

Im Sommer 1741 erweiterte sich der Kriegsschauplatz. Am 31. Juli überrumpelte ein bayrisches Heer die Bischofsstadt Passau, die für das Eindringen in Oberösterreich von strategischer Bedeutung war. Am 15. August überschritten erste französische Einheiten den Rhein, und am 14. September drangen bayrische Truppen auf österreichisches Gebiet vor. Sie stießen kaum auf Widerstand, weil die Mehrheit der österreichischen Streitmacht in Schlesien gebunden war. Für die Habsburger wurde die Lage bedrohlich. Wien war in Gefahr. Da entschloß sich die österreichische Regierung, der preußischen Forderung nachzugeben, um auf diese Weise die Hände für die anderen Gegner freizubekommen. Unter englischer Vermittlung kam am 9. Oktober 1741 das Geheimabkommen von Klein Schnellendorf zustande. Friedrich II. stellte die Kampfhandlungen ein und erhielt dafür einen Teil Schlesiens zugesichert. Um die Bündnispartner zu täuschen, forderte er die Geheimhaltung des Abkommens, wohl wissend, daß diese Bedingung von den Österreichern nicht eingehalten werden würde. Damit wollte er sich jederzeit ein erneutes Eingreifen in die Kampfhandlungen offenhalten. Um die Täuschung auf die Spitze zu treiben, wurde zwar die Übergabe der Festung Neiße an Preußen beschlossen, jedoch erst nach einer Scheinbelagerung. Der österreichische Kommandant bekam den Befehl, Neiße nach fünfzehn Tagen an die Preußen zu übergeben. Bald darauf, im Oktober, begann die blutige Farce. Der in preußischen Diensten stehende Erbprinz Leopold von Anhalt, der vom Abkommen nichts wußte, beschoß seit dem 20. Oktober die Stadt. Am 31. wurde ihre Übergabe angeboten. Von den etwa 1000 Mann österreichischer Truppen, die bei Beginn der Belagerung in Neiße verblieben waren, verließen am 2. November nur noch 677 die Stadt.

Friedrich II. hatte sich mit der Konvention von Klein Schnellendorf eine Atempause verschaffen wollen. Doch blieb der Vertrag – wie erwartet – nicht geheim. Bald bekamen Preußens Verbündete Wind von der Sache. Der König geriet in den Ruf der Wankelmütigkeit. Jahre später legte er die Gründe für seinen allerorts kritisierten Schritt dar. „Der Zweck des vom König unternommenen Krieges war die Eroberung Schlesiens", so schrieb er in der „Geschichte meiner Zeit". „Schloß er Verträge mit Frankreich und Bayern, so geschah das nur zur Erreichung dieses einen großen Zieles; aber Frankreich und seine Verbündeten hatten ganz andere Absichten."(12) Frankreich wollte, so schätzte er ein, auf den Trümmern des einst mächtigen Habsburgerreiches vier gleich starke Fürsten etablieren: Österreich, Preußen, Sachsen und Bayern, die sich gegenseitig beargwöhnen und bekriegen würden. Dadurch wäre Frankreich in der Lage, so urteilte der Monarch, eine Schiedsrichterrolle im Reich zu übernehmen. Friedrich aber wollte nicht mit anderen Fürsten in „Balance" gehalten werden; er selbst strebte eine „Art Gleichgewicht zwischen den Häusern Österreich und Bourbon" an. „Die Königin von Ungarn stand am Rande des Abgrundes. Ein Waffenstillstand erlaubte ihr aufzuatmen. Der König war aber sicher, ihn brechen zu können, sobald er es für angezeigt hielt; denn der Wiener Hof wurde durch seine Politik dazu gedrängt, das Geheimnis bekanntzumachen."(13) Der Vorwand zum Bruch des Abkommens trat schneller ein als erwartet. Da sächsische und bayrische Truppen inzwischen in Böhmen vorrückten und Prag einnahmen, Friedrich II. aber eine Stärkung seiner Bundesgenossen fürchtete, griff er nach kurzer Pause wieder in die Kampfhandlungen ein. Ohne moralische Skrupel, allein vom Gesichtspunkt der angeblichen Staatsräson getrieben, schätzte er seinen zweimaligen Frontenwechsel folgendermaßen ein: „Am vorteilhaftesten wurde diese Art Waffenstillstand für den König dadurch, daß er ihm die Möglichkeit gewährte, seine Truppen noch furchtgebietender zu machen. Die Erwerbung Schlesiens vermehrte seine Einkünfte um 3 600 000 Taler. Der größte Teil dieser Summe wurde zur Verstärkung des Heeres verwandt, das auf 106 Bataillone und 191 Schwadronen ... gebracht wurde."(14)

Anfang 1742 wandte sich das Blatt zuungunsten Bayerns. Den Österreichern gelang der Durchbruch durch die Verbindungslinien Linz–Prag. Während sich der bayrische Kurfürst am 25. Januar 1742 in Frankfurt/ Main als Karl VII. zum Kaiser wählen ließ, zogen österreichische Truppen in Bayern ein und besetzten zwei Tage später München. Inzwischen drangen sächsische, preußische und französische Armeeeinheiten nach Mähren vor. Die Lage der Bevölkerung in den besetzten Gebieten verschlechterte sich rasch. Ziel Friedrichs II. war es, besonders die Landesteile mit Kontributionen zu belegen, die auf Grund von Abmachungen später nicht zu seinem Staat gehören würden. So erteilte er Feldmarschall Schwerin die Weisung, beim Einrücken in Mähren Kontributionen auszuschreiben, und zwar so hoch und so stark wie nur möglich. Vor allem sollte der General Magazine zur Versorgung der Truppe anlegen. Geld könne er dafür nicht geben. Schwerin sollte sehen, wie er sich in Feindesland behelfe. Das tat er denn auch; er verlangte von den Ständen in Mähren 170 000 Gulden monatlich.

Auf die Verheerungen des Krieges antworteten Teile der bäuerlichen und städtischen Bevölkerung mit verstärkten Abwehraktionen. Viele mährische Bauern flüchteten in die Wälder, vergruben ihre Vorräte, versteckten ihre Pferde, so daß die Versorgung der nach Mähren vorgedrungenen Heeresgruppen schwieriger wurde. Am 16. Februar wandte sich Maria Theresia an das Volk. Sie rief es zur Verteidigung des Landes auf und versprach Abgabeerleichterungen, Bewaffnung und das Recht, eigene Anführer zu wählen. Sehr bald flammte in Mähren ein Volkskrieg gegen die preußischen Eroberer auf, der sich nicht nur gegen die fremden Eindringlinge richtete, sondern oft auch gegen die eigenen Ausbeuter. Diese suchten vor dem erwachenden Volkszorn häufig beim preußischen Eroberer Schutz. Die durch den bäuerlichen Widerstand verursachten Schwierigkeiten bei der Versorgung der Truppe und der zermürbende Kleinkrieg der bewaffneten Bevölkerung zwangen die preußische Heeresleitung zu dem Entschluß, Mähren zu räumen. Auch der Rückzug wurde durch Aktionen des Volkes immer komplizierter. In Briefen an seinen Bruder August Wilhelm berichtete Friedrich selbst von „unsicheren Straßen". „Mähren ist ein elendes Land", urteilte der zur Aufgabe gezwungene Aggressor.(15) An Jordan schrieb er noch im Mai, nachdem Mähren schon im April geräumt worden war: „Mähren ist ein sehr übles Land. Es ließ sich aus Mangel an Lebensmitteln nicht halten, und Brünn konnten wir nicht einnehmen ... Übrigens ist das Land derart ausgesogen, daß der Feind sich nicht darin behaupten könnte und wie Sie sehen werden, bald abziehen muß."(16)

Schon vor dem Rückzug hatte Friedrich II. den Entschluß gefaßt, dem Wiener Hof einen Separatfrieden anzubieten. Bevor es dazu kam, stießen am 17. Mai erneut österreichische und preußische Truppen aufeinander. Die für Preußen siegreiche Schlacht von Chotusitz dauerte nach Schilderung des Königs drei Stunden. Sie war nach seiner Meinung nicht so blutig wie die von Mollwitz. Doch darin irrte er. Die Gesamtverluste der österreichischen Armee an Toten, Verwundeten und Vermißten machten 6 332 Mann aus, die der preußischen 4 778. Der Sieg von Chotusitz brachte nach Einschätzung Friedrichs II. Brandenburg-Preußen den erhofften Frieden. Diesen Frieden benötigte der preußische Monarch. Er selbst berichtet, daß sich nur noch 150 000 Taler in seinen Kassen befanden. Das Land besaß keine Mittel mehr. Es brauchte erneut eine Atempause.

Am 11. Juni 1742 schlossen Österreich und die preußische Monarchie einen Vorvertrag miteinander ab. Österreich trat Schlesien mit der Grafschaft Glatz an Brandenburg-Preußen ab; die Preußen übernahmen die Verpflichtung, den Engländern 1,7 Millionen Taler, die als Hypothekenschuld auf Schlesien lasteten, zu zahlen. Friedrich II. brach mit der gegen Österreich gerichteten Koalition.

Im Ergebnis des ersten Schlesischen Krieges vergrößerte der preußische Militärstaat sein bisheriges Territorium um ein Drittel. Etwa um den gleichen Anteil wuchsen die Bevölkerung und die finanziellen Einnahmen. Gleichzeitig entstand durch den Raub Schlesiens eine unüberbrückbare Feindschaft zwischen Österreich und Brandenburg-Preußen. Zeit seines Lebens fühlte sich der König im Besitze der eroberten Provinz nicht sicher. Ständige Kriegsbereitschaft zur Verteidigung des Raubs und zwei verheerende Kriege zur Behauptung der Eroberung waren die Frucht seiner ersten militärischen Auseinandersetzung.

Unmittelbar nach Friedensschluß traf Friedrich II. erneut Kriegsvorbereitungen. Der Friede wurde nach seinen eigenen Worten für die preußischen Truppen „zur Schule des Krieges".(17) Der Preußenkönig setzte in Schlesien eine Steuerreform durch, um die finanziellen Ressourcen der Provinz so schnell wie möglich nutzen zu können. Das Heer wurde um 18 000 Mann verstärkt, die verhaßte Kantonsverfassung in Schlesien eingeführt und mit der Anlage neuer Festungen begonnen.

Daß der preußische König seine Bundesgenossen zum zweiten Male innerhalb kurzer Zeit im Stich ließ, vermehrte den Ruf der Unzuverlässigkeit, des „Machiavellismus", der ihm ohnehin anhaftete. Zwar waren es weniger die Aufklärer, die sich von diesem Schritt betroffen fühlten, sondern mehr die mit ihm verbündeten Fürsten und ihre Staatsdiener sowie der Adel, vor allem der junge französische, der sich an den siegreichen Schlachten Friedrichs berauscht hatte. In Frankreich regte sich ernsthafte Kritik, von der der König durch den Briefwechsel mit Voltaire auch Kenntnis erhielt. Der Monarch glaubte sich wehren zu müssen: „Ich kümmere mich sehr wenig um das, was die Pariser sagen. Sie sind wie die Hornissen, die ständig summen. Ihre Sticheleien sind wie die Schimpfreden der Papageien, und ihr Urteil wiegt ebensoviel wie die Entscheidung eines Affen über Dinge der Metaphysik."(18) Aber es kümmerte ihn schon, daß er, der seine Taten in der Geschichte verewigt sehen wollte, in den Augen seiner Zeitgenossen an Glanz verlor. Herrisch lehnte er jegliches Urteil über seine Taten ab. Das „Publikum", wie er sich in einem anderen Brief an Jordan ausdrückte, kenne die Triebfedern der Staatsmänner nicht. Fürsten, die blindlings dem Rate des „Publikums", das heißt der sich in der damaligen Zeit bildenden öffentlichen Meinung folgten, begingen Fehler; erfahrene Politiker würden sich nach einem durchdachten System richten. „Da aber die meisten Menschen unvernünftig sind, können sie unmöglich einer Meinung beitreten, die gesunden Verstand erheischt."(19) Hier schon äußerte sich der aristokratische Zug im friderizianischen Verständnis der Aufklärung. Über Vernunft verfügten nach seiner Meinung nur wenige; über „Staatsvernunft" urteilen aber konnten nur die Staatsmänner selber. Das Volk, der Bauer und Bürgersmann, der sich in Frankreich regende, in Preußen aber noch nicht zum Bewußtsein seiner selbst erwachte „dritte Stand" war nach Meinung Friedrichs II. der Vernunft nicht zugänglich. Es war Objekt der Politik. Was der preußische König gegen Ende des ersten Schlesischen Krieges unter dem Eindruck der Kritik an seiner Haltung über das Verhältnis von Vernunft und „Publikum" sagte, entwickelte sich Jahre später im Siebenjährigen Kriege zu Menschenverachtung und zum totalen Unglauben in die Möglichkeit einer „Aufklärung" des Volkes.

Der zweite Schlesische Krieg (1744–1745)

Im Sommer 1742 kehrte Friedrich II. nach Berlin zurück. Für eine kurze Zeitspanne fand er Gelegenheit, sein altes Leben wieder aufzunehmen. Er regierte aus dem Kabinett, bereiste einige Provinzen, traf sich mit Freunden, übte sich in geistreicher Plauderei, schriftstellerte und musizierte. Vom 26. August bis 7. September nahm er in Aachen eine Kur, wo er sich erneut mit Voltaire traf. Wenig später, im November, teilte der König dem französischen Aufklärer mit, durch das Zusammentreffen in seiner Schaffenslust so angeregt worden zu sein, daß er interessante Memoiren verfaßt habe, nämlich die erste Niederschrift der „Geschichte meiner Zeit". Liest man Friedrichs Briefwechsel aus diesen Tagen, stellt sich der Eindruck ein, er habe für nichts anderes als für Vergnügungen und persönliche Bedürfnisse Zeit gefunden. Trotz finanzieller Schwierigkeiten kaufte er für 36 000 Taler die Sammlung antiker Büsten des Kardinals Melchior de Polignac auf; er engagierte Schauspieler und Sänger. „Ich erwarte alle guten Sänger, die es in Italien gibt; kurz, ich werde die bestsingenden Kapaune von Deutschland haben",(20) schrieb er an den Grafen Algarotti. Doch ist der oben erwähnte Eindruck nur ein oberflächlicher.

Tatsächlich entwickelte er auf innen- und außenpolitischem Gebiet rege Aktivitäten. Freilich lieferte er auf dem Terrain der Innenpolitik nur Stückwerk. Er begann vieles und führte nichts zu Ende. Des öfteren stoßen wir nun in den Befehlen Friedrichs II. an seine Beamten auf das Schlagwort „Peuplierung". Die Sorge um einen Bevölkerungszuwachs gehörte nach Ansicht der damaligen Ökonomen und Verwaltungswissenschaftler zu den vornehmsten Pflichten eines Herrschers. Eine große Einwohnerzahl wurde mit dem Reichtum des Landes gleichgesetzt. Diesem Trugschluß lag die Erfahrung zugrunde, daß sich mit dem Anwachsen der Bevölkerung auch die produktiven Kräfte des Landes und die Steuerzahler vermehrten. Mehr Steuerzahler aber erbrachten höhere staatliche Einnahmen und einen stabileren Staatshaushalt. Da dem natürlichen Bevölkerungszuwachs biologische und wirtschaftliche Grenzen gesetzt waren, verfielen Ökonomen wie Herrscher auf das System der gegenseitigen Abwerbung von Arbeitskräften. Auch führten konfessionelle Gegensätze und Intoleranz in religiösen Fragen seit den Tagen der Reformation immer wieder zur Vertreibung Andersdenkender, die unter anderem auch in Brandenburg-Preußen Aufnahme fanden. Wenn Friedrich II. ausgerechnet nach dem ersten Schlesischen Krieg befahl, Leute aus anderen Ländern anzuwerben und in den Dörfern um Berlin und Potsdam unter Zusicherung bestimmter, befristeter Ausnahmebedingungen anzusiedeln, so hat das einerseits mit der oben erwähnten Auffassung und mit der traditionellen brandenburgisch-preußischen Politik, andererseits aber mit den Menschenverlusten im Kriege zu tun. Die Zeit war jedoch viel zu angespannt, als daß ein solcher Befehl verwirklicht werden konnte. Noch immer tobte in Europa der Krieg um das österreichische Erbe.

Beschwerden bäuerlicher Gemeinden über ihre Ausbeuter und über Jahrzehnte während Prozesse gegen ihre Herren brachten den jungen König auf das Problem der Justiz. Zunächst ging es ihm nur um eine schnelle Beendigung solcher Prozesse. Erst sein Justizminister Samuel von Cocceji machte ihn darauf aufmerksam, daß die Schäden im Justizwesen tiefer lagen und eine – wenn auch im Rahmen des feudalabsolutistischen Staates verbleibende – Reform verlangten. Cocceji hatte sich schon unter Friedrich Wilhelm I. um eine solche Reform bemüht. Sie war an den erforderlichen finanziellen Mitteln gescheitert. Die Richter wurden damals vom Staat entweder gar nicht oder schlecht besoldet; sie lebten von Sporteln, den Gebühren, die die streitenden Parteien dem Gericht bezahlten. In diesem „Sportelunwesen" und der Annahme anderer Nebenbeschäftigungen sah der Minister eine Ursache für die Überlastung der Richter und verschleppter Prozesse; denn je länger ein Prozeß dauerte, um so höher waren die Sporteln. Coccejis Reform kostete Geld. Ein Mittel, die Schäden im Justizwesen zu heilen, sah er nämlich in der ausreichenden Besoldung der Beamten. Friedrich II. ließ sich alles vortragen und verschob die Sache aus den gleichen finanziellen Gründen wie sein Vater auf „gelegenere Zeiten". Im übrigen versprach er sich promptere Justiz durch eine verstärkte Aufsicht über das Personal. Er empfahl seinem Minister, Exempel zu statuieren und die Rechtsverdreher „zu Paaren zu treiben".(21) Damit war der erste Ansatz zu einer Reform im Justizwesen gescheitert. Zwischen zwei Kriegen fanden sich hierzu keine finanziellen Mittel. Die wurden für die Vorbereitung neuer militärischer Auseinandersetzungen gebraucht.

Während Friedrich II. in den Jahren 1742 und 1743 für die hier erwähnten Fragen der inneren Politik weder Zeit noch Geld fand, spitzten sich unter dem Druck der Außenpolitik die Verhältnisse in anderen Bereichen zu. Das bekamen vor allem Verleger und Buchhändler zu spüren, denn die Zensur von Büchern und Zeitungen wurde verschärft. Im Verlaufe des Jahres 1742 war es mehrfach zu Protesten ausländischer Mächte gegen in Preußen erscheinende Schriften oder Zeitungen gekommen. Besonders empfindlich reagierte der russische Hof. Am Wohlwollen der Zarin Elisabeth aber war Friedrich II. außerordentlich viel gelegen. Er fürchtete ein Zusammengehen Rußlands mit England und Österreich, obwohl sich Elisabeth neutral verhielt. Der preußische König wollte die ihm bedrohlich erscheinende russische Macht nicht durch Zeitungsschreiber und Professoren verärgern. Deshalb gab er nicht nur neue Verfügungen über die Zensur heraus, sondern reagierte mit anderen drastischen Maßnahmen; beispielsweise verhängte er über einen Zeitungsverleger und den in Berlin ansässigen Professor Johann Samuel Strimesius Hausarrest. Letzterer war in seiner Borniertheit so weit gegangen, die russischen Herrscher seit Peter I. mit dem „Wunder unserer Zeiten" Friedrich II. zu vergleichen und herabzusetzen. Aus war es da

mit der „Pressefreiheit". Von irgendwelchen Schreiberlingen ließ
sich Friedrich II. seine außenpolitischen Pläne nicht durcheinander-
bringen. Wollte er mit Hilfe einer beschränkten Freizügigkeit anfangs auswärtige Mächte kritisieren und trotzdem seine Hände in
Unschuld waschen, so zeigte sich nun, daß sich seine Absicht ins Gegenteil verkehrte, sich die „Pressefreiheit" verselbständigte und seiner Kontrolle entglitt. Beabsichtigte Kritik ließ sich nicht richtig ka-
nalisieren und dosieren, deshalb opferte der Monarch einmal ausgesprochene Maximen seiner Außen- und Machtpolitik. Wie so häufig
in der Geschichte wirkten außenpolitische Ereignisse auf die innere
Entwicklung zurück. Wir werden sehen, daß Friedrich II. immer
dann wieder auf die Presse und die Buchproduktion zurückkam,
Zensurvorschriften ins Gedächtnis rief bzw. verschärfte, wenn außen-
und machtpolitische Rücksichten das verlangten. Der „Aufklärer"
Friedrich war dem Machtpolitiker stets unterlegen. Ansonsten richtete der preußische König vor allem im eroberten Schlesien, aber
auch in den anderen Provinzen seine ganze Aufmerksamkeit auf den
Staatshaushalt. Seine leeren Kassen mußten wieder gefüllt werden.
Wichtigster Gegenstand seiner Politik aber war in der Zeit zwischen dem ersten und dem zweiten Schlesischen Krieg die Diplomatie. Nach wie vor wollte er unter dem Gesichtspunkt des „Gleichgewichts" die kämpfenden Parteien gegeneinander ausbalancieren.
Argwöhnisch beobachtete er vor allem England und Frankreich. Als
England seine in Flandern stehenden Truppen zur Unterstützung
Österreichs ins Reich verlegen wollte, mischte sich der Preußenkönig
ein. Sein Interesse verlangte, wie er in der „Geschichte meiner Zeit"
ausführte, den bayrischen Kurfürsten, der ja im Besitz der Kaiser-
krone war und damals arg bedrängt wurde, zu unterstützen. „Bekam das Haus Österreich im Reich ein entscheidendes Übergewicht
über das Haus Bayern, dann verlor Preußen seinen Einfluß auf die
allgemeinen deutschen Angelegenheiten. Man mußte also zu verhindern
suchen, daß der König von England und die Königin von Ungarn,
durch die blendende Aussicht auf Erfolge verlockt, den Kaiser ent-
thronten."(22) Aus den gleichen Gründen verstärkte Friedrich II.
seine Bemühungen um Rußland. Als dort 1743 ein Komplott gegen
die Zarin aufgedeckt wurde, in das der österreichische Gesandte in
Rußland verwickelt gewesen sein soll, wuchsen seine Hoffnungen
ins Maßlose. „Wenn wir uns an Petersburg angeklammert haben",
schrieb er an seinen Minister Podewils, „können wir in Europa einen
hohen Ton anschlagen."(23) Mit russischen Hilfstruppen „für das

Reich" glaubte er England in die Schranken weisen und den bayrischen Kurfürsten als Kaiser stützen zu können. Es ist bezeichnend, daß er schon damals das Reich und seine Interessen als Aushängeschild benutzte, hinter dem sich preußische Machtpolitik verbergen ließ. Selbst ohne russische Hilfstruppen wollte er unter Ausnutzung der Reichsverfassung mit 36 000 Mann, ohne den Frieden offiziell zu brechen, nach dem Westen ziehen, um zuungunsten Österreichs und Englands das Gleichgewicht der kämpfenden Parteien wiederherzustellen. „Meine Truppen müssen Reichstruppen heißen, und ohne daß ich Feindseligkeiten begehe, im nächsten August an der Weser Quartier beziehen. Wenn ich nicht sehr irre, wird man dann dem Kaiser geben, was des Kaisers ist, und wir werden unsern Vorteil besonders darin finden, daß uns dieser Schritt im Reich Ansehen verschafft."(24) Gleichzeitige Bemühungen um die Reichsfürsten scheiterten jedoch. Anfang 1744 erhielt Friedrich Kenntnis von einem Bündnis zwischen Österreich, England und Sardinien, dem sich im Dezember auch Sachsen angeschlossen hatte. Der Monarch vermutete eine antipreußische Zielsetzung und Absichten auf das von Preußen eroberte Schlesien. Er entschloß sich zur Wiederaufnahme der Kriegshandlungen und schloß am 5. Juni einen neuen Vertrag mit Frankreich ab.

Zu diesem Zeitpunkt war er innenpolitisch für den neuen Krieg gerüstet. „Durch kluge Wirtschaft", so schrieb er, „waren die Verluste des letzten Krieges so gut wie ausgeglichen, und es war wieder so viel Geld zurückgelegt, daß Preußen bei einiger Sparsamkeit zwei Feldzüge bestreiten konnte. Die Festungen standen zwar mehr auf dem Papier, als daß sie in verteidigungsfähigem Zustande waren. Aber die Heeresvermehrungen waren beendet, Proviant und Kriegsbedarf für einen Feldzug gesammelt."(25) Da Brandenburg-Preußen, dessen Ressourcen damals nur jeweils für zwei Feldzüge reichten, erneut in Kriegsbereitschaft versetzt war, der preußische König seine neue Eroberung nicht gesichert fand und Appetit auf mehr Landgewinn verspürte, begann er im August 1744 unter dem Vorwand, die Interessen des Reiches und den Kaiser zu schützen, den zweiten Schlesischen Krieg.

Der preußische Angriff begann mit einem Einmarsch in das ehemals verbündete Sachsen. Am 7. August sah sich August III. von Sachsen-Polen, der auf eine neue Auseinandersetzung militärisch noch nicht genügend vorbereitet war, gezwungen, preußischen Truppen den Durchmarsch durch sächsisches Gebiet zu gestatten. Angriffsziel der Preußen war Böhmen. Auch diesmal stießen die in drei Gruppen vorrückenden preußischen Truppen kaum auf Widerstand. Am 16. September kapitulierte die Besatzung von Prag. Die Bevölkerung der Stadt, die sich von den Schäden des Jahres 1742 noch nicht erholt hatte, mußte erneut für einen erheblichen Teil der Lasten des von ihr verabscheuten Krieges aufkommen. Die 2500 in Prag gefangengenommenen Soldaten preßte Friedrich II. in preußische Dienste. Damit griff er zu einem Mittel, das er in der Folgezeit des öfteren anwandte, um eigene Verluste auf Kosten der überfallenen Bevölkerung auszugleichen. Den Einwohnern Prags erlegte er gleichzeitig eine Kontribution von 1,3 Millionen Gulden auf.

Die preußische Armee setzte nach der Einnahme von Prag ihren Vormarsch in Richtung Tabor und Budweis fort. Bald hatte das preußische Heer mit ähnlichen Schwierigkeiten wie im Jahre 1742 zu tun. Einer offenen Feldschlacht ausweichend, störten die schwächeren österreichischen Truppenteile ständig die preußischen Verbindungslinien. Der Nachschub klappte nicht. Die Verpflegungsschwierigkeiten für die preußische Armee wuchsen ins Unermeßliche. Die den Preußen feindliche böhmische Bevölkerung flüchtete in die Wälder, verbrannte ihre Getreidevorräte, um sie nicht in die Hände des Feindes fallen zu lassen. Die Lage war ernst. In dem unter Hunger und Seuchen leidenden Heer traten starke Anzeichen von Demoralisierung auf. Die in die Armee gepreßten Soldaten, namentlich diejenigen, die durch das neu eingeführte Kantonssystem in Schlesien erfaßt worden waren, flohen bei jeder sich bietenden Gelegenheit. Ab Mitte Oktober liefen täglich etwa 50 bis 60 Soldaten zu den Österreichern über. Vom vereinigten österreichisch-sächsischen Heer bedrängt, sahen sich die Preußen gezwungen, Böhmen zu räumen. Friedrich II. kam das bitter an. Er suchte nach den Gründen für die Unterlegenheit seiner Truppen und fand in seiner Überheblichkeit nur die folgende Erklärung: „Doch man muß sich klarmachen, daß in Böhmen der hohe Adel, die Priester und Amtmänner dem Haus Österreich sehr zugetan sind, daß religiöse Vorurteile dem ebenso dummen wie abergläubischen Volke eine unüberwindliche Abneigung gegen die Preußen einflößten und daß der Wiener Hof den sämtlich leibeigenen Bauern befohlen hatte, ihre Hütten beim Anmarsch der Preußen zu verlassen, ihr Getreide zu vergraben und sich in die benachbarten Wälder zu flüchten."(26) Daß das Volk auch ohne ausdrückliche Befehle aus Wien, von sich aus, gegen fremde Eroberer vorgehen und seine Heimat verteidigen würde, ging dem Preußenkönig nicht in den Kopf. Solange das Volk still-hielt, bejammerte Friedrich II. seinen philosophierenden Freunden gegenüber die Opfer, die es zu bringen hatte, widersetzte es sich sei-ner Aggression aber, war es in seinen Augen „dumm" und „aber-gläubisch".

Der Rückzug der Preußen wurde außerordentlich verlustreich. Streifzüge der regulären Truppen und Aktionen der Bevölkerung de-zimierten ihre Reihen weiter. Viele preußische Soldaten desertierten auch jetzt. Insgesamt sollen während des böhmischen Feldzuges etwa 30 000 fahnenflüchtig geworden sein. In Schlesien bezog die preu-ßische Armee wieder ihre Winterquartiere. Die Lage wurde für den König noch komplizierter, als es Mitte Dezember österreichischen Truppen gelang, nach Oberschlesien vorzudringen. Gleichzeitig be-setzten andere österreichische Truppenteile die Oberpfalz und be-drohten Bayern. Am 20. Januar 1745 starb der bayrische Kurfürst und Kaiser Karl VII. Im April schloß sein Nachfolger in Bayern Frieden mit Österreich und verzichtete auf die Kaiserwürde. In die-ser Lage ergriff Friedrich II. rigorose Maßnahmen zur Auffüllung der Armee und zur Wiederherstellung seiner Finanzen. Nun begann man auch in Brandenburg-Preußen die Härten des Krieges stärker zu spüren. Die Aushebung von Soldaten im eigenen Lande nahm zu. Jedem Regiment wurden vierzig neue Kantonisten zugewiesen. Gleichzeitig verstärkten preußische Werber ihre Tätigkeit in den deutschen Territorialstaaten. Die finanziellen Schwierigkeiten veran-laßten den König, andere Regierungen um Anleihen zu bitten. In Brandenburg-Preußen wurde eine Zwangsanleihe ausgeschrieben. Un-ter diesen Bedingungen wuchs selbst hier die Stimmung gegen den Krieg. Sogar unter den Beamten regte sich eine schwache Opposition gegen die Kriegspolitik des Königs.

Militärisch ging Friedrich II. im Winter 1744 und Frühjahr 1745 von der Offensive zur Defensive über. In Schlesien erwartete er den Schlag des Gegners. Seine Stimmung war damals auf dem Nullpunkt. Um Sieg oder Untergang kreisten im April/Mai seine Gedanken. An Podewils, der davor gewarnt hatte, alles auf eine Karte zu setzen, schrieb er: „Wenn alle meine Hilfsmittel versagen, alle Verhandlun-gen scheitern, kurz, alle Umstände sich gegen mich erklären, dann lieber mit Ehren untergehen als für mein ganzes Leben Ruhm und Ansehen verlieren!"(27) Er habe einmal den Rubikon hinter sich ge-lassen, schrieb er weiter, nun wolle er seinen Machtbesitz behaupten, „oder es mag alles zugrunde gehen und bis auf den preußischen Namen mit mir begraben werden." Als möglichen Wendepunkt seines Lebens betrachtete er die bevorstehende Zeit und prophezeite noch einmal Sieg oder Untergang. „Ich spiele ein hohes Spiel, ich bekenne es, und sollte sich alles Unheil der Welt in einer solchen Stunde wider mich verschwören, so bin ich verloren."(28) Spätere militaristische und faschistische Durchhaltestrategen knüpften an diese Devise an. Unter Rückbesinnung auf den Preußenkönig kalkulierten sie in ihren eigenen Untergang den des ganzen deutschen Volkes ein. In dieser keineswegs optimistischen Stimmung setzte Friedrich II. alles auf die Karte einer Schlacht, zu der es am 4. Juni bei Hohenfriedeberg kam. Sie endete siegreich für Preußen. Die österreichischen Truppen zogen sich aus Schlesien nach Böhmen zurück. Friedrich II. urteilte später über diese Schlacht: „Das war die dritte Entscheidungsschlacht um den Besitz von Schlesien, aber nicht die letzte. Wenn die Fürsten um Provinzen spielen, bilden die Untertanen den Einsatz."(29)

Die preußischen Truppen folgten den österreichischen in Richtung Böhmen. Erneut wurde das Land zum Kriegsschauplatz. Bei Chlum bezogen die Preußen ihre Lager. Zwar bemühten sie sich nach den Erfahrungen des Vorjahres, ihre rückwärtigen Verbindungen zu schützen und den Nachschub zu sichern, aber wie zuvor beherrschten österreichische Husaren und kroatische Reiterei das offene Land. Um jeden Versorgungstransport hatten die Preußen Gefechte zu bestehen. Da die Verpflegung wiederum knapper wurde, die preußische Armee andererseits zu keinen Offensivhandlungen fähig war, befahl der König im September den Rückzug. Während des Rückmarsches, noch auf böhmischem Territorium, kam es am 30. September bei Soor zu einem erneuten Aufeinandertreffen der preußischen und österreichischen Armee, das die Preußen wieder für sich entscheiden konnten. Militärisch war damit kaum etwas gewonnen. Fünf Tage nach der Schlacht setzten die preußischen Truppen ihren Rückzug fort. Mitte Oktober bezogen sie in Schlesien erneut Winterquartiere. Böhmen erwies sich für den preußischen König als ein zu heißes Pflaster. Schon damals zeigte sich, daß ein Land, dessen Bevölkerung zum Widerstand entschlossen war und im Einvernehmen mit regulären Truppen handelte, auf die Dauer nicht zu besiegen war. Der moderne Partisanen- und Guerillakampf fand auch in solchen Volksaktionen seine Vorläufer. Trotz allen Scharfsinns, mit dem der preußische König seine und seiner Gegner Fehler im Kriege analysierte, die Ursachen für den zweimaligen Rückzug aus Böhmen, die

Uneinnehmbarkeit des Landes erkannte er nicht. Dem in feudalen Kategorien denkenden, das Volk mißachtenden Preußenkönig kam es einfach nicht in den Sinn, daß dieses Volk in den militärischen Auseinandersetzungen der Fürsten als eine selbständige und ernstzunehmende Kraft in Erscheinung treten konnte.

Am 30. Oktober kehrte Friedrich II. für kurze Zeit nach Berlin zurück. Vor dieser Rückkehr hatte er sich aus persönlichen Gründen gefürchtet. Zwei seiner besten Freunde, Charles Etienne Jordan und Dietrich von Keyserlingk, waren innerhalb kurzer Zeit gestorben. Zu den widersprüchlichen Seiten im Wesen Friedrichs II. gehörte es, daß ihm echte Freundschaft nicht fremd war. Unter dem Eindruck des Verlusts schrieb er im August 1745: „Ein Mensch, der die Wissenschaften pflegt und ohne Freunde lebt, ist ein gelehrter Werwolf. Kurz, nach meiner Meinung gibt es ohne Freundschaft kein Glück."(30) Während seines kurzen Aufenthaltes in Berlin fand der preußische König jedoch kaum Zeit, den verlorenen Freunden nachzutrauern. Ihm ging es um handfestere Dinge: Er wollte die bereits früher begonnenen Verhandlungen um einen Frieden beschleunigen oder aber Gelder für den nächsten Feldzug auftreiben; denn wieder einmal waren die Kräfte Preußens erschöpft, der Staatsschatz enthielt nur noch 2 298 Taler. Im November erfuhr Friedrich II. gerüchteweise von dem Plan, die österreichischen und sächsischen Truppen im Raum Leipzig zu vereinigen und die unter dem Befehl des Fürsten von Anhalt-Dessau im Gebiet um Halle stationierten Preußen anzugreifen, um von da aus weiter in die Mark Brandenburg vorzudringen. Als am 21. November österreichische Truppen tatsächlich in Sachsen einmarschierten, gab der König unverzüglich den Befehl, die sächsische Grenze zu überschreiten. Sachsen wurde zum Kriegsschauplatz. Preußische Truppen besetzten Görlitz und benutzten hier wie wenig später in Leipzig, das am 30. November in preußische Hände fiel, die Gelegenheit, die eigenen leeren Kassen wieder zu füllen. Von den Görlitzern wurden 100 000 Gulden Kontribution erpreßt, von den Leipzigern sogar zwei Millionen. Anfang Dezember rückte Leopold von Anhalt-Dessau mit seiner Heeresabteilung auf die sächsische Hauptstadt Dresden vor. Am 15. Dezember traf er unweit von Dresden bei Kesselsdorf auf die sächsische Armee unter General August Friedrich von Rutowski. Die letzte Schlacht des zweiten Schlesischen Krieges endete mit einem erneuten Erfolg der Preußen. Danach war auch Dresden nicht zu halten. Am 17. Dezember wurde die Residenz übergeben. Etwa zur gleichen Zeit bot Friedrich II. seinen Gegnern Frieden an. Er tat das, wie er schrieb, nach reiflicher Überlegung. „Man kann in der Tat nur so lange Friedensvorschläge machen, als das Waffenglück mit Einem ist. Ist man selbst der Unterlegene, so findet man den Feind jeder Versöhnung abgeneigt."(31) Die 80 000 Preußen auf sächsischem Territorium, die, wie der König selbst eingestand, unmöglich ernährt werden konnten, ohne daß das Land darunter litt, bildeten den drohenden Hintergrund für die Verhandlungen Friedrichs II. Der hatte Waffenruhe jedoch kaum weniger nötig als Sachsen und Österreich. Durch eine schlechte Ernte war das Korn in diesem Jahr knapp und teuer. Auch die erpreßten Kontributionen konnten nicht viel daran ändern, daß die preußischen Finanzen erschöpft waren. „Das einzige Mittel gegen all diese Mißstände war der Friede."(32) Da sich Österreich noch immer Frankreichs zu erwehren hatte, stießen die Bemühungen Friedrichs II., den militärischen Erfolg zur Einleitung von Friedensverhandlungen auszunutzen, auf fruchtbaren Boden.

Am 25. Dezember 1745 wurde in Dresden Frieden geschlossen. Preußen blieb im Besitz des eroberten Schlesien. Dafür erkannte es die bereits im September erfolgte Wahl Franz Stephans, des Gatten Maria Theresias, zum Kaiser an. Sachsens Pläne auf Landgewinn erfüllten sich nicht. Im Gegenteil, es hatte an den Sieger Preußen eine Kriegsentschädigung von einer Million Taler zu zahlen. Friedrich II., der den zweiten Schlesischen Krieg mit der Hoffnung auf eine Annexion böhmischer Gebiete unternommen hatte, urteilte nach dem Friedensschluß selbst: „Schätzt man die Dinge nach ihrem wirklichen Wert ein, so ist zuzugeben, daß der Krieg ein in mancher Hinsicht sehr unnützes Blutvergießen war, und daß Preußen durch eine Kette von Siegen weiter nichts erreichte als die Bestätigung des Besitzes von Schlesien."(33) Der Historiker darf es bei diesem Urteil nicht bewenden lassen. Es wurde vom Standpunkt des Aggressors gefällt, der seine höher gespannten Erwartungen nicht erfüllt sah. Tatsächlich hatten die beiden Schlesischen Kriege ein einschneidendes Ergebnis: Sie veränderten das politische Kräfteverhältnis im Reich; es entstand der preußisch-österreichische Dualismus, der bis weit ins 19. Jh. hinein die politische Szene bestimmte und die Entwicklung der deutschen Nation belastete. Die Stärkung Preußens durch die Annexion Schlesiens leitete die spätere „Verpreußung" Deutschlands ein. Gleichzeitig blieb die Lage so gespannt, daß das Ende des Krieges bereits den Keim für kommende kriegerische Auseinandersetzungen in sich barg.

Zwischen den Kriegen

Die Binnenkolonisation

Kurz nach Friedensschluß, noch im Dezember 1745, kehrte Friedrich II. nach Berlin zurück; ein Mann in den „besten Jahren", den damals schon viele Gebrechen drückten. Er litt an Gicht und Koliken. Die Hämorrhoiden plagten ihn. Sein Verdauungssystem war nicht intakt. Fieberanfälle zwangen ihn immer wieder, das Bett zu hüten. Friedrich II. bezeichnete die Gicht als „Erbteil seines Vaters". In Wirklichkeit hatte er weit mehr von ihm geerbt, jene schreckliche Stoffwechselkrankheit nämlich, die Friedrich Wilhelm I. zeitweilig an den Rand des Wahnsinns getrieben hatte. Wie schlecht es dem Preußenkönig zeitweilig ging, läßt sich aus Briefen schließen, die er an seinen Kammerdiener Michael Gabriel Fredersdorff richtete, der – mehr als sein Kammerdiener – eher sein Faktotum war. Friedrich rechnete damals nur noch mit einem kurzen Leben. Zwölf Jahre gab er sich. Das war keine Koketterie, auch keine „Erpressung" an Freunde und Verwandte. Die hatte er nicht nötig. Er fühlte sich tatsächlich verbraucht. Bestärkt wurde er in seiner Ansicht über die eigenen Lebenschancen durch einen leichten Schlaganfall, den er – fünfunddreißigjährig – im Jahre 1747 erlitt.

Dieser kränkliche, immer noch junge Mann, der Europa in den unheilvollen Kampf um das österreichische Erbe getrieben hatte, erklärte noch im Jahre 1745 in Dresden, „in Zukunft keine Katze mehr angreifen" zu wollen.(1) Das bedeutete nicht, daß er seine weitergesteckten Pläne aus der Kronprinzenzeit aufgegeben hatte. Er beabsichtigte lediglich, nicht mehr mit offen aggressiven Mitteln vorzugehen. Auch war er nicht so töricht, sich im Besitze des eroberten Schlesien sicher zu fühlen. Jedoch glaubte er, mit der schlagkräftigen preußischen Armee im Hintergrund, seine habsburgischen Rivalen mindestens zwölf Jahre – für die Dauer seines Lebens – „ruhig halten zu können".

Zwar verschätzte sich der König hinsichtlich seiner Lebenschancen gründlich, die paar Friedensjahre, die seinem Land vergönnt blieben aber traf er beinahe exakt. Nach zehneinhalb, nicht nach zwölf Jahren, eröffnete Friedrich II., der keine Katze mehr angreifen wollte, mit seinem Einfall in Sachsen den Siebenjährigen Krieg. Als vergleichsweise kurze Episode zwischen zwei Kriegen, als „Zwischenkriegszeit", erscheint so im nachhinein die Periode von 1746 bis 1756. Diese Bezeichnung trifft den Zeitcharakter auch deshalb viel exakter als der Begriff Friedensjahre, den bürgerliche Historiker gern benutzen, weil Friedrich II., ebenso wie andere europäische Machthaber, die Jahre nach Beendigung des Österreichischen Erbfolgekrieges nutzte, um sich auf kommende militärische Auseinandersetzungen vorzubereiten.

Von zwölf Friedensjahren ausgehend, nahm Friedrich II. Aufgaben in Angriff, für die er zwischen dem ersten und dem zweiten Schlesischen Krieg weder Zeit noch Mittel fand. Vor allem galt es, die traditionelle Politik der Hohenzollern wiederaufzunehmen, für die schon Zeitgenossen den Begriff „Kolonisation" geprägt hatten. Darunter verstanden sie nicht die Eroberung von Kolonien, sondern die Anwerbung von „Kolonisten", Bewohnern anderer Lande, die in Preußen seßhaft gemacht werden sollten. Von den Kameralisten, Ökonomen und Verwaltungsfachleuten beeinflußt, hatte schon Friedrich Wilhelm I. erklärt: Wenn das „Land gut peuplieret ist, das ist der rechte Reichtum eines Landes". Friedrich II. mag ähnliches gedacht haben, als er, beginnend mit dem Jahre 1747, mehrere Edikte erließ, die Einwanderern nach Preußen „goldene Berge", das heißt Privilegien und Befreiungen von sonst üblichen Belastungen versprachen. Schon damals, viel ausgeprägter aber nach 1763, ging es ihm darum, die durch den Kampf verwüsteten Provinzen wieder zu bevölkern, Menschenverluste auszugleichen und die Bevölkerung insgesamt zu vermehren. Denn trotz seiner öffentlich bekundeten friedlichen Absichten kalkulierte Friedrich II. stets die Möglichkeit von neuen Konflikten ein. Das Land befand sich in ständiger Kriegsbereitschaft. Zum Kriege aber brauchte man Menschen. Er war nach den Worten des Königs „ein Abgrund, der Menschen verschlingt". Woraus er schlußfolgerte: „Man muß also auf eine möglichst hohe Bevölkerungszahl sehen."(2) Daß sich mit dem Wachstum der Bevölkerung auch die produktiven Kräfte des Landes vergrößerten, nahm der König als zweiten großen „Vorteil" einer aktiven Bevölkerungspolitik gern mit in Kauf.

Angelockt durch die Versprechungen des Preußenkönigs und überredet durch preußische und einheimische Werber kamen nach dem ersten und zweiten Schlesischen Krieg tatsächlich viele Menschen aus anderen Staaten ins Land. Böhmen und Pfälzer, Polen und Sachsen, Württemberger, Schweizer und Mecklenburger – sie alle hatten viele Gründe, ihre Heimat zu verlassen. Unerträgliche feudale Ausbeutung und religiöse Intoleranz hatten sie vertrieben; die Hoffnung auf Duldsamkeit und materielle Besserstellung nach Preußen gelockt. Religiöse Toleranz konnte Friedrich II. ihnen bieten. Pfaffengezänk war ihm verhaßt. Er würde auch den Türken und Heiden Moscheen und Kirchen bauen, hatte er einst erklärt, kämen sie nach Preußen und „wollten das Land peuplieren". Mit der Hoffnung auf materielle Besserstellung aber sah es schon schlimmer aus. In den Genuß der versprochenen Gelder, einer Starthilfe für die Ansiedlung, kamen oft nur die ersten Einwanderer. Von den Böhmen, die Friedrich II. damals in der Umgebung von Potsdam ansiedelte, wo sie zu billigen Ausbeutungsobjekten für Berliner und Potsdamer Manufakturisten wurden, bekamen nur die ersten fünf Kolonisten die versprochene Summe von 50 Talern. Die übrigen mußten sich mit weit weniger begnügen.

Wenn es darüber hinaus zu weiteren Unzuträglichkeiten kam, so lag das allerdings nicht in erster Linie am König. Der hatte gegen die Widersetzlichkeit seiner Beamten anzukämpfen, die den Plänen des Monarchen oftmals passiven Widerstand entgegensetzten, weil sie Mühe und Arbeit scheuten oder befürchteten, „liederliches Gesindel" nach Preußen zu holen. Mehr als einmal mußte Friedrich sie abkanzeln und befehlen, die Leute nicht lange warten zu lassen und sie nicht solange zu schikanieren, bis sie „verdrießlich gemachet worden, und die Hälfte sich wiederumb verlaufen haben".(3) Vor allem diejenigen Kolonisten, die sich auf dem platten Lande niederließen, befanden sich oft in der Situation wirklicher Siedler. Sie mußten häufig das Stückchen Land, das sie später – allerdings nicht als Eigentümer – bewirtschaften wollten, erst roden oder trockenlegen. Als 1747/48 eine größere Gruppe von Ansiedlern aus Zweibrücken nach Brandenburg-Preußen kam, wies Friedrich II. seinen Kammerdirektor in Pommern an, sie auf der Domäne Friedrichswalde anzusetzen. Sie sollten sich dort „ihre Aecker selbst rohden und im Stande" setzen.(4) Mit der Einwanderung von Siedlern ging ein Prozeß der Binnenkolonisation einher. Friedrich II. ließ umfangreiche Meliorationen durchführen. Von 1747 bis 1753 wurde der Niederoderbruch entwässert. Schon Friedrich Wilhelm I. hatte das geplant, war aber an den technischen Schwierigkeiten gescheitert. Nun fand der holländische Ingenieur

Simon Leonhard von Haerlem, der bei der kurmärkischen Kammer angestellt war, zusammen mit dem berühmten Mathematiker Leonhard Euler die Lösung. Durch den Bau des Oder-Kanals erhielt der Strom ein stärkeres Gefälle, der Grundwasserspiegel sank, das Land konnte eingedeicht werden.

Friedrich II. benötigte zur Verwirklichung dieses Projektes Menschen, und das in doppelter Hinsicht: als Arbeiter, die die umfangreichen Meliorationen durchführten, und als Siedler, die das neu gewonnene Land bearbeiteten. Bei der Trockenlegung des Oderbruchs waren beide Gruppen nicht miteinander identisch; die Siedler kamen, nachdem die wichtigsten Arbeiten beendet waren. In anderen Fällen hatten die Neuankömmlinge erst das ihnen zugewiesene Land urbar zu machen. Von den schon erwähnten Zweibrücker Familien beispielsweise begründeten zwanzig das jedem Berliner bekannte Müggelheim. Friedrich II. überschrieb ihnen das Land, das erst urbar gemacht und zum Teil trockengelegt werden mußte, zu günstigen Bedingungen. Andere Zweibrücker Siedler arbeiteten an der Kultivierung des Oderbruchs mit. Über ihr anfangs wohl besonders hartes Leben erfährt man aus dem überlieferten Material leider nur wenig. Nur ab und an, wenn der Monarch seine säumigen Beamten rügte, spürt man etwas vom Kolonistenelend jener Jahre. Auch den zum Kanalbau eingesetzten Arbeitern ging es oft denkbar schlecht. Den Zustand derjenigen, die am Finow-Kanal arbeiteten, bezeichnete Friedrich II. selbst als „erbarmens- und mitleidenswürdig". Viele erkrankten. 1750 mußte Friedrich II. Ärzte zu ihnen beordnern, weil „noch verschiedene Krankheiten grassieren sollen, so diese guten Leute sich hauptsächlich durch das Arbeiten in nassen und morastigen Terrains zugezogen haben".(5) Gleichzeitig mit den Arbeiten am Oderbruch wurde in Pommern durch Waldrodung Land urbar gemacht. Die Siedler, die hierher kamen, fanden in der Regel nur ein Drittel des ihnen übertragenen Landes zur Bewirtschaftung vorbereitet; die übrigen zwei mußten von ihnen in den folgenden Jahren erst gerodet werden.

Die Kultivierung umfangreicher Ländereien war eine große Leistung. Allein durch die Entwässerung des Oderbruchs und später – in der zweiten Phase der Binnenkolonisation nach dem Siebenjährigen Kriege – des Warthebruchs wurden 400 000 Morgen fruchtbaren Landes gewonnen. Ein Teil unserer heutigen Kulturlandschaft entstand in den damaligen Jahren. Bürgerliche Historiker haben die Binnenkolonisation daher als ein Ruhmesblatt in der Geschichte der Hohenzollern und Friedrichs II. bezeichnet. Zu den guten Seiten friderizianischer Wirtschaftspolitik gehörte sie tatsächlich. Das stellte bereits Franz Mehring fest. Aber was wäre Friedrich II. ohne die vielen Arbeiter, beim Kanalbau beschäftigten Soldaten und Einwanderer gewesen, die – unter elenden Bedingungen, nur notdürftig untergebracht und häufig sogar krank, beim damaligen vergleichsweise niedrigen Stand der Technik – in harter Arbeit das Land entwässerten und urbar machten? Sie gilt es zu preisen. Andererseits zeigt sich, daß in der Klassengesellschaft Vertreter der herrschenden Klasse auch dann Bleibendes bewirken, wenn das Ziel ihrer Maßnahmen vordergründig von einem engen Klasseninteresse diktiert wird.

Friedrich II. setzte die ins Land gerufenen ländlichen Siedler meist zu günstigen Bedingungen auf dem urbar gemachten Land an. Das war schon deshalb nötig, um einen Anreiz für die Mühen der harten Kolonistenarbeit zu schaffen. Im bereits erwähnten Müggelheim erhielten die zwanzig Zweibrücker Familien das Erbrecht am urbar gemachten Land. Sie konnten Äcker und Wiesen vererben und sie – falls erwünscht – auch verkaufen. Die Zweibrücker hatten ihre Höfe auf eigene Kosten errichtet, sich Vieh und Inventar selbst angeschafft und dem König kaum Ausgaben verursacht. Deshalb sicherte er ihnen fünfzehn sogenannte Freijahre zu. Während dieser Zeit brauchten sie keine Feudalrente in Form von Geldabgaben zu entrichten. So günstig sah es freilich nicht überall aus. In Pommern hatten einige Siedler nach Ablauf der Freijahre nicht nur Geldrente zu zahlen, sondern auch Frondienste zu leisten. Sie widersetzten sich dem mitunter, wie die Pfälzer Kolonisten zweier Gemeinden. In solchen Fällen reagierte Friedrich II. hart. So befahl er, bei Fortsetzung des Widerstandes „die Rädelsführer" zu verhaften und sie für vier Wochen auf die Festung Küstrin zu bringen.

Trotzdem: Die meisten der im Oderbruch und später im Netze- und Warthebruch angesiedelten Vollbauern (43,9 Prozent der Kolonisten) mit 20 und mehr Morgen erhielten das Land erblich. Sie waren nur zur Zahlung einer Geldrente verpflichtet. Sie hoben sich dadurch von den weitaus schlechter gestellten, altansässigen Bauern auf den königlichen Domänen und den Rittergütern ab, was mitunter Spannungen erzeugte, aber auch die einheimische Bevölkerung zum Kampf um bessere Lebensbedingungen anregte.

Gutsherren und Bauern

In Brandenburg-Preußen dominierte auf dem Lande die Gutsherrschaft, eine Agrarverfassung, die die Bauern in einem Zustand feudaler Gebundenheit und Abhängigkeit hielt. Der feudale Gutsherr besaß das unbeschränkte Eigentum an seiner eigenen Gutswirtschaft und das Obereigentum am Grund und Boden seiner erbuntertänigen oder leibeigenen Bauern. Zu Friedrichs Zeiten war die Landbevölkerung schon stark differenziert. Ihre Lage änderte sich zudem von Provinz zu Provinz. In Abhängigkeit von ihrem Landbesitz unterschied man Vollbauern, Halbbauern und Kossäten. Sie alle waren gezwungen, mit oder ohne Gespann auf der Eigenwirtschaft ihres Herrn, auf Rittergütern oder Domänen, zu arbeiten. Fronarbeit und feudaler Gutsbetrieb schienen so unlösbar zusammenzugehören, daß viele zeitgenössische Autoren, die die Agrarverhältnisse reformieren wollten, eine Gutswirtschaft ohne Fronarbeit schlechterdings für unmöglich hielten.

Die Fronarbeit war außerordentlich belastend für die bäuerlichen Untertanen. Die sogenannten Vollbauern, die mit eigenem Gespann fronen mußten, waren genötigt, sich zusätzliches Zugvieh für die Arbeit auf dem Gute ihres Ausbeuters anzuschaffen. In einigen Gebieten war die Fronarbeit nicht einmal zeitlich begrenzt. Der Gutsherr konnte sie an sechs Tagen in der Woche abfordern. In der Neumark beispielsweise gab es Gegenden, wo der Bauer drei Tage Spann- und zwei Tage Handdienste in der Woche leisten mußte. Aber auch drei Tage belasteten – zumal in Zeiten der Saat und der Ernte – die bäuerliche Wirtschaft. Sie begrenzten die Möglichkeit einer rationellen und intensiven Bewirtschaftung des „eigenen" Landes. Daß die Frondienste unter diesen Bedingungen zum Hauptangriffspunkt bäuerlicher Beschwerden wurden und die alteingesessenen Bauern manchmal mit Neid auf die bessergestellten benachbarten Kolonisten blickten, kann nicht verwundern.

Wenn Friedrich II. nahezu gleichzeitig mit dem Beginn der Binnenkolonisation auch auf agrarpolitischem Gebiet aktiv wurde, so hat das unter anderem damit zu tun. Friedrich II. scheint in der Zeit nach dem ersten und zweiten Schlesischen Krieg des öfteren mit Klagen von Untertanen, aber auch mit gerichtlichen Auseinandersetzungen zwischen Gutsherren und abhängigen Bauern konfrontiert worden zu sein. Auf seinen Reisen durch die Provinzen wandten sich mitunter Bauern mit ihren Beschwerden direkt an ihn. Unter dem Einfluß dieser Klagen verfügte er 1748 zunächst in einem die Neumark betreffenden Fall, die Zahl der Frontage auf drei bis vier zu begrenzen. Bei dieser Norm blieb er in der Folgezeit. Als im gleichen Jahre die Instruktion für das Generaldirektorium aus dem Jahre 1722 neu gefaßt bzw. verändert wurde, da schrieb er eigenhändig folgende Bemerkungen nieder: „Dahr ich bedacht bin das landt in allen Stüken zu soulagiren (ihm Erleichterung zu verschaffen, I. M.) und aufzuhelfen, So weiß ich das eins der Dinge So zu hart seint die grausamen Dinste so Sie thun Müsen, wohrbei nichts als ihr verderb heraus kömt; also So in jede provintz und jeden Creis So Wohl ambts, Säte als adliche Dörfer dahin gesehen werden, ob man es nicht So einrichten könte, das der Bauer die Woche 3 tage, högstens 4, dinte. Dießes wird was geschrei geben, alleine vohr den gemeinen Man ist es fast nicht auszustehen, wan er 6 tage oder 5 die woche dinen Sol."(6) Durchgesetzt wurde diese Verordnung nur auf den Domänen, und auch hier nicht konsequent. Von den Domänenpächtern verlangte Friedrich bei Strafe der „Amtsenthebung", also der Pachtaufkündigung, sich mit drei bis vier Tagen Fronleistung zu begnügen. Er griff andererseits aber auch zuungunsten der Bauern in Auseinandersetzungen mit Pächtern ein. Als sich die Bauern auf dem Domänenamte Trebbin mit dem neu erlassenen Dienstreglement nicht einverstanden erklärten und sich zu stark belastet fühlten, wurden die „Rädelsführer" zur „Corection" auf die Festung geschickt.

Auf den Rittergütern wurde die königliche Anweisung kaum durchgesetzt. Gegenüber dem Adel verhielt sich der Monarch außerordentlich loyal. Er schrieb ihm nichts vor, erwartete vielmehr alles von dessen besserer Einsicht. Wo Friedrich II. sich zum Eingreifen genötigt fühlte, wie im Jahre 1755 in der Prignitz, da verlangte er nur, von dem auszugehen, „was dorten auf eine billige und erträgliche Weise landüblich ist".(7)

Die Politik Friedrichs II. in der Frage der Frondienste sagt viel über sein Verhältnis zum Adel und den Klassencharakter seines Staates aus. Der Adel war seine wichtigste soziale Stütze. Friedrich Wilhelm I. hatte sich im Kampf um die Zentralisierung der Machtmittel mitunter noch mit dem Adel auseinandersetzen müssen. Friedrich II. war dazu nur noch selten genötigt. Der Adel war „befriedet". Er hatte seine neue Rolle im Heer und im Beamtenapparat angenommen. Dafür schirmte ihn der König vor allen sozialen Veränderungen ab, die sich aus der entwickelten Warenwirtschaft und dem

Wachstum der bürgerlichen Kräfte ergaben. So verbot er dem oftmals verschuldeten Adel, seine Güter an Bürgerliche zu verkaufen. Das Eigentum an Grund und Boden blieb unter Friedrich II. ein Monopol der Adelsklasse. Die Gründe dafür nannte der Monarch selbst. Er wollte einen wirtschaftlich und zahlenmäßig starken Adel. So schrieb er einmal: „Ich (bin) ganz und gar nicht intentioniret, den Adel Meiner Lande durch Erkaufung ihrer Güter zu verringern, sondern denselben viel eher vermehret sehen möchte."(8) Diese Weisung polemisierte indirekt mit der Politik seines Vaters, der Rittergüter aufgekauft und zu den Domänen geschlagen hatte. Friedrich II. fand, eine solche Politik stehe nur kleinen Fürsten an, nicht aber dem preußischen König.

Es waren vor allem militärische und soziale Interessen, die ihn zu einer in Teilaspekten veränderten Politik gegenüber dem Adel veranlaßten. 1752, in seinem „Politischen Testament", sprach er aus, worum es ihm hauptsächlich ging: Er brauchte für sein Heer einen zahlreichen Adel. Fremder Adel diene niemals mit dem gleichen Eifer wie der inländische. Da er einen so „strengen Dienst" wie den preußischen oftmals nicht aushalte, bestände die Gefahr, daß – bei Quittierung des Dienstes – Kenntnisse und Fertigkeiten über die preußische Armee in „falsche Hände" gerieten. Friedrichs Vorliebe für den Adel deckte sich mit seinem Interesse an einem jederzeit einsatzbereiten und ergebenen Offizierskorps. Für den Dienst in der Armee brauchte der Adel aber einen wirtschaftlichen Rückhalt im Rittergut. So genügte die Drohung der kurmärkischen und pommerschen Rittergutsbesitzer, bei Einschränkung der Dienste und dadurch verursachter „Wertminderung" ihrer Güter, ihre Söhne nicht mehr für die Offizierslaufbahn ausstatten zu können, um Friedrich II. zur Aufgabe zu veranlassen.

Andererseits wußte der Preußenkönig, daß er „Parteiungen" von seiten seines Adels nicht zu befürchten hatte. Herrscher und Adel hatten sich arrangiert. Eine echte ständische Opposition gab es nicht mehr. Dafür sicherte Friedrich II. dem Adel in einer Zeit verstärkten manufakturkapitalistischen Aufschwungs seine soziale Existenz, indem er alle Machtmittel des Staates einsetzte, um die bestehende Struktur der Gesellschaft aufrechtzuerhalten. Der Staat Friedrichs II. war ständisch gegliedert, daß heißt die Stellung der in einem langen historischen Prozeß entstandenen Klassen und Schichten der spätfeudalen Gesellschaft war zugleich rechtlich fixiert. Der Adel verfügte neben dem Monopol an Grund und Boden über wichtige andere Vorrechte. Er brauchte in den alten Provinzen – bis auf wenige Ausnahmen – keine Steuern zu zahlen. Steuerzahler waren die Bürger in den Städten und die Bauern auf dem Lande. Der Adel nahm auch die wichtigsten Positionen in der Beamtenhierarchie ein, und er stellte das Gros der Offiziere. Friedrichs Staat war seinem Charakter nach ein Machtinstrument der herrschenden Adelsklasse, auch wenn der Adel nur noch über seine unmittelbaren Untertanen exekutive Gewalt hatte.

Nur dann, wenn es für das Gesamtinteresse des Staates unabdingbar war, griff der König regulierend in die Vorrechte des Adels, darunter auch in die Beziehungen zwischen Gutsherren und Bauern, ein. Das war beim Bauernlegen der Fall. Seit langem schon gab es unter dem Adel das Bestreben, die eigene Wirtschaft zu vergrößern bzw. neue Vorwerke anzulegen und deshalb Bauern von ihrem Land zu vertreiben. Bereits Friedrich Wilhelm I. hatte Edikte gegen das Bauernlegen erlassen, ohne mit dieser Praxis gänzlich und für immer fertigzuwerden. Friedrich II. mußte die von bürgerlichen Historikern als „Bauernschutz" apostrophierte Politik seiner Vorgänger wiederaufnehmen, weil nach wie vor Bauern von ihrem Land vertrieben wurden. 1749 verfügte der Monarch daher, das Bauernlegen zu unterbinden. Friedrich II. war genötigt, Anordnungen dieser Art noch mehrmals zu wiederholen, ein Zeichen dafür, daß es immer wieder zu Verstößen gegen sein Gebot kam.

Der Sinn friderizianischen „Bauernschutzes" war ganz eindeutig. In seinem „Politischen Testament" von 1752 schrieb er selbst: „Den Bauern ist zu verwehren, daß sie Ländereien von Adligen kaufen, und die Adligen sind am Bauernlegen zu verhindern. Denn die Bauern können nicht als Offiziere im Heere dienen, und die Adligen vermindern durch Erwerbung von Bauernland die Zahl der Einwohner und Ackerbauern",(9) damit aber auch die der Steuerzahler, wie Friedrich II. gerechterweise hätte hinzufügen müssen. Da in den alten Provinzen nur vom „Bauernland", nicht aber vom „Herrenacker" Kontribution gezahlt werden mußte, verminderten sich mit der Einziehung von Bauernland die Steuereinnahmen des Staates.

Die Steuerbelastung der Bauern war ziemlich hoch. Zeitgenossen, darunter informierte Beamte, errechneten für die Zeit nach dem Siebenjährigen Krieg, daß der Bauer ein Drittel bis die Hälfte seines Reinertrages als Steuer an den Staat abzuführen hatte. Die Kontribution bildete zusammen mit der Akzise die wichtigste Einnahmequelle für Friedrichs Generalkriegskasse. Eine Reduzierung des

Steueraufkommens nahm der Monarch weder nach den ersten beiden Schlesischen noch nach dem Siebenjährigen Kriege, als seine Kassen erschöpft waren, hin. Das Gesamtinteresse des Staates und seine expansive Politik geboten, sich mit Teilen der herrschenden Klasse über den Anteil am bäuerlichen Mehrprodukt auseinanderzusetzen. Trotzdem muß über das Verbot des Bauernlegens ähnliches wie über die Binnenkolonisation gesagt werden: Auch diesmal erzeugten die aus egoistischen Interessen getroffenen Maßnahmen bleibende Wirkungen. Während in anderen deutschen Territorialstaaten, beispielsweise in Mecklenburg, wo die starke Hand des absoluten Herrschers fehlte, die Klasse der Bauern durch das Bauernlegen erheblich reduziert wurde, sicherten Friedrich II. und seine Vorgänger zumindest den zahlenmäßigen Bestand der bäuerlichen Bevölkerung.

In Friedrichs Agrarpolitik flossen vielfältige Motivationen und Einflüsse zusammen. Da war zunächst das Interesse an der Aufrechterhaltung des sozialen Status quo und an der bestehenden Militärverfassung. Da waren andererseits aber auch die Kämpfe der Bauern selbst, die auf den Monarchen einwirkten, und daneben schließlich Einflüsse, die von der bürgerlichen Aufklärungsbewegung ausgingen.

Die Kämpfe der Unterdrückten und Ausgebeuteten verursachten auf der einen Seite zwar brutalen Terror und die Unterdrückung jeglicher Empörung, aber sie erzwangen auch „Reformbemühungen", die die Situation der Bauern geringfügig verbesserten, wenngleich sie im Rahmen der feudalen Ordnung blieben. Die Reformpolitik mancher feudaler Herrscher im späten 18. Jh. war unter anderem auf sie zurückzuführen.

Der Widerstand der bäuerlichen Bevölkerung hatte seit langem die Form des tagtäglichen, zermürbenden und erbitterten Kleinkrieges gegen die unmittelbaren Ausbeuter angenommen. Fronstreiks bzw. nachlässige Ausführung der Frondienste und gerichtliche Auseinandersetzungen über Form und Umfang der Feudallasten waren die hauptsächlichsten Methoden bäuerlichen Klassenkampfes. Zu regelrechten Aufständen – wenngleich nur lokaler Natur – kam es in dieser Zeit selten. Da aber, wo sich die Bauern, wie im Jahre 1749 in zwei ostpreußischen Gemeinden, offen empörten, griff sofort das Militär zur Unterdrückung der Rebellion ein. Mehr als hundert Soldaten wurden in die beiden Dörfer beordert, um die Bauern zum Abbruch des Fronstreiks zu zwingen. Die preußische Armee – der starke Arm des absoluten Herrschers – war nicht nur ein jederzeit einsatzbereites Aggressionsinstrument, sie übte darüber hinaus im Innern Funktionen aus, die später von der Polizei wahrgenommen wurden. Sich im Staate Friedrichs II. offen zu empören war schwer. Das im ganzen Lande stationierte Heer konnte innerhalb kürzester Frist lokale Aufstandsversuche im Keim ersticken.

Da erreichten die Bauern mitunter mehr, wenn sie sich auf andere Weise zur Wehr setzten. Das überlieferte Material vermittelt den Eindruck zahlloser gerichtlicher Auseinandersetzungen zwischen Bauern und Gutsherren. Friedrich II. jedenfalls mußte sich in den Jahren zwischen den Kriegen wiederholt mit solchen Erscheinungen auseinandersetzen. Das hängt sicher auch damit zusammen, daß sich der Monarch damals besonders stark mit dem Justizwesen beschäftigte. Der Preußenkönig hatte – wie noch zu zeigen sein wird – seinem Justizminister nämlich endlich Order erteilt, hier Ordnung zu schaffen. Es ging ihm unter anderem um eine schnelle Erledigung verschleppter Prozesse. Nun erwies sich aber, daß viele solcher Prozesse zwischen Gutsherren und Untertanen geführt wurden. 1747 ermittelte man sogar, daß die Mehrheit der noch vor dem Kammergericht in Berlin schwebenden Verfahren Auseinandersetzungen dieser Art waren. Deshalb hatte Friedrich II. damals stärker als vorher und nachher mit dieser Form bäuerlichen Klassenkampfes zu tun. Die Prozeßmaterialien zeigen, daß die Gutsherren in jener Zeit versuchten, ihre Bauern mit neuen Abgaben und Diensten zu belasten; sie offenbaren gleichzeitig ein erschreckendes Maß von Grausamkeit und Gewalttätigkeit. Vor allem in Schlesien, aber auch in der Provinz Preußen gingen die Gutsherren oft mit fürchterlichen Strafen gegen die aufsässigen Bauern vor. Friedrich selbst sprach vom „ganz barbarischen Prügeln".

Mißhandlungen solcher Art verursachten oft bleibende gesundheitliche Schäden. Sie zwangen die Mißhandelten zur Flucht. Das aber war gar nicht im Sinne des Preußenkönigs, der sich zur gleichen Zeit um die Heranziehung neuer Untertanen aus anderen Ländern bemühte. Deshalb griff er ein. Zwar rührte er nicht an die Patrimonialgerichtsbarkeit. Der Gutsherr behielt das Recht, in erster Instanz über seine Untertanen selbst zu richten. Barbarische Strafen aber verbot Friedrich II. im Jahre 1748. Das entsprach ganz seiner bisherigen Politik. Auch in den anderen Fällen hatte er sich gegen harte Strafen, unter anderen gegen die Todesstrafe gewandt. Hier waren aufklärerische Einflüsse ebenso wirksam wie das Interesse an einem gut „peuplierten" Land, an Steuerzahlern und Soldaten.

Das Gesamtinteresse des Staates kollidierte mit der weit verbreiteten Praxis, den bäuerlichen Untertan mittels brutalen Zwanges zur Einhaltung seiner Verpflichtungen zu veranlassen. 1750 glaubte Friedrich, endlich ein Exempel statuieren zu müssen. Eine Gräfin von Gessler hatte sich in der Provinz Preußen derart schändlich gegen ihre Untergebenen, vor allem gegen ihre Dienstmädchen benommen, daß ein Arrest von sechs Jahren über sie verhängt werden mußte. Friedrich fand die Strafe zu mild. Er wünschte ein rigoroses Urteil, „damit andere Edelleute, bey welchen dortiger Orthen das grausame und unmenschliche Betragen gegen die Unterthanen ihrer Güther ziemlichermassen eingerissen, dadurch einmahl abgeschrecket und zurückgehalten werden."(10) Allerdings wußte er, als er diese Verfügung erließ, daß die Gräfin von ihr nicht mehr betroffen werden würde, da sie bereits nach Polen geflohen war. „ . . . mithin wird das abzufassende Urthel nur einzig und allein den von Mir intendirten effect haben, dass, wie vorerwehnt, andere dadurch von den grausamen und unmenschlichen Verfahren mit ihren Unterthanen zurückgehalten werden."(11)

Wer aus Friedrichs Einschreiten gegen harte Strafen jedoch die Schlußfolgerung zieht, daß der Preußenkönig bei solchen Auseinandersetzungen die Partei der Bauern ergriff, der irrt. Er ging gegen „Unmenschlichkeiten" vor, er ahndete die „Unvernunft". Denn soviel war ihm wie anderen einsichtigen Vertretern der herrschenden Klasse bewußt, daß sich die Ausbeutung nicht bis ins Unendliche steigern ließ, daß es Grenzen gab, die – überschritt man sie – sich gegen den Adel selbst richteten. Daß Fronarbeit eigentlich unwirtschaftlich war und eine Beschränkung der Dienste, ja eine Ablösung der Arbeitsin Geldrente dem Gutsbesitzer selbst von Nutzen sein konnte, das hatten damals bereits einige Adelsvertreter, darunter auch Friedrich II., begriffen. So sprach er 1748 in seiner Instruktion für das Generaldirektorium die Hoffnung aus, daß alle „vernünftigen" Gutsbesitzer in eine Beschränkung der Frondienste einwilligen, „da sie in der That erfahren werden, daß, wenn der Bauer sich nur erst ein wenig wieder erholet hat, er in den wenigeren Tagen ebenso viel und vielleicht noch mehr und besser arbeiten wird, als er vorhin in den vielen Tagen gethan hat".(12)

Gegen die andauernden Versuche der Bauern, sich auf gerichtlichem Wege „Recht" zu verschaffen, hatte aber Friedrich II. durchaus etwas. Er befahl daher, auf diejenigen ganz besonders zu achten, die den Bauern bei der Formulierung ihrer Klagen behilflich waren. Die Advokaten wurden verpflichtet, bei Übergabe von Schriftsätzen die „Concipienten" zu benennen; denn nicht selten waren es Bürger, die den des Lesens und Schreibens unkundigen Bauern bei der Aufstellung ihrer Beschwerden halfen. Friedrichs Politik war nicht „bauernfreundlich", sie war nur weniger borniert als die Haltung mancher Gutsbesitzer. Der Preußenkönig versuchte lediglich, ausgehend vom Gesamtinteresse des absolutistischen Staates und der Wirtschaftlichkeit bäuerlicher Arbeit, die Methoden der Ausbeutung zu verändern. Schon das aber brachte ihm die Sympathie vieler Bauern ein.

Die Justizreform

Die Frage, die Friedrich II. im Jahrzehnt zwischen den Kriegen am meisten beschäftigte, war neben der Binnenkolonisation das Justizwesen. 1743 hatte er seinen Justizminister Samuel von Cocceji noch zur Ruhe gewiesen. Damals gab es weder Zeit noch Mittel, um die Neuordnung des Justizwesens in Angriff zu nehmen. Gleich nach Friedensschluß aber kam er darauf zurück; denn nach wie vor wurde er mit „lamentablen Vorstellungen" über verschleppte Prozesse überhäuft. Am 14. Januar 1745 befahl er, „bei den Justizcollegien solche Einrichtungen zu treffen, daß alle Prozesse ohne Weitläufigkeiten nach wahrem Rechte binnen Jahresfrist abgetan werden könnten."(13) Damit nahm die Justizreform in Brandenburg-Preußen ihren Anfang. Sie betraf ausschließlich das Zivilrecht und konzentrierte sich in ihrer ersten Phase auf die Entwicklung und Durchsetzung einer neuen Gerichtsverfassung. Friedrich selbst hatte vom Justizwesen nur wenig Ahnung. Sein Bestreben erschöpfte sich in dem stereotyp geäußerten Wunsch, die Prozesse binnen Jahresfrist zu einem Ende zu bringen. Sein Justizminister von Cocceji nahm sich voller Energie und Tatkraft des schwierigen Geschäftes an. Cocceji war ein Mann von bürgerlicher Herkunft. Sein Vater hatte als Universitätsprofessor in Heidelberg, Utrecht und später Frankfurt/Oder gewirkt und für seine Verdienste vom preußischen Staat den Adelstitel erhalten. Als Friedrich II. den Thron bestieg, war Cocceji bereits sechzig Jahre alt. Er verfügte über außerordentlich große Erfahrungen in der politischen

Praxis, aber ein Mann der Aufklärung war er nicht. Als junger Mensch von zwanzig Jahren hatte er sich einmal gegen die Lehrer des Naturrechts Hugo Grotius und Samuel Pufendorf gewandt, indem er den Grundsatz verteidigte, daß alles Recht seinen Ursprung im göttlichen Willen habe. Noch als alter Mann hielt er an seiner Maxime fest. Da dachte selbst sein im Justizwesen unbewanderter Monarch viel „zeitgemäßer". Daß es dieser konservative, mit einem überdurchschnittlichen Organisationstalent begabte Mann war, dem Friedrich II. die ideelle und praktische Durchsetzung der Justizreform übertrug, prägte den Charakter der Reform zumindest in ihrer ersten Phase bis zum Siebenjährigen Krieg.

Das Justizwesen mußte in der Tat dringend neu geordnet werden. Es war im Vergleich zu den anderen Zweigen der inneren Verwaltung am weitesten zurückgeblieben und am wenigsten zentralisiert. Cocceji schenkte dem Monarchen zunächst reinen Wein ein. Er verwies auf die mangelnde Ausbildung des Justizpersonals, darunter sogar der Gerichtspräsidenten, und auf die unzureichende Besoldung. Dadurch seien viele veranlaßt worden, zu unlauteren Mitteln zu greifen, in mehreren Kollegien zu arbeiten und sich an Sporteln schadlos zu halten. Was nach des Ministers Ansicht aber am schwersten wog, war das Fehlen eines für Preußen allgemeingültigen Gesetzbuches, eines sogenannten Landrechts. Friedrich II. gab seinem Minister freie Hand. Der konzentrierte sich zunächst darauf, in den Provinzen Ordnung zu schaffen, um dann 1748 die bis dahin für die einzelnen Landesteile existierenden höchsten Gerichte im sogenannten „Großen Friedrichs-Kollegium" zusammenzufassen, das für den gesamten Staat zuständig sein sollte. Aus dem gleichen Jahre stammte die von Cocceji verfaßte neue Prozeßordnung, nach der Verfahren „in einem Jahr durch drei Instanzen" zu Ende zu bringen waren. Das Ergebnis dieser zwischen 1746 und 1756 geleisteten Arbeit war eine dem absolutistischen Zentralisierungsstreben entsprechende Vereinheitlichung der Gerichtsverfassung und der Prozeßordnung. Damit wurde freilich nichts am Inhalt des existierenden Rechts verändert. Nicht so ist der Begriff Reform im Zusammenhang mit dem Justizwesen zu verstehen. Es ging um eine Vereinheitlichung der Justiz, um einen überschaubaren Aufbau der Gerichte, um besser ausgebildete und besoldete Richter und um eine Kodifikation des bestehenden Rechts. Die Justizreform diente der Durchsetzung zentralistischer Bestrebungen des absoluten Staates. Damit soll kein Werturteil über diesen Teil der Justizreform gefällt werden. Sie gereichte auch den unteren Schichten des Volkes sowie dem Handel und Gewerbe treibenden Bürgertum zum Vorteil.

Während sich Cocceji mit der praktischen Seite der Reform befaßte und die Arbeit am preußischen Gesetzbuch in Angriff nahm, interessierte den Monarchen mehr die philosophische. Im Jahre 1748 erschien in Frankreich die berühmte Schrift des französischen Frühaufklärers Charles de Montesquieu „Der Geist der Gesetze". Montesquieu war ein konservativer Denker. Als Vertreter der „noblesse de robe", des Amts- und Dienstadels, einer ursprünglich aus dem wohlhabenden Bürgertum stammenden sozialen Gruppe, die mit dem Ausbau des Verwaltungs- und Justizapparates der absoluten Monarchie entstanden war, trat Montesquieu für eine Begrenzung und Kontrolle der absolutistischen Macht durch sogenannte „Zwischengewalten" und durch Gewaltenteilung ein. Den Ausweg aus der Krise des absolutistischen Systems, die seit der Mitte des 18. Jh. für die aufgeklärte französische Öffentlichkeit immer klarer sichtbar wurde, sah er in der Rückkehr zu einer durch die Geschichte beglaubigten Gesetzlichkeit. Die Gefahr eines Abfalls in „Despotismus", die er und seine Zeitgenossen deutlich erkannten, beantwortete er mit dem Ruf nach persönlicher und ständischer Freiheit. Die französischen „parlements", die Gerichtshöfe und mit ihnen die „noblesse de robe" waren nach seiner Meinung die Institutionen, die die Gesetzlichkeit zu sichern und den Abfall des Absolutismus in Despotismus zu verhindern hatten. Montesquieus Idealstaat kannte keine bürgerliche Gleichheit. Er basierte auf der durch Privilegien abgesicherten ständischen Struktur der Gesellschaft. Nicht wenige Aufklärer, darunter auch deutsche, erkannten die konservative Grundtendenz des Montesquieu'schen Werkes. Sie setzten sich mit ihm auseinander. Trotzdem: Der Ruf nach Freiheit und die Warnung vor dem Despotismus genügten, um dem Werk unter Zeitgenossen und späteren Generationen eine ungeheure Wirkung zu verschaffen. Es wurde zum „Idol der Nation".(14) Viele mißverstanden es als ein Plädoyer für die konstitutionelle Monarchie englischen Musters. Künftige Liberale sahen in Montesquieu ihren Ahnherren.

Von all dem scheint Friedrich II., der das Werk wohl bald gelesen haben muß, unberührt geblieben zu sein. Da er auf dem Boden des Naturrechts stand und wie Montesquieu von der Vertragstheorie ausging, sah er für sich und seinen Staat kaum die Gefahr eines Abgleitens in Despotismus. An die Gesetze, darunter die „Staatsgesetze", hatte sich ein aufgeklärter Herrscher nach seiner Meinung zu halten. Friedrich glaubte sich hier in Übereinstimmung, nicht im Gegensatz zu Montesquieu. Dessen Ideen über die ständische Sicherung von Freiheit und Gesetzlichkeit, über die Zwischengewalten und die Gewaltenteilung aber nahm er einfach nicht zur Kenntnis. 1749 schrieb Friedrich seinen „Geist der Gesetze", eine Abhandlung „Über die Gründe, Gesetze einzuführen oder abzuschaffen", die 1750 vor der Akademie der Wissenschaften verlesen wurde. Die Schrift legt einen für diese Zeit keineswegs vereinzelten Vorgang bloß. Friedrich II. griff Gedanken Montesquieus auf, etwa die über den Charakter der Gesetze, ohne die gegen die absolutistische Gewalt gerichtete Grundtendenz des Werkes überhaupt zu beachten. Er entlehnte, was ihm nützlich schien, und baute es in sein Gedankenkonzept ein. Ähnlich verhielten sich andere aufgeklärte Herrscher dieser Zeit, beispielsweise Katharina II., die in ihrer Instruktion für die Kommission zur Ausarbeitung eines neuen Gesetzbuches neben Montesquieu auch andere Frühaufklärer einfach abschrieb. Der Charakter solcher Werke wie das Montesquieus ließ das noch zu; denn oft waren die Vertreter der Aufklärung selbst der festen Überzeugung, mit Hilfe aufgeklärter Monarchen Reformen durchsetzen zu können. Sie lehnten die absolute Monarchie nicht grundsätzlich ab, sondern wollten sie lediglich reformieren. Erst mit den sechziger Jahren erreichte die Gesellschaftskritik der französischen Aufklärung eine solche Schärfe, wurde sie so eindeutig antifeudal, daß ihre Benutzung und „Umfunktionierung" durch absolute Herrscher nur noch schwer möglich war. Montesquieu aber ließ sich vom preußischen König durchaus im oben beschriebenen Sinne benutzen.

Die Schrift Friedrichs II. bietet nichts Neues. Sie beweist nur das damalige große Interesse des Monarchen am Justizwesen. Wo sie seine Staatsauffassung widerspiegelte, was bei dem Inhalt der Schrift unausbleiblich war, da wiederholte sie bereits früher Gesagtes. Nach Friedrichs Meinung, die in dieser Frage auf Montesquieu fußte, sollten Gesetze der Regierungsform und dem Geist des Volkes entsprechen, das heißt seinen Lebensbedingungen und seinen geschichtlichen Erfahrungen. So verstand er sicher auch den Auftrag an seinen Justizminister, ein Gesetzbuch abzufassen, wenn auch vorläufig nur für das Zivilrecht. Aber auch im Strafrecht und selbst im „Staatsrecht" trat Friedrich II. für „milde" Gesetze ein. Das hatte mit seiner schon im „Antimachiavell" geäußerten Staatsauffassung zu tun. Ein weiser Herrscher mußte nach seiner Meinung so regieren, daß kein Grund für Aufruhr entstehen konnte. Da sich nun „milde" Gesetze – wie

Friedrich II. schrieb – von selbst erhielten, harte und tyrannische aber die Gefahr der Empörung wider sie heraufbeschworen, bestimmte er die Fürsten, Milde und Menschlichkeit walten zu lassen. Er jedenfalls glaubte von sich, ein solcher „milder" Gesetzgeber zu sein, denn wiederholt verwies er in der erwähnten Schrift auf seine Maßnahmen zur Humanisierung des Strafrechts und zur Abschaffung der Folter. Friedrichs Abhandlung offenbart ein Gefühl schwindender Sicherheit, noch ehe der Amerikanische Unabhängigkeitskrieg und die Französische Revolution den Monarchen Europas die Gefahr ihres eigenen Untergangs vor Augen führten. Wie ein Seismograph registrierten er und andere Vertreter der herrschenden Klasse die noch kaum spürbaren Veränderungen ihrer Zeit.

Was Friedrich II. über die Humanisierung des Rechts schrieb, galt im übrigen nur für das Zivilleben, nicht für die Armee. An ihrem barbarischen Strafsystem änderte sich nichts. Nach wie vor wurden Deserteure durch die „Gasse" getrieben, mußten Spießruten laufen. Der Schweizer Ulrich Bräker, einer der von preußischen Werbern mit List und Gewalt in die Armee Gepreßten, schildert in seiner Lebensbeschreibung „Der arme Mann im Tockenburg" die grausame Härte, mit der Deserteure zu Tode geprügelt wurden. „Da mußten wir zusehen, wie man sie durch zweihundert Mann achtmal die lange Gasse auf und ab Spießruten laufen ließ, bis sie atemlos hinsanken, wie sie des folgenden Tags aufs neue dran mußten, die Kleider vom zerhackten Rücken heruntergerissen, und wie wieder frisch drauflosgehauen wurde, bis die Fetzen geronnenen Bluts ihnen über die Hosen hinabhingen."(15) Zur Abschreckung der übrigen war dem Preußenkönig ein toter Soldat lieber als ein desertierter. Man soll auch ja nicht glauben, daß Strafen dieser Art ohne Wissen des Königs von grausamen Offizieren verhängt wurden. Friedrich selbst pflegte zum Entsetzen Voltaires ihre Ausführung zu beaufsichtigen. Auf etwaige Gnadengesuche antwortete er wie im Falle eines gewissen Marufski, der sich selbst verstümmelt hatte, „... man muß die Gesetze vollstrecken... nicht weich werden!"(16) Im „Politischen Testament" von 1752 verlangte er blinden Gehorsam und absolute Subordination. „Murrt ein Soldat gegen seinen Unteroffizier", so schrieb er, „oder setzt er sich mit dem Säbel zur Wehr, zieht ein Offizier den Degen gegen seinen Kommandeur usw. – über all diese ist die Todesstrafe verhängt. Ihnen gegenüber darf der Herrscher keine Gnade walten lassen. Das Beispiel wäre zu gefährlich!"(17) Ein Staat wie Preußen konnte sich eine humane Militärjustiz nicht leisten.

Das „Politische Testament" von 1752

Im Jahre 1752 verfaßte Friedrich II. sein oben erwähntes erstes „Politisches Testament". Was ihn gerade zu diesem Zeitpunkt dazu veranlaßte, weiß man nicht. Vom 1747 erlittenen Schlaganfall hatte er sich erholt. Aber nach wie vor befielen ihn depressive Stimmungen und Todesahnungen. Dazu mag seine wachsende Vereinsamung beigetragen haben. Auch rechnete er 1752 schon wieder mit kriegerischen Verwicklungen. Zwar konnte er ihren genauen Zeitpunkt nicht abschätzen, aber daß sie eintreten würden, das glaubte er seinem Bruder August Wilhelm 1753 fest versichern zu können. In dieser Situation wollte er seinem Nachfolger Erfahrungen mitteilen. „Ich will die Klippen angeben, die sie zu meiden hat, und die Häfen, wo sie Zuflucht finden kann."(18) Die „Politischen Testamente" Friedrichs II. – ein zweites verfaßte er 1768 – sind Dokumente von eminenter Bedeutung. Sie enthüllen das Wesen des friderizianischen Staates und seine auf Aggression ausgerichtete Innen- und Außenpolitik so brutal, daß die Hohenzollern sie vor den Augen der Öffentlichkeit verbargen. Erst in der Weimarer Republik, im Jahre 1922, gab man sie – nachdem sie 1920 in französisch erschienen waren – in deutscher Sprache heraus. Friedrichs Testament zeigt mit aller Klarheit, daß Preußen ein militaristischer Staat war. Den Krieg zu ihrem „Hauptstudium" zu machen und auf häufige Kriege gefaßt zu sein, das gab er seinen Nachfolgern als die wichtigste Empfehlung mit. „Es folgt daraus auch, daß das Militär in Preußen die erste Stelle einnehmen muß, genau wie bei den welterobernden Römern in der Periode ihres Aufstiegs, genau wie in Schweden als Gustav Adolf, Karl X. und Karl XII. die Welt mit ihrem Ruhm erfüllten."(19) Ständige Kriegsbereitschaft bestimmten die von Friedrich II. entwickelten Prinzipien für die Innen- und Außenpolitik. Wenn beispielsweise im Testament Fragen der Finanzwirtschaft einen so breiten Raum einnahmen und die gesamte Wirtschaftspolitik unter diesem Begriff erschien, so beweist das nicht nur den fiskalischen Charakter dieser Politik, sondern auch den Vorrang des Militärischen, der Außen- und Machtpolitik. Für die Erweiterung des preußischen Staates waren durch die Finanzwirtschaft Voraussetzungen zu schaffen. Tatsächlich verwandte man bis zum Tode Friedrichs II. etwa zwei Drittel der gesamten Staatseinnahmen für das Heer. Neben den laufenden Ausgaben ging es dem Monarchen um die Anhäufung eines Schatzes, dem er damals schon 2,3 Millionen Taler jährlich zuführte.

Er selbst bezeichnete es als seine Hauptsorge nach dem Friedensschluß, den erschöpften Staatsschatz wieder aufzufüllen. Er war der „Sparstrumpf" des Preußenkönigs für kommende Kriegszeiten. Von Erfahrungswerten ausgehend, bestimmte er die Höhe der gehorteten Gelder. Sie sollten ausreichen, um wenigstens vier Kriegsjahre zu überstehen, wobei er für ein Kriegsjahr 5 Millionen gerade als ausreichend fand. Schon im Siebenjährigen Krieg erwiesen sich diese Schätzungen als zu niedrig.

Finanzen, Politik und Heerwesen sollten nach Friedrichs eigenen Worten einem gemeinsamen Ziel dienen, der Stärkung des Staates. Da sein Testament nur für die Nachfolger und nicht für die Öffentlichkeit bestimmt war, legte er mit aller Offenheit geheimste Absichten bloß. Das Heer wollte er auf eine Stärke von 180 000 Mann bringen, es also um 44 000 Mann vermehren, finanziell erhoffte er sich jährliche Überschüsse von 5 Millionen Talern. „Mit ihnen könnte man den Krieg aus eigenen Einkünften bestreiten, ohne in Geldverlegenheiten zu geraten."(20) Schließlich entwickelte er für die „Politik" seine „chimärischen" Träume, indem er seine Nachfolger auf künftige Eroberungsobjekte aufmerksam machte. Neben den bereits früher erhobenen Ansprüchen auf Mecklenburg, Westpreußen und den noch unter schwedischer Herrschaft verbliebenen kleinen Teil Vorpommerns richtete Friedrich II. erstmals seine gierigen Blicke auch auf den Nachbarn Sachsen. Die Eroberung Sachsens bezeichnete er als am nützlichsten für den preußischen Staat. „Sein Besitz würde die Grenzen am meisten erweitern und deckte Berlin, die Landeshauptstadt und den Sitz des Königshauses, wo sich der Staatsschatz und alle höchsten Justiz- und Finanzbehörden sowie die Münze befinden."(21) Dabei wußte Friedrich II. selbstverständlich, daß sich sein Plan nicht ohne weiteres verwirklichen ließ. Aber er rechnete mit der Gunst der Situation. Seinen Nachfolgern riet er, den Plan geheimzuhalten, günstige Umstände abzuwarten, dann aber, wenn sie gekommen, kraftvoll zu handeln. Bis in Einzelheiten hinein konzipierte er die Umstände, unter denen sich Sachsen erobern ließ. Und bis in alle Einzelheiten hinein entwickelte er Feldzugspläne, die er – vier Jahre später – in die Tat umzusetzen suchte. Das „Politische Testament" ist ein Zeugnis friderizianischer Machtpolitik, das wie kein anderes die Handschrift seines Verfassers trägt. Es zeugt vom logischen Kalkül des Monarchen, von seiner reaktionären Folgerichtigkeit.

Die Tafelrunde von Sanssouci

Seit dem Jahre 1747 lebte Friedrich II. hauptsächlich in Sanssouci. Die Legende erzählt, daß er einmal, im Jahre 1743, auf einem Hügel bei Potsdam sein Mittagsmahl einnahm und hingerissen von dem schönen Blick auf die Havel, den Babelsberg und das Fischerdörfchen Caputh den Entschluß faßte, hier ein Sommerschloß errichten zu lassen. Den Auftrag vergab er an Hans Georg Wenzeslaus von Knobelsdorff, den Freund aus Rheinsberger Tagen, der, inzwischen zum Oberbaudirektor ernannt, zwischen 1741 und 1743 die Königeliche Oper, die heutige Staatsoper, errichtet hatte. Knobelsdorff – einer der Großen unter den Architekten –, dessen Verhältnis zum Monarchen keineswegs immer freundschaftlich war, soll über den Bau des Schlößchens in Konflikt mit seinem königlichen Auftraggeber geraten sein.

Friedrich II. fühlte sich auch im Bauwesen als absoluter Herr. Die Architektur, in der er sich ebenso wie in der Musik und der Dichtkunst versuchte, bot ihm die Genugtuung künstlerischer Betätigung. Zudem eignete sie sich bestens, die Macht seines Staates zu dokumentieren und Repräsentationsbedürfnisse zu befriedigen. Der Monarch mischte sich in hohem Maße in das Baugeschehen ein; organisatorische und finanzielle Fragen regelte er bis ins Detail selbst. Aber auch in künstlerischen Dingen ließ er den Baumeistern nicht freie Hand. Hatte er sich in seiner Kronprinzenzeit noch von Knobelsdorff leiten lassen, so nahm er nun mehr und mehr selbst Einfluß auf die Form seiner Bauwerke. Friedrich besaß eine umfangreiche Literatur über Architektur. Von ihr ließ er sich anregen. Einige seiner Bauten stellten nachweisbar Kopien anderer Werke dar, vor allem des italienischen Baumeisters der Spätrenaissance Andrea Palladio, der seit dem 17. Jh. auf die Baukunst in England und den Niederlanden eingewirkt hatte und so zum Wegbereiter des Klassizismus geworden war. In Potsdam entstanden auf Anweisung Friedrichs II. sogar Bürgerhäuser nach ausländischen Kopien. Dabei interessierte den auf Repräsentation bedachten Monarchen nicht, wie hinter der palastähnlichen Fassade den Bedürfnissen und Lebensgewohnheiten der Bürger entsprochen wurde. Deren Wohnbedingungen blieben denkbar schlecht.

Was Sanssouci betrifft, so stammte die „erste Idee" vom König. Über die Entwürfe kam es tatsächlich zu Meinungsverschiedenheiten zwischen dem Bauherrn und dem Baumeister. Der Architekt wollte den Bau mehr an den Rand der oberen Terrasse setzen, was der künstlerischen Gesamtwirkung sicher sehr förderlich gewesen wäre. Ob es aber diese Auseinandersetzungen waren, die das Verhältnis zwischen dem Monarchen und Knobelsdorff zeitweilig stark trübten, ist bis heute nicht mit Gewißheit zu sagen.

Am 1. Mai 1747 weihte Friedrich II. Sanssouci mit einem Bankett ein. Von nun an wurde das Schloß auf dem Weinberg sein liebster Aufenthaltsort. Das entsprach durchaus einem Zug der Zeit. Seit der Mitte des 18. Jh. zogen sich die Fürsten mehr und mehr aus den prunkvollen, repräsentativen Barockschlössern in kleine, intime Parkschlößchen zurück, wo sie ihr Leben genießen und wie Friedrich sans souci – ohne Sorgen – leben wollten. Das freilich gelang ihm nicht, obwohl er alles unternahm, um an den Lebensstil seiner Rheinsberger Zeit anzuknüpfen und die Jugendjahre wieder heraufzubeschwören. Äußerlich verlief sein Tag ähnlich wie damals, sieht man von den Regierungsgeschäften ab, für die er, mit heutigen Maßstäben gemessen, verhältnismäßig wenig Zeit brauchte.

Voltaire hat in seinen Memoiren Friedrichs Tagesablauf ausführlich beschrieben. Immer noch stand der König früh auf, im Sommer um fünf und im Winter um sechs Uhr. Gewohnt an das französische Hofzeremoniell und das prunkvolle Lever des französischen Königs, vermerkte Voltaire trotz kritischer Distanz voller Achtung, daß der Preußenkönig auf jegliches Zeremoniell verzichtete. „... ein Lakai kam, machte Feuer, kleidete ihn an und rasierte ihn; und das Ankleiden besorgte der König zur Hälfte selber."(22) Danach arbeitete der Monarch mit seinen Kabinettsekretären. Da seine Minister und die übrigen Behörden in der Regel nur schriftlich mit ihm verkehren konnten, legten ihm die Sekretäre die eingegangene Post vor, indem sie kurz über den Inhalt der Schreiben informierten. Friedrich antwortete meist sofort. Die Sekretäre hielten seine Antwort in Form von Randbemerkungen fest. Manchmal fügte der König mit eigener Hand Marginalien hinzu, da er nur schlecht deutsch sprach, in einer kuriosen Orthographie, aber in einer durchaus kräftigen, prägnanten und manchmal sogar drastischen Ausdrucksweise, die seinen Ministern und Beamten, die sich von ihrem königlichen Herrn oft zu unrecht beschimpft fanden, sicher nicht gefiel. Um elf Uhr nahm Friedrich die Parade ab. Nach dem Mittagessen, bei dem oft seine Brüder zugegen waren, zog er sich zurück. In dieser Zeit schrieb er, verfaßte eigene Arbeiten, komponierte auch hin und wieder. Schreiben war seine Leidenschaft. Er hatte den Ehrgeiz, als ein guter Schriftsteller und Poet zu gelten. Es schmeichelte ihm ungemein, als König und Militär auch mit der Feder umgehen zu können. Oft versuchte er seiner näheren Umgebung regelrecht zu suggerieren, daß er, eigentlich zum Dichter berufen, die Regierungsgeschäfte nur widerwillig verrichte. Gegen fünf oder sechs kam sein Vorleser. Um sieben Uhr begann ein kleines Konzert, an dem sich der Flöte spielende Friedrich selbst beteiligte. Das anschließende Abendessen vereinte ihn mit seinen Gästen bei anregenden Gesprächen. „Soupiert wurde in einem kleinen Saal, wo als kuriosester Schmuck ein Bild hing, zu dem er seinem Maler Pesne, einem unserer besten Koloristen, den Vorwurf gegeben hatte. Es war eine prächtige Priapee. Junge Männer, Frauen umarmend, waren darauf abgebildet, Nymphen unter Satyrn, Amouretten im Spiel der Enkolpe und Gitone, ein paar Figuren, denen beim Anblick dieser Liebesspiele die Sinne schwinden, schnäbelnde Turteltauben, Böcke und Widder, Ziegen und Schafe bespringend. Die Mahlzeiten verliefen meist nicht weniger philosophisch. Wäre jemand plötzlich eingetreten, hätte dieses Bild gesehen und uns zugehört, er hätte geglaubt, die sieben Weisen Griechenlands unterhielten sich im Bordell."(23) So beschrieb Voltaire diese Abende.

Friedrich II. lebte in Sanssouci wie ein Abt unter Mönchen. Frauen hatten hier selten Zutritt. Von seiner eigenen hielt er sich von nun an fern. Er lud sie mitunter nicht einmal zu höfischen Veranstaltungen ein, brüskierte sie und ihren Hof. Seinem Bruder August Wilhelm gegenüber bezeichnete er sie einmal als „mein zimperlicher Griesgram". Friedrich hielt sich keine Mätressen, wie die meisten Herrscher dieser Zeit. Ob das auf homosexuelle Neigungen zurückzuführen war, wird man wohl nie ganz klären können, jedenfalls duldete er auch keine Günstlingswirtschaft.

In Sanssouci schrieb Friedrich II. an einigen Arbeiten weiter, so an der „Geschichte meiner Zeit" und den „Generalprinzipien des Krieges", einem voluminösen Werk, in dem er seine Kriegserfahrungen für die preußische Armee verallgemeinerte. 1750 erschien in einem Privatdruck ein dreibändiges Werk unter dem Titel „Oeuvres du philosophe de Sanssouci". Es enthielt kaum, wie zu vermuten war, philosophische Abhandlungen, sondern neben einigen Aufsätzen, die er vor der Akademie hatte verlesen lassen, vor allem Gedichte und Briefe. Friedrich benutzte den Begriff Philosoph, den er sich erstmals in seinem sechzehnten Lebensjahr beigelegt hatte und der von nun an als „Philosoph von Sanssouci" ständig wiederkehrte, in einem für die Zeit typischen, breiten Sinne.

Friedrich II. umgab sich nach wie vor gern mit berühmten Leuten. Sie waren die Zierde seines Throns, verschafften ihm den sonst fehlenden äußeren Glanz. Gleichzeitig befriedigten sie seine Gier nach gelehrter und geistreicher Unterhaltung. Friedrichs Tafelrunde in Sanssouci bestand aus solchen „geistreichen" Leuten. Zu ihr zählten unter anderen der Italiener Francesco Algarotti, der Akademiepräsident Pierre-Louis Morau de Maupertuis, der Marquis Jean-Baptiste d'Argens, Julien Offray de La Mettrie und seit 1750 schließlich auch Voltaire. Sie alle gehörten in das Lager der Aufklärung, auch wenn sie nicht in allen Fragen einer Meinung waren. Der Italiener Algarotti – eine europäische Berühmtheit – wird mitunter lediglich als „liebenswürdiger Plauderer", als „unbeständiger leichter Schmetterling" eingeschätzt. Bezeichnungen solcher Art verkennen den Rang des Italieners, der als Anhänger Isaac Newtons viel getan hat, um im Sinne der Aufklärung wissenschaftliche Kenntnisse allgemeinverständlich zu verbreiten. Sein Hauptwerk „Il Newtonianismo per le dame" diente diesem Ziel. Algarottis Verdienst besteht darin, der französischen Aufklärung den Weg in das politisch zerrissene Italien geebnet zu haben.

Der Materialist und Arzt La Mettrie lebte seit 1748 in Preußen. Hierher war er gekommen, nachdem er, der Ketzerei beschuldigt und von seinen Ärztekollegen mit Intrigen verfolgt, 1746 bereits Frankreich verlassen hatte, um in den Niederlanden eine Zuflucht zu finden. Seine materialistische Weltanschauung, vor allem entwickelt in seinem Hauptwerk „Mensch als Maschine", brachte ihn auch hier in Konflikt mit Andersdenkenden. Er mußte die Niederlande verlassen. Friedrich II. ließ ihn in die preußische Akademie wählen und verschaffte ihm eine Pension. Er zog ihn in seine unmittelbare Nähe, weil er La Mettrie als einen außerordentlich geistreichen und scharfsinnigen Mann schätzte. Er war Friedrichs „Hofnarr", der sich nicht scheute, dem Monarchen in bissiger und sarkastischer Form bittere Wahrheiten zu sagen. Als er 1751 starb, verfaßte Friedrich selbst die Gedächtnisrede für ihn.

Der berühmteste unter Friedrichs Gästen war zweifellos Voltaire, der sich seit 1750 in Preußen aufhielt. Aus den ersten Briefen, die Voltaire von Preußen nach Frankreich sandte, sprach eine geradezu euphorische Stimmung. Nur zu bald aber machte sie einer Ernüchterung Platz.

Friedrich II. brauchte die Männer seiner Tafelrunde aus unterschiedlichen Gründen: Sie befriedigten sein großes Bedürfnis nach

Carl Heinrich Graun. Komponist und erster Hofkapellmeister der Lindenoper. Nach einem Gemälde von A. Möller

Georg Wenzeslaus von Knobelsdorff. Architekt und Maler. Nach einem Gemälde von A. Pesne

François Marie Arouet de Voltaire. Gemälde von M. de la Tour

Julien Offray de La Mettrie. Kupferstich von J. C. G. Fritzsch

Pierre-Louis Moreau de Maupertuis.
Gemälde von R. Tournières

Francesco Graf Algarotti.
Nach einem Pastell von J.-E. Liotard

Nach dem Gemälde einer Kupferstichs von J.D. Schleuen

Geselligkeit und Gedankenaustausch; Voltaire war zudem sein „Grammatiker", und schließlich verschafften sie ihm alle einfach Belustigung. Aus dem Jahre 1752 stammt ein Brief des Monarchen an seinen Bruder August Wilhelm, in dem er die Potsdamer Tafelrunde beschrieb: „... Ich wüßte Dir nichts Neues von hier zu melden, außer daß der Dichter (Voltaire, I. M.) ein Wörterbuch der Verdammten schreibt, daß der Jude (gemeint ist der Marquis d'Argens, I. M.) schläft und an einem schlechten Buche arbeitet, daß der Italiener sich vollfrißt und jedermann bekrittelt, und daß Dein Diener sich auf ihrer aller Kosten belustigt."(24)

Friedrich wurde im Laufe der Jahre immer schwieriger. Jene Züge von Hoffahrt, Arroganz und Taktlosigkeit, die schon beim Kronprinzen aufgefallen waren, verstärkten sich. Er kratzt mit der einen und streichelt mit der anderen Hand, charakterisierte ihn treffend Voltaire. Dieses Urteil stammt noch aus der Zeit vollen Einvernehmens zwischen beiden. Etwas später fand Voltaire weit bitterere Worte. An seine Nichte Luise Denis schrieb er bereits im Winter des Jahres 1750: „Gott gebe, daß unser hoher Abt sich nur über uns lustig macht!"(25) Doch auch das ertrug sich schwer genug. Mit seiner Spottsucht und Bosheit konnte er die Betroffenen bis aufs Blut peinigen. Nur La Mettrie – der mit gleicher Münze zurückzahlte – schien gegen sie gefeit.

Über all dem darf man jedoch nicht verkennen, daß Friedrich II. in diesem Kreis von Aufklärern viele geistige Anregungen fand. Die hier versammelten Männer standen im Gegensatz zum Rationalismus Wolffscher Prägung, der an der Akademie vorherrschte, auf sensualistischen Positionen. In der Tafelrunde ging es frei her. Als Kronprinz hatte Friedrich den Atheismus noch verdammt, nun beherbergte er, wenn auch nicht Atheisten, so doch Deisten. Er selbst bezeichnete sich jetzt als „heidnisch" und fand, daß die Welt, von Gott einmal eingerichtet, sich nach eigenen Gesetzen bewege. Weltanschaulich hatte die Tafelrunde viele Berliner Aufklärer „überrundet". Friedrichs Deismus kam seinem Hang zu geistreicher Spöttelei entgegen. Er ließ, wie Lessing treffend bemerkte, „Sotissen" gegen die Religion zu Markte tragen. Doch das allein war es nicht: Vernunft und geistige Regsamkeit brachten ihn einfach in ein distanziertes Verhältnis zur überlieferten christlichen Religion. Das kam beispielsweise in der Tatsache zum Ausdruck, daß er zusammen mit La Mettrie damals die Kirchengeschichte des Kardinals Claude Fleury las und sich weidlich über sie lustig machte. Er verfertigte einen Auszug aus dieser Kirchengeschichte, die er später, 1766, auch mit einem Vorwort veröffentlichte. In ihm rechnete er mit der christlichen Überlieferung ab. Christus betrachtete er als Menschensohn. Erst die Kirche hatte nach seiner Meinung zu ihrer eigenen Befestigung das Dogma vom Gottessohn geschaffen. Was wunder, daß sich Friedrich II. gegen kirchliche Dogmen wandte und ein Bekenntnis zur Reformation und für Luther ablegte: Nicht weil er sich als Lutheraner fühlte, sondern weil „der menschliche Geist ihrem Wirken einen guten Teil seiner Fortschritte dankt."(26) So weit, so gut! Friedrichs Vorwort, das wie der gesamte Druck 1770 vom Papst auf den Index gesetzt wurde, verrät – obwohl es viel Richtiges enthält – den königlichen Verfasser und Höfling. Christus war für ihn nicht nur ein Menschensohn, sondern ein „Jude aus der Hefe des Volkes, von zweifelhafter Herkunft, der in die Abgeschmacktheiten der alten hebräischen Weissagungen gute Morallehren flicht".(27) Und Luther erleuchtete zwar den menschlichen Verstand, aber als ein „roher Schriftsteller" eines noch wenig aufgeklärten Volkes.

Friedrichs Deismus, seine Haltung zur Kirche war durchtränkt vom Hochmut des intellektuellen Höflings, er war sein „Luxus"; denn an der Möglichkeit einer Volksaufklärung zweifelte er. Nicht, daß er sich ein Volk ohne Kirche und Religion nicht vorstellen konnte oder nicht für regierbar hielt. Das Volk sah er einfach als dumm, leichtfertig und abergläubisch an. Alle Mühen der Philosophen, es aufzuklären, hielt er für verschwendet. In dieser Frage schied sich der aufgeklärte Höfling von den meisten wirklichen Aufklärern. Deren Optimismus und Fortschrittsglauben setzte er den Pessimismus des Vertreters einer im Niedergang befindlichen Ordnung entgegen. Die Menschen zu Philosophen – also aufgeklärt – zu machen schien ihm unmöglich. Man lasse der Welt ihren Lauf, so resümierte er, und begnügte sich damit, selbst frei zu denken.

Im Jahre 1751 kam es zum Bruch zwischen Friedrich II. und seinem berühmten Gast Voltaire. Noch im September 1750 hatte dieser an Claude Etienne Darget geschrieben: „Ich will es nur noch mit Friedrich dem Großen halten",(28) im November des gleichen Jahres aber formulierte er im Anschluß an eine Beschreibung Potsdams schon seine vielen „aber".

Mißhelligkeiten und Eifersüchteleien unter den Männern der Tafelrunde vergällten Voltaire das Leben. Maupertuis mißgönnte ihm seine angeblich bevorzugte Stellung. Als ihm La Mettrie, sicher ehrlichen Herzens, einen durchaus glaubwürdigen Ausspruch des

Königs hinterbrachte, war es um Voltaires Ruhe geschehen. „Man preßt die Orange aus und wirft sie dann weg", soll Friedrich mit Bezug auf Voltaire gesagt haben. Der Dichter riet seiner Nichte ab, nach Preußen zu kommen. Den endgültigen Bruch führte eine Auseinandersetzung zwischen Maupertuis und dem holländischen Mathematiker Johann Samuel König herbei. Unter dem Titel „Lettres" hatte Maupertuis ein Werk veröffentlicht, das zahlreiche wissenschaftliche Hypothesen enthielt. Noch vor der Drucklegung muß Voltaire es durch eine Indiskretion des Verlegers in Händen gehabt haben. Er machte sich zusammen mit Friedrich II. weidlich lustig über Maupertuis. Als König, der gleichfalls Mitglied der preußischen Akademie war, jedoch nachwies, daß das physikalische Gesetz des Prinzips der kleinsten Aktion, über das Maupertuis schrieb und das er entdeckt haben wollte, bereits von Leibniz formuliert worden war, da spitzte sich die Angelegenheit zu. Sehr verärgert über den Akademiepräsidenten, der die gelehrte Einrichtung auf seine Seite zu ziehen vermochte, erklärte der Mathematiker seinen Austritt aus der Akademie und Voltaire griff ein. Er stellte sich auf Königs Seite und verfaßte eine anonyme Flugschrift. Eine europäische Einheitsfront entstand gegen Maupertuis und die dauernde Bevormundung der Akademie durch den Monarchen. Friedrich sah sich nun selbst bemüßigt, in den Ring zu steigen. Zur Verteidigung seines Akademiepräsidenten schrieb er den „Brief eines Akademikers in Berlin an einen Akademiker in Paris". Die Motive seiner Schrift waren eindeutig. Das Ansehen der preußischen Akademie sollte verteidigt, sein Präsident vom Vorwurf, diese gelehrte Einrichtung mit despotischen Mitteln zu leiten, gereinigt werden. Friedrichs Absicht ging nicht auf. Er erreichte das Gegenteil. Ein Hamburger Rezensent weigerte sich sogar, die Lobsprüche auf Maupertuis wiederzugeben, da es auf eine Beleidigung des Akademiepräsidenten und der übrigen Akademiemitglieder hinausliefe, wenn genau gesagt würde, „zu was für armseligen Creaturen der Verfasser sie in seiner Lobschrift machen will, indem nimmermehr Pythagoras sich so einer pedantischen Souveränität über seine Schüler kann angemasset haben, als hier dem Hrn. von Maupertuis über seine Akademisten zugeschrieben wird."(29) In der Auseinandersetzung ging es schon nicht mehr nur um den Ausschluß des Holländers aus der Akademie, sondern um die zweifelhaften Leitungsmethoden des Preußenkönigs und des Akademiepräsidenten.

Mit bitterer Ironie schilderte man in einer Hamburger Zeitschrift, auf welche Weise in der Akademie Abstimmungen vorgenommen würden. „Auf ein N'est-cepas, Messieurs" folge eine tiefe Reverenz der ganzen Versammlung. „So werden allemal die Stimmen gesammelt."(30) Voltaire gab nicht Ruhe. Er verfaßte eine seiner bissigsten Satiren, die „Diatribi des Doktor Akakia". Der aufgeklärte Friedrich ließ sie öffentlich verbrennen. Anhänger Voltaires in Berlin, darunter der Publizist Christlob Mylius, verteidigten ihn. Mylius verfaßte Bänkelgesänge. Einer von ihnen, die „Jämmerliche Mordgeschichte", enthielt folgende Schlußzeilen:

Alsbald die Schrift zum g'meinen Schreck
Verbrennt und stinckt wie Teufels-Treck
Und praßelt, daß es Krachet.
Dran spiegelt euch ihr lieben Leut
In dieser letzten und bösen Zeit
Sonst kosts euch Wamß und Hosen
Geht klüglich um mit Spott und Hohn
Schimpft GOtt und die Religion
Nur schonet der Frantzosen.(31)

Unter diesen Bedingungen konnte Voltaire nicht länger in Preußen bleiben. Er verließ unter dramatischen Umständen das Land und kehrte nach Frankreich zurück.

Des Lebens in Sanssouci überdrüssig, hatten Friedrich II. einige seiner „Freunde" schon vorher verlassen. Mehr und mehr verbitterte der Preußenkönig. „Vereinsamt unter den Lebenden und allein bekannt im Verkehr mit den Toten", so charakterisierte er selbst seine Lage im Jahre 1752. Friedrich entwickelte Züge jenes kargen, menschenfeindlichen und einsamen alten Königs, dem Verehrer und Apologeten zu Unrecht den familiären Beinamen „der alte Fritz" gaben.

Der Siebenjährige Krieg (1756–1763)

Am Vorabend eines neuen Krieges

Seit dem Beginn der fünfziger Jahre verstärkte Friedrich II. seine Kriegsvorbereitungen. Er war, wie er 1758 seinem Vorleser Catt erzählte, schon sechs Jahre vor Ausbruch des Krieges „unruhig". In der Tat hatte sich damals viel Zündstoff angesammelt: Zwischen England und Frankreich spitzten sich die Beziehungen zu. Die Auseinandersetzungen französischer und englischer Siedler im amerikanischen Ohiotal lösten Konflikte aus, die im Kampf der beiden Mächte um einen größeren Anteil am Kolonialbesitz endeten. Am 17. Mai 1755 erklärte das hart attackierte Frankreich, dessen Flotte ständig von englischen Kaperschiffen angegriffen wurde, England offiziell den Krieg.

Schon vor diesem Zeitpunkt war den meisten europäischen Machthabern klar, daß Europa zum Hauptkampffeld werden würde; denn England war in Europa leichter verwundbar als in Übersee. Das mit England in Personalunion befindliche Hannover stand jederzeit dem Einfall französischer und anderer feindlicher Truppen offen. Jeder militärische Konflikt zwischen England und Frankreich barg daher die Gefahr in sich, auch das monströse Staatsgebilde des Reiches zu erfassen, das durch den fortdauernden Gegensatz zwischen Habsburgern und Hohenzollern ohnehin nur für kurze Zeit „befriedet" war.

Friedrich sah die Gefahr heraufziehen und stellte sich auf sie ein. Es ging ihm um möglichst günstige Positionen in der erwarteten militärischen Auseinandersetzung. Daß sich Österreich in den Konflikt zwischen England und Frankreich einmischen und Brandenburg-Preußen das eroberte Schlesien wieder streitig machen würde, schien ihm unausbleiblich. Dazu hatte er die Bemühungen Maria Theresias um eine Stabilisierung ihrer Finanzen und eine Reform ihres Staatsapparates zu genau beobachtet. Auch war er durch

Spione mehr oder weniger gut über die geheimen Absichten seiner Gegnerin informiert. Andererseits: Wer schloß aus, daß der erwartete Krieg nicht Möglichkeiten bot, die im „Politischen Testament" von 1752 skizzierten „chimärischen Träume" schrittweise der Verwirklichung näher zu bringen? Friedrich II. leugnete später jede Eroberungsabsicht. Viele bürgerliche Historiker – nicht alle – folgten ihm darin. Unter Berufung auf die Schriften des Königs bezeichneten sie den Siebenjährigen Krieg als einen „Verteidigungskampf". Nun sind dessen Werke in diesem Fall nicht das allerbeste Zeugnis. Jahre später, als der Monarch die „Geschichte des Siebenjährigen Krieges" schrieb, tat er dies mit dem ausdrücklichen Ziel, der Nachwelt zu beweisen, daß die Vermeidung des Krieges nicht von ihm abhing.(1) Der Vorwurf der Aggression ließ ihn nicht mehr kalt. Erst recht verwahrte er sich gegen Eroberungsabsichten. Den schwarzen Peter spielte er den Habsburgern zu. Sie hätten ihm – was ja stimmte – Schlesien wieder entreißen wollen, während er die neue Provinz nur verteidigte. Über seine „chimärischen Träume" ließ er in der für die Öffentlichkeit bestimmten „Geschichte des Siebenjährigen Krieges" nichts verlauten. Sie hielt er geheim; über sie unterrichtete er nur seine Nachfolger. Indes beweist der Verlauf des Krieges, wie noch zu zeigen sein wird, daß der Preußenkönig nicht nur Schlesien behaupten wollte, sondern selbst dann noch um territoriale Gewinne kämpfte, als ihm das Kriegsglück schon nicht mehr hold war.

Die Kriegsvorbereitungen Friedrichs II. galten zunächst und in erster Linie dem Militär. Er baute sein Heer in der Friedensperiode geringfügig aus, indem er die Zahl der Überkompletten pro Regiment auf das Doppelte erhöhte. Diese sogenannten Überkompletten waren in den Kantons erfaßte Männer, die zu den jährlichen Exerzierübungen einberufen wurden und die Regimenter im Bedarfsfalle zu ergänzen hatten. Eine einschneidende Vergrößerung der Armee ließ sich so allerdings nicht erreichen. Für sie gab es keine finanziellen Voraussetzungen. Das Land hatte die Grenze seiner Leistungsfähigkeit erreicht. Was deshalb schwerer wog, war die Tatsache, daß der König durch Auswertung der Kriegserfahrungen die Schlagkraft seiner Armee, ihre taktische Manövrierfähigkeit zu erhöhen trachtete. Der tagtägliche Drill der Soldaten zielte vor allem auf eine größere Schnelligkeit bei der Ausführung taktischer Manöver. Dem königlichen Oberbefehlshaber ging es unter anderem darum, seine Truppen im Falle einer Schlacht aus der Marschkolonne mit überraschender Geschwindigkeit in die lineare Ordnung zu versetzen.

Unmittelbar nach dem zweiten Schlesischen Krieg begann Friedrich II., die „Generalprinzipien des Krieges" auszuarbeiten. Die in französischer Sprache abgefaßte Schrift übergab er im Januar 1753, nach vorhergehender Übertragung ins Deutsche, als streng geheime Sache seinen Generalen. In den „Generalprinzipien des Krieges" waren – unbeabsichtigt – entlarvende Aussagen über den Charakter der preußischen Armee mit weiterführenden Gedanken über die „Kriegskunst" der damaligen Zeit vermischt. Die Darlegungen kulminierten in der Beschreibung der „preußischen" Taktik: „Der Zweck aller dieser Manöver ist, bei jeder Gelegenheit Zeit zu gewinnen und daraus Nutzen zu ziehen, sei es, um aus dem Lager zu rücken oder sich *geschwinder* als der Feind zu formieren, oder auch, um sich *rasch* und ohne jede Verwirrung in die gewöhnliche oder schräge Schlachtordnung zu stellen, oder auch, um *schneller* Terrain zu gewinnen und die Schlacht *eher* zur Entscheidung zu bringen, als es bisher Brauch war ... Das ganze System beruht also auf der *Schnelligkeit* der Bewegungen und auf der Notwendigkeit des Angriffs."(2) (Hervorhebungen von mir, I. M.). In diesem Sinne wurde die preußische Armee in Friedenszeiten gedrillt. Sie war vor Ausbruch des Krieges eine durch absolute Subordination und Kadavergehorsam disziplinierte, durch grausame Strafen zusammengehaltene, gut geschulte und schnell handelnde Streitmacht. Hieß es zu Friedrich Wilhelms Zeiten noch, „die Preußen schießen nicht so schnell", so verfügten dieselben Preußen nun über die „schnellste" Armee in Europa; schnell im Angriff, schnell bei der Ausführung taktischer Manöver und schnell beim Feuern. Neben der Schulung der Armee unternahm der König Anstrengungen, sie materiell für kommende Kriegszeiten abzusichern. Mit deutlichem Stolz schätzte er ein: „Dank diesen im voraus getroffenen Maßnahmen war alles bereit für den Krieg, den man vorhersah und der auch nicht mehr fern schien."(3)

Daß sich der Preußenkönig auch finanziell auf den Krieg einstellte und von den jährlichen Steuereinnahmen eine Summe von 2,3 Millionen Talern in den Staatsschatz abführte, wurde im Zusammenhang mit dem „Politischen Testament" bereits erwähnt. Seine Finanzsorgen waren dennoch so groß, daß der aufgeklärte Friedrich im Jahre 1753 von der „Krankheit" vieler Potentaten befallen wurde und sich im Goldmachen versuchte. Von seinem Faktotum

Fredersdorff überredet, schloß er – halb widerwillig und vom Miß-
erfolg überzeugt, halb begierig und auf große Gewinne hoffend –
mit der Goldmacherin Notnagel einen Vertrag ab. Die Sache war
ihm so ernst, daß er Vorbereitungen traf, um bei einem eventuellen
Erfolg der Notnagel das künstliche Gold getrennt von anderen
Posten in der staatlichen Münze – allerdings ohne vorherige Infor-
mation der Fachleute – prüfen zu lassen. Im November 1753 stellte
er Berechnungen an. Was sein Land nicht mehr hergab, sollte ihm
die Kunst der Alchemisten verschaffen. Mit Hilfe des künstlichen
Goldes wollte er beträchtliche Heeresvermehrungen durchführen.
Für insgesamt mehr als 1 Million Taler beabsichtigte er, die Armee
um 17 100 Mann zu vergrößern. Ganz geheuer war ihm dabei jedoch nicht. An Fredersdorff, dem er die Aufstellung schickte,
schrieb er: „ich habe von Meiner jugent an schweigen gelernt, und
werde gewisse nicht von einer Sache Sprechen, die, Wann sie Wahr
ist, Mihr Schahden thuen könte, wenn man sie wüste, oder, wenn sie
nicht wahr ist, mihr ridicul vor der gantzen Welt machen würde.
gottbewahrdihr!"(4) Tatsächlich erfuhr außer Fredersdorff niemand
von dem Experiment, und so machte sich der König nicht vor der
ganzen Welt lächerlich, als es wie andere dieser Art mißlang. Da
sich kein Gold machen ließ, war der König weiter auf die üblichen
Finanzquellen fürstlicher Machthaber angewiesen, auf die vom Volk,
von Bauern und Bürgern, erpreßten Steuereinnahmen.

Die militärischen und finanziellen Kriegsvorbereitungen Friedrichs II. wurden durch diplomatische ergänzt. Das Kräfteverhältnis
in Europa aufmerksam beobachtend, trug er Vorkehrungen, um bei
der erwarteten Auseinandersetzung nicht allein, ohne Bundesgenossen dazustehen. Der Preußenkönig hatte bemerkt, daß sich
Österreich dem ehemaligen „Erbfeind" Frankreich anzunähern begann. Brandenburg-Preußens Vertrag mit Frankreich lief im Jahre
1756 aus. Was sollte geschehen, wenn sich dieser Staat wegen seiner
Annäherung an die Habsburger nicht zu einer Erneuerung des
Bündnisses versah? Eine diplomatische Isolierung befürchtend,
sondierte der König nun seinerseits in England. Zu diesem Schritt
bewog ihn unter anderem die Hoffnung, damit auch Rußland auf
seine Seite zu ziehen; denn Rußland war durch Subsidien an England gebunden. Ergebnis der Verhandlungen zwischen Preußen und
England war am 16. Januar 1756 die Unterzeichnung der West-
minster-Konvention, in der sich die Vertragspartner die territoriale
Integrität ihrer Länder garantierten und Hannover in der kommen-

den kriegerischen Auseinandersetzung für neutral erklärten. Im Februar schien Friedrich deshalb hoffnungsvoll. Er glaubte, wenigstens das Jahr 1757 „gewonnen" zu haben, „was dringend nötig ist, um noch einige notwendige und unerläßliche Maßnahmen zu vollenden, ohne die der Staat allzu gefährdet wäre."(5) Aber er irrte sich. Der Abschluß der Konvention erregte Aufsehen an den europäischen Höfen. Er veranlaßte Österreich und Frankreich ihrerseits, die Bündnisverhandlungen zu beschleunigen. Am 1. Mai 1756 schlossen sie einen Neutralitäts- und Verteidigungsvertrag miteinander ab. Frankreich verpflichtete sich, weder die österreichischen Niederlande noch ein anderes unter österreichischer Herrschaft befindliches Gebiet anzugreifen. Im Falle eines preußischen oder türkischen Überfalls auf die habsburgische Monarchie sicherte die französische Regierung militärische Hilfe zu. Dafür versprach Österreich, im Krieg zwischen England und Frankreich neutral zu bleiben. In einem Geheimartikel hob Frankreich seine Garantie für den preußischen Besitz Schlesiens wieder auf. Gleichzeitig erreichte die österreichische Diplomatie auch am Hofe der Zarin einen Erfolg. Der so entstandenen Koalition zwischen Frankreich, Österreich und Rußland schlossen sich bald auch Schweden und Sachsen an. Ihr gegenüber stand das von England unterstützte Preußen, das sich durch seine bisherige aggressive Politik, seinen häufigen Bündniswechsel und die zwar geheim gehaltenen, aber immer vermuteten Pläne zur Zerstückelung und Aneignung fremder Territorien selbst isoliert hatte.

Im Sommer 1756 waren die Kriegsvorbereitungen auf beiden Seiten in vollem Gange. Über seine Spione brachte Friedrich II. in Erfahrung, daß der Wiener Hof seine Rüstungen noch nicht beendet und Rußland um eine Verschiebung des Angriffs auf das Jahr 1757 gebeten hatte, wogegen von russischer Seite jedoch Einwände bestanden. Schon im Juli war der Preußenkönig daher bereit, seinem noch nicht völlig gerüsteten Gegner zuvorzukommen und zu einem Präventivschlag auszuholen. Der Entwurf eines „Manifestes gegen Österreich" aus der Feder des Preußenkönigs enthielt bezeichnenderweise schon damals die Rechtfertigung seiner späteren Handlungsweise: „Der Angreifer ist aber nicht der, der den ersten Schuß tut, sondern der, der den Plan faßt, seinen Nachbarn anzugreifen, und dies offen durch seine drohende Haltung kundgibt."(6) In Wien hatte man ein solches Verhalten Friedrichs vorausgesehen und geradezu provoziert. Truppenkonzentrationen von österreichischer Seite in Böhmen und Mähren veranlaßten den Preußenkönig beispielsweise zu diplomatischen Anfragen an die österreichische Regierung. Deren Antwort war absichtlich dunkel und unbestimmt. Man wollte den König zwingen, „sich entweder mit seinen Rüstungen und Augmentationen bei langsamem Feuer zu verzehren oder, um das zu vermeiden, sich zu übereilten Entschlüssen hinreißen zu lassen."(7) Die Berechnungen des Wiener Hofes gingen auf. Gegen den Willen seines Außenministers, der wiederholt warnte, entschloß sich Friedrich, das „Prävenire zu spielen". Seinem Bruder August Wilhelm teilte er am 26. August 1756 mit, nunmehr mit dem Schwert den gordischen Knoten zerschlagen zu wollen. Schon damals schrieb er im Ton der Rechtfertigung vor sich und der Mitwelt: „Ich bin unschuldig an diesem Kriege. Ich tat, was ich konnte, um ihn zu vermeiden."(8) *Diesen* Krieg, der unter so ungünstigen Konstellationen für ihn begann, hätte der Monarch sicher gern vermieden, nicht aber einen Krieg überhaupt; hatte er doch im Februar des gleichen Jahres, als er noch hoffte, das „Jahr 1757 zu gewinnen", August Wilhelm mitgeteilt: „Danach muß man sehen, ob die Konjunkturen uns günstig oder entgegen sind; denn sie geben den Ausschlag."(9) Bei günstigen Konjunkturen paßte ein Krieg immer ins politische Konzept des Königs.

Die Annexion Sachsens

Am 29. August 1756 fielen preußische Truppen in einer Stärke von über 61 000 Mann in Sachsen ein. Damit begann der Siebenjährige Krieg. Er war wie der vorausgegangene Österreichische Erbfolgekrieg ein auf beiden Seiten ungerechter. England und Frankreich führten ihn um die Beherrschung der nordamerikanischen Kolonien, Preußen und Österreich um die politische und wirtschaftliche Vormachtstellung im Reich. Beide Seiten verfolgten aggressive Ziele. Friedrich II. hätte unter günstigen Voraussetzungen gern das wirtschaftlich blühende Sachsen seinem Staat einverleibt. Doch ließ sich Sachsen, wie er meinte, nur im Krieg gegen die Österreicher erobern. Deshalb paßte eine erneute militärische Auseinandersetzung mit der habsburgischen Monarchie ins politische Kalkül des Königs. Nur der Zeitpunkt schien ihm ungünstig.

Österreich dagegen wollte nicht nur Schlesien zurückgewinnen;

dem Wiener Hof ging es um eine entscheidende Schwächung des preußischen Konkurrenten. Ein österreichischer Plan sah die Zerstückelung der preußischen Monarchie und ihre Reduzierung auf das Territorium der Mark Brandenburg vor. Nach diesem Plan sollte Pommern an Schweden, Magdeburg an Kursachsen, Kleve-Mark an die Kurpfalz und Preußen an Polen abgetreten werden. Zwar erstrebte die österreichische Regierung vorerst keine unmittelbaren territorialen Gewinne für sich selbst, doch wuchs im Verlaufe des Krieges ihr Appetit. 1757 erhob sie bereits Ansprüche auf einen Teil der zu Kursachsen gehörenden Lausitz, wofür Sachsen als Entschädigung außer Magdeburg noch Halberstadt und den Saalekreis erhalten sollte.

In Rußland, wo man im März 1756, noch vor dem Einfall preußischer Truppen in Sachsen, einen geheimen Kriegsrat gebildet hatte, der die Kriegsvorbereitungen koordinierte und die Mobilmachung verfügte, bestanden Pläne für eine Neuordnung Ost- und Mitteleuropas. Aggressive Absichten von seiten Brandenburg-Preußens befürchtend, verlangte der Rat eine entscheidende Schwächung der Monarchie. Wie der österreichische Plan sah auch der russische vor, Preußen an Polen abzutreten, um dafür selbst – in Fortsetzung der schon während des Nordischen Krieges verfolgten Politik – von Polen Kurland und Semgallen zu erhalten.

Der Überfall auf Sachsen war für Brandenburg-Preußen von großer militärischer Bedeutung. Durch seine Besetzung erhielt die Armee eine günstige Operationsbasis gegen Böhmen. Zunächst stießen die preußischen Truppen, die in drei Kolonnen vorrückten, auf keinen Widerstand. Das 19 000 Mann starke sächsische Heer zog sich in den Raum von Pirna zurück. Am 9. September erreichten preußische Heeresteile Dresden. Bis Mitte des Monats besetzten sie das ganze Land. In ultimativer Form forderte Friedrich II. die sächsische Regierung zum Anschluß an Preußen auf. Deren Weigerung beantwortete er mit der Belagerung der sächsischen Streitmacht bei Pirna.

Österreich, das einen preußischen Angriff von Schlesien her erwartet und damit begonnen hatte, Truppen in Ostböhmen zusammenzuziehen, versuchte, die schwierige Lage der Sachsen durch einen Vorstoß entlang der Elbe zu erleichtern. In der Schlacht bei Lobositz stießen am 1. Oktober 1756 preußische und österreichische Streitkräfte aufeinander. Den Preußen gelang es nicht, das österreichische Heer entscheidend zu schlagen.

Die Lage der eingeschlossenen sächsischen Truppen verschlechterte sich. Im Gegensatz zum Hof, dem täglich ein Proviantzug zugeleitet wurde, erhielten die Truppen keine Verpflegung. Sie lagerten zum größten Teil auf freiem Feld. Ihr Oberbefehlshaber kapitulierte daher am 16. Oktober, als keine Hoffnung auf Entsatz mehr bestand.

Mit der Ausschaltung des sächsischen Heeres hatte Friedrich II. einen beträchtlichen militärischen Erfolg erzielt. In einem selbst für die damalige Zeit beispiellosen Gewaltakt zwang er die sächsischen Mannschaften in die preußische Armee. Trotz angedrohter Strafen verweigerten einige Regimenter den Treueid auf den preußischen König. Man hungerte sie solange aus, bis sie nachgaben. Auf diese Weise gelang es, die preußische Streitmacht um über 17 000 Mann zu verstärken. Der Gewinn war jedoch ein höchst unsicherer, bei der ersten sich bietenden Gelegenheit desertierten viele der in den preußischen Dienst gepreßten sächsischen Soldaten.

Auf Sachsen lastete von nun an der Druck der preußischen Militärmaschinerie. Für die systematische Aussaugung des Landes wurde schon im September 1756 in Torgau ein „Feldkriegsdirektorium in den besetzten sächsischen Landen" gegründet. Es hatte während der Kriegszeit Anordnungen in Finanzangelegenheiten zu treffen. Diesem ersten Akt zur Ausschaltung der sächsischen Regierung folgten bald weitere. Unmittelbar nach der Besetzung Dresdens ließ der König nicht nur das Zeughaus und die kurfürstlichen Kassen für sich ausräumen, er setzte auch die Landeskollegien außer Tätigkeit und hob das Münzdepartement auf. Befehle und Direktiven zur Verwaltung Sachsens gingen nur noch von ihm aus. Den protestierenden Landständen erklärte er, nun selbst der Herr zu sein. Friedrich II. behandelte Sachsen wie ein erobertes Land. Er legte dessen Bevölkerung Lasten auf, wie sie selbst die preußische nicht zu tragen hatte. Unmittelbar nach Besetzung Sachsens waren 9075 Rekruten zu stellen. Blieb ein Ort mit der veranschlagten Rekrutenzahl im Rückstand, drangen preußische Kommandos ein, um jeden aufzugreifen, der ihnen für den Kriegsdienst tauglich schien. In Dresden gelang es kaum, die Kreuzschüler vor dem Militär zu bewahren.

Mit der Aushebung von Soldaten ging die finanzielle Ausnutzung des Landes einher. Nach Friedrichs Berechnung sollten sich die Kosten für einen Feldzug auf 5 Millionen belaufen. Diese Summe erwartete er von nun an aus den sächsischen Steuereinnahmen. Gleichzeitig ließ er die Münzen in Leipzig und Dresden besetzen. Bald gab er Anweisung, unter Verschlechterung des Edelmetallgehaltes mit der Ausprägung sächsischer Münzen fortzufahren. Vollwertige Münzen wanderten in die Prägestätten, von wo aus sie, umgeschmolzen und mit geringerem Silbergehalt, wieder in Umlauf gebracht wurden. Der preußische König deckte auf diese Weise einen erheblichen Teil seiner Kriegskosten. Da sich der sächsische Unternehmer der Münzstätten zu solchen betrügerischen Manipulationen nicht bereit erklärte, sah sich der König in Preußen nach geeigneten Pächtern um. Er vergab die Leipziger Münze an die Firma Ephraim & Söhne, die ihm lt. Vertrag dafür einen enorm hohen Schlagschatz zu garantieren hatte. Insgesamt nahm Friedrich II. etwa 25 Millionen Taler auf diese Weise ein. Das war immerhin mehr als ein Siebentel seiner Kriegskosten. Für die Wirtschaft nicht nur Sachsens, sondern auch Preußens sollten diese Maßnahmen schwerwiegende Folgen haben. Es kam zu einer Inflation, die sich bereits im Winter 1756/57 durch eine Erhöhung der Lebensmittelpreise bemerkbar machte und im weiteren Verlauf der Kriegsjahre noch verschärfte.

Von Kolin bis Leuthen. Das Jahr 1757

Trotz seines militärischen Anfangserfolges befand sich Friedrich II. gegen Jahresende in trüber Stimmung. Das erste Kriegsjahr hatte keine Entscheidung gebracht. Die preußischen Angelegenheiten lagen, nach des Königs Ansicht, in „einem kritischen Stadium". Zwar hoffte er anfangs noch auf die Neutralität Rußlands und Frankreichs, doch im Januar wußte er bereits, daß sein Wunsch vergebens war. Tatsächlich: Am 1. Mai 1757 verwandelten Österreich und Frankreich ihr Defensiv- in ein Offensivbündnis. Frankreich sicherte den Habsburgern zu, aktiv in die Kampfhandlungen einzugreifen,und erklärte sich auch mit dem österreichischen Plan einer Aufteilung Preußens einverstanden. Im Falle einer erfolgreichen Durchführung dieses Planes – aber nur dann – sollte Frankreich mit den österreichischen Niederlanden abgefunden werden. Am 19. Mai einigten sich dann auch Rußland und Österreich über ein gemeinsames militärisches Vorgehen. Bereits früher, Ende Januar, hatten auf Betreiben Kaiser Franz' I. auch die Reichsstände Preußen den Krieg erklärt. Dem Angreifer Preußen stand damit eine drohende und mächtige Koalition gegenüber. Von vier Seiten mußte der Preußenkönig

Angriffe erwarten. In dieser Situation entschloß er sich, seine Kräfte massiert gegen Österreich einzusetzen, die österreichische Streitmacht in Böhmen zu schlagen, noch ehe die anderen Mächte auf dem Kriegsschauplatz erschienen waren. 110 000 Mann standen in Sachsen und Schlesien zum Einfall in Böhmen bereit. Als die Preußen vom 18. bis 22. April mit vier Heeresgruppen in Böhmen eindrangen, hoffte der König auf einen schnellen, alles entscheidenden Sieg. Der Verlauf des Feldzuges schien seinen Erwartungen zunächst zu entsprechen. Ziel des preußischen Vormarsches war Prag, wo unweit der Stadt am 6. Mai die erste blutige Schlacht des Jahres 1757 geschlagen wurde. Zwar erzielten die Preußen einen Erfolg; es gelang ihnen aber nicht, Prag einzunehmen. Schon damals stellte sich dem König die Lage als sehr ernst dar. Seinem Bruder August Wilhelm gegenüber sprach er von einer „Krisis". Die Situation Preußens verschlechterte sich zusehends, als noch während der Belagerung Prags eine andere österreichische Heeresgruppe unter Feldmarschall Graf Leopold Joseph Maria von Daun am 18. Juni bei Kolin einen Sieg über Friedrich II. und einen Teil seiner Truppen errang, mit denen der Monarch – geschlagen – nach Prag zurückkehrte. Von depressiven Stimmungen niedergeworfen, wünschte er sich wie früher in ähnlichen Situationen den Tod. Einem seiner drei Brüder, dem 1723 geborenen Prinzen Heinrich, gab er den Befehl zum Abbruch der Belagerung. Die preußische Armee räumte große Teile Böhmens. Der Plan des Königs, einen kriegsentscheidenden schnellen Erfolg zu erzielen, war gescheitert; damit aber auch die Hoffnung, die österreichischen Koalitionspartner noch vor ihrem Eingreifen in die Kampfhandlungen zur Aufgabe zu bewegen. Friedrich II. bezog ein Lager bei Leitmeritz. Mit den hier versammelten 34 000 Mann wollte er den Österreichern den Weg nach Sachsen versperren. Wie er seine Lage zu diesem Zeitpunkt einschätzte, zeigt ein Brief an seine Schwester Wilhelmine: „Die Franzosen haben soeben Friesland besetzt und werden die Weser überschreiten. Sie haben die Schweden aufgestachelt, mir den Krieg zu erklären, diese lassen 17 000 Mann nach Pommern marschieren. Die Russen belagern Memel. Lehwaldt hat sie im Rücken und in der Flanke. Auch die Reichstruppen werden sich in Marsch setzen. Das alles wird mich dazu zwingen, Böhmen zu räumen, sobald so viele Feinde über mich herfallen." (10)

Der Preußenkönig reagierte in diesen Tagen auf das Versagen anderer schroff und hart. Das bekam selbst sein Bruder, der Thronfolger August Wilhelm, zu spüren, der am 1. Juli den Oberbefehl über ein bei Jung-Bunzlau befindliches Armeekorps erhielt, das den Auftrag hatte, sich in Böhmen so lange wie möglich zu behaupten und sich den Rückzug nach Leitmeritz, wo sich der König befand, oder nach Schlesien offenzuhalten. Schon bald wurde August Wilhelm durch den Mangel an Lebensmitteln und Fourage und die unaufhörlichen Angriffe der Österreicher gezwungen, den Rückmarsch anzutreten. Zu langes Zögern und ein Warten auf die Befehle des Königs waren die Gründe dafür, daß den Österreichern wichtige Positionen in die Hände fielen und die preußische Armee von bedeutenden Magazinen abgeschnitten wurde. Schon während des Rückzuges begleiteten den Kronprinzen die Drohbriefe seines Bruders. „Du läßt mich das Vertrauen, das ich Dir schenkte, recht teuer bezahlen." „Du machst alles verkehrt..." „Wenn ich tot bin, mache soviel Dummheiten wie Du willst, sie kommen dann auf Dein Konto; aber solange ich lebe, sollst Du keine mehr machen, die den Staat schädigen". (11) So und ähnlich schrieb Friedrich und verunsicherte seinen mit militärischen Talenten nicht gerade gesegneten Bruder noch mehr. Als sich die Truppen des Königs und des Thronfolgers Ende Juli dann wieder in Bautzen vereinten, behandelte Friedrich II. seinen Nachfolger in aller Öffentlichkeit wie eine Null. Während er die Generale abkanzelte, ignorierte er ihn völlig. Nach feudalen Wert- und Moralvorstellungen hatte August Wilhelm jede „Ehre und Reputation" verloren. Er gab das Kommando ab. Prinz Heinrich, der es übernehmen sollte, weigerte sich aus Solidarität mit ihm, wie denn überhaupt die entehrende Behandlung des Kronprinzen eine Scheidewand zwischen dem Monarchen und Heinrich errichtete, die sich zeitlebens nicht mehr einreißen ließ. Für seinen gescheiterten böhmischen Feldzug hatte Friedrich nun einen Sündenbock gefunden. Am 30. Juli schrieb er an August Wilhelm: „Durch Dein schlechtes Benehmen hast Du meine Angelegenheiten in eine verzweifelte Lage gebracht. Nicht meine Feinde richten mich zu Grunde, sondern Deine schlechten Maßnahmen. Meine Generale sind unentschuldbar; sie haben Dich entweder schlecht beraten oder Deine schlechten Entschlüsse zugelassen... Mir bleibt in dieser traurigen Lage nichts übrig, als ganz verzweifelte Entschlüsse zu fassen. Ich werde kämpfen, und wir werden uns alle töten lassen, wenn wir nicht siegen können... Das Unglück, das ich voraussehe, ist zum Teil Deine Schuld." (12)

Auf ähnliche Weise suchte und fand der König auch später bei militärischen Mißerfolgen „Schuldige". Für ihn persönlich wurde die Geschichte tragisch, denn sein ehrliebender, zu Tode gekränkter, unter Minderwertigkeitskomplexen leidender und sich unschuldig fühlender Bruder starb ein Jahr später an den Folgen eines Schlaganfalls. Sicher bestand kein Zusammenhang zwischen dem geschilderten Vorfall und dem Tod des Thronfolgers. Seine Geschwister verziehen Friedrich diesen Tod jedoch nie, er selbst wurde ein ungewisses Schuldgefühl nicht los.

Im Sommer 1757 wurde die Lage für Preußen bedrohlich. Französische und russische Truppen nahmen die Kampfhandlungen auf und errangen am 26. Juli bei Hastenbeck und am 30. August bei Großjägersdorf Siege. Ohne einen Gegner entscheidend geschwächt zu haben, mußte der preußische König nun mit seiner dezimierten Armee einen kräfteverzehrenden Mehrfrontenkrieg führen. Das zögernde Vorgehen der Koalitionspartner gestattete es ihm jedoch, erneut Kräfte zu sammeln und Maßnahmen zu treffen, um das okkupierte Sachsen gegen die nach Westen vordringenden französischen und Reichstruppen zu halten. In der Schlacht bei Roßbach am 5. November 1757 erlitt die unter dem Befehl des Marschalls Charles von Soubise stehende Armee eine schwere Niederlage. Die geschlagenen Franzosen zogen sich in wilder Flucht nach Thüringen zurück. Einen Monat später gelang es Friedrich II. auch, bei Leuthen die zahlenmäßig überlegene österreichische Armee, die im Herbst Schlesien besetzt hatte, zu besiegen. Diese militärischen Erfolge und ein mit England am 11. April 1758 abgeschlossener Subsidienvertrag, der Preußen jährlich eine Summe von 670 000 Pfund Sterling (5,3 Millionen Taler) zusicherte, stabilisierten die Lage des preußischen Staates für eine kurze Zeit. Der König konnte einigermaßen beruhigt ins Winterquartier nach Breslau gehen. Er hatte erreicht, was im Sommer 1757 noch unmöglich schien. Dennoch blieb er sorgenvoll. „Unsere Erfolge haben unsere Hoffnungen weit übertroffen; aber wenn ich an die Zahl meiner Feinde denke, dann wird all das nicht genügen, uns bald einen guten Frieden zu verschaffen!"(13) So war es in der Tat. Preußens Gegner sammelten Kräfte für die Auseinandersetzungen des kommenden Jahres.

Der Krieg und die öffentliche Meinung

Anderthalb Kriegsjahre waren so ins Land gegangen. Der Krieg hatte viele Menschen betroffen, ihnen Verluste beigebracht, sie in Unruhe versetzt. Wen nimmt es da wunder, daß er zur Stellungnahme herausforderte und selbst in der freien Reichsstadt Frankfurt, wie wir aus Goethes „Dichtung und Wahrheit" wissen, die Familien entzweite. Eine echte Meinungsbildung war damals jedoch ungeheuer schwer. Die Tatsache, daß mit England – Preußen zwei protestantische Mächte der katholischen Koalition Frankreich – Österreich gegenüberstanden, wurde ausgenutzt, um den Machtkampf der beiden Gruppen in einen Religionskrieg umzustilisieren und die Angst vor einer neuen Gegenreformation anzufachen. Sogar in der Schweiz fand diese Furcht Verbreitung. Die Legende vom neuen Religionskrieg wurde durch propreußische Flugschriften gefördert. Friedrich II. selbst trug zu ihrer Verbreitung bei. Schon der von ihm verfaßte Entwurf eines Manifestes gegen Österreich aus dem Jahre 1756 endete mit dem Aufruf, „die Sache des Protestantismus und der deutschen Freiheit vor den Unterdrückungsgelüsten des Wiener Hofes zu schirmen".(14) Viele Aufklärer in den deutschen Territorialstaaten und in der Schweiz nahmen aus diesem Grunde Partei für die preußische Seite.

Von enormer Wirkung auf die öffentliche Meinung war vor allem die Schlacht von Roßbach. Sie wurde, wie es in einem Nürnberger Flugblatt hieß, als ein Sieg über die eingedrungenen, fremden Soldaten gefeiert. Der französische Absolutismus, der sich seit dem Westfälischen Frieden als Gendarm des Reiches aufspielte, der in mehreren grausamen Kriegen deutsche Territorien verwüstet, Bauern und Bürger ausgeplündert hatte, erlitt in dieser Auseinandersetzung eine eindeutige Niederlage. Das brachte nicht nur sein militärisches Prestige ins Wanken, sondern weckte auch „nationale" Gefühle. Bestimmte Kreise der bürgerlichen Intelligenz, besonders in Preußen, unterlagen der Illusion, in Friedrich einen Interessenvertreter des Volkes und der werdenden bürgerlichen Nation zu sehen. Dieser Stimmung entsprang eine Literatur, für die beispielsweise die „Preußischen Kriegslieder" von Johann Wilhelm Ludwig Gleim charakteristisch waren. In ihnen wurde Preußen mit der Nation identifiziert. Der Nationalismus trieb seine Blüten, noch bevor die Nation entstanden war. Dennoch – oder vielleicht gerade deshalb – wurden die Grenadierlieder ein Erfolg, was sicher auch an ihrer kräftigen, volkstümlichen Sprache lag, die Lessing veranlaßte, sie herauszugeben. Überhaupt überschwemmte damals eine Flut von Propagandaliedern die deutschen Territorialstaaten. Vom Standpunkt der jeweils auftraggebenden Macht kommentierten sie das Kriegsgeschehen. Nach Roßbach waren es Spottlieder auf die Franzosen, die allerorts im Reich kursierten. Eines von ihnen ist bis heute bekannt geblieben:

> Wenn unser großer Friedrich kömmt
> Und klatscht nur auf die Hosen,
> So läuft die ganze Reichsarmee
> Noch mehr als die Franzosen.

Der teils von den Herrschenden organisierte, teils als Reflex auf die Zeit entstehende ideologische Druck machte es den Volksmassen schwer, sich zu orientieren. Erst in den späteren Kriegsjahren, als Elend und Not zunahmen, versiegten die kriegsbereiten Propagandalieder, machte sich eine Desillusionierung breit. Zu ihr haben die damals noch vereinzelten Stimmen bedeutender Dichter und Aufklärer beigetragen, die, wie Johann Peter Uz, ein Nürnberger Jurist, und Lessing, mutig die richtigen Konsequenzen aus den kriegerischen Ereignissen zogen. Von Gleim 1757 aufgefordert, den „großen" Friedrich zu verherrlichen, antwortete Uz: „Krieg und Helden sind kein Stoff für meine Lieder", und Lessing schrieb: „Ich will unterdes mit äsopischer Schüchternheit, ein Freund der Tiere, stillere Weisheit lehren." Beide ließen es bei dieser Absage nicht bewenden. Uz' gleichzeitige Ode „An den Herrn Kanonikus" (an Gleim, I. M.) verurteilte scharf fürstliche Kriegslust. Leidenschaftlich griff er die Zwietracht der deutschen Fürsten und die Brutalität ihrer Raubkriege an.

> Seht, Eures Volkes Blut raucht strömend von der Erden!
> Ach, dies betrogne Volk ergab
> Sich unter Euren Hirtenstab,
> geweidet, nicht gewürgt zu werden.

Der neue Feldzug. Das Jahr 1758

Auseinandersetzungen dieser Art drangen freilich nicht zu Friedrich, der sich im Winter 1758 darum bemühte, den militärischen Teilerfolg in einen „Teilfrieden" umzumünzen. Das war, fast wie erwartet, vergeblich. Maria Theresia ließ verbreiten, die Waffen erst dann niederlegen zu wollen, wenn Österreichs Existenz gesichert und Sachsen für seine Verluste entschädigt worden sei. Im Frühjahr 1758 eröffnete Friedrich II. den neuen Feldzug. Er sah sich einer zweifachen Gefahr gegenüber. Russische Truppen hatten im Winter Ostpreußen besetzt. Mit ihrem weiteren Vormarsch mußte gerechnet werden. Andererseits rüsteten die Österreicher für den neuen Waffengang. Der König glaubte, vor den Franzosen einigermaßen sicher zu sein, deshalb wollte er seine Schläge gegen die russische und die österreichische Armee konzentrieren. Sein Angriffsziel war Mähren. In dieser, weit von Preußen entfernten Gegend, wollte er den Gegner solange hinhalten, bis eine andere preußische Heeresgruppe den Vormarsch der russischen Truppen gestoppt und sie besiegt hätte. Der Plan mißlang. Zwar belagerte der Preußenkönig seit Anfang Mai Olmütz. Eine am 1. Juni dort eintreffende österreichische Verstärkung und der Überfall auf einen wichtigen Nachschubtransport der Preußen zwangen ihn jedoch, die Belagerung abzubrechen und sich Anfang Juli durch Böhmen nach Schlesien zurückzuziehen. Er erkannte klar, die Überlegenheit verloren zu haben, die er im vorigen Herbst und Winter über die Österreicher gewonnen hatte.

Friedrichs Charakter ließ es nicht zu, militärische Rückschläge solcher Art hinzunehmen, ohne jemanden persönlich dafür verantwortlich zu machen. Zwar siegten später meist rationale Erwägungen, im ersten Augenblick aber war er Vernunftsgründen nicht zugänglich und handelte im Affekt. Diesmal galt sein Zorn dem Ingenieur-Oberst Johann Friedrich von Balbi, der nach Meinung des Königs bei den Belagerungsarbeiten Fehler gemacht hatte. Er soll unter anderem die erste Artilleriestellung in zu großer Entfernung von der Stadt angelegt haben. Wie dem auch sei, der Rückzug aus Mähren hatte weitaus komplexere Ursachen. Friedrich II. wußte das auch. Trotzdem ließ er Anfang Juli in Märisch-Trübau, wo er sein neues Hauptquartier eingerichtet hatte, Balbi zu sich kommen, um ihn in Gegenwart seines Lakaien abzukanzeln. Balbi selbst hat diese Szene geschildert. Wir kennen sie aus der Überlieferung Heinrich de Catt's. „Es ist unmöglich, mein Herr, sich all die Scheußlichkeiten vorzustellen, die er mir gesagt hat. Ich weiß nicht, wo ... er nur seine Ausdrücke hernimmt, deren einer höllischer ist als der andere. Ich bitte Sie, wie kann dieser Mann das Unmögliche verlangen! Die Festung ist anfänglich nur von einer Seite eingeschlossen worden. Bei den ungeheuren Arbeiten, die wir zu leisten hatten, sind wir nicht genügend unterstützt worden, und es hat häufig an Munition gefehlt. Die Belagerten waren um ein Drittel stärker als wir. Im Hinblick auf dieses Verhältnis hat unser tüchtiger General Fouqué gesagt, diese Belagerung käme ihm wie eine Opernaufführung vor, bei der die Phantasie mit höchster Kraft arbeiten müßte, um sich mit so vielen Ungereimtheiten vertraut zu machen!"(15) Unter den Offizieren Friedrichs hatte sich damals eine gewisse Mißstimmung und Kritik breitgemacht. Man verübelte dem König die Behandlung Balbis. Selbst Marschall George Keith räumte ein, daß die Belagerung von Olmütz zu leichtfertig und ohne ausreichende Kräfte unternommen worden sei.

Anfang August hielt sich Friedrich II. wieder in Schlesien auf. Die Lage war ernst. Die russische Armee rückte vor. Ihr vorläufiges Ziel war Küstrin, wo sie die Oder zu überschreiten hoffte. Die russischen und österreichischen Oberbefehlshaber rechneten damit, daß Friedrich seine Truppen nun gegen die russische Armee wenden würde. Das geschah auch. Seine zahlenmäßige Unterlegenheit und der Mehrfrontenkrieg, den zu führen er gezwungen war, veranlaßten ihn immer häufiger, die Taktik ausfallartiger Offensivstöße gegen einen der Gegner anzuwenden.

Am 25. August 1758 stießen russische und preußische Truppen in der Schlacht bei Zorndorf aufeinander. Am Abend des ersten Tages hatte sich noch nichts entschieden. Die Verluste auf beiden Seiten waren riesig, die Kräfte so erschöpft, daß auch am folgenden Tage keine Entscheidung fiel. Nach einer mehrstündigen Kanonade verließen die Russen das Schlachtfeld. Verpflegungsschwierigkeiten zwangen sie, nach Nordosten auszuweichen. Wieder ging das strategische Konzept des Preußenkönigs nicht auf. Die russische Armee war nicht entscheidend geschlagen. Andererseits aber konnte auch die russische Führung ihr Ziel nicht erreichen. Wichtig war dieses Patt für den König trotz alledem, weil er so eine Vereinigung der russischen mit der österreichischen Armee verhinderte. Friedrich II. äußerte sich nach der Schlacht lobend über die russische Infanterie, deren Standfestigkeit er anfangs unterschätzt hatte.

Während der König mit seinen Truppen gegen die russische Armee kämpfte, rückten österreichische Einheiten im Verein mit der Reichsarmee gegen das Korps des Prinzen Heinrich vor. Ihr Ziel war die Befreiung Sachsens von preußischer Okkupation. Friedrich II. eilte seinem Bruder zur Hilfe. Zwischen Bautzen und Görlitz, bei Hochkirch, stießen die Preußen und die Österreicher erneut aufeinander. Diesmal operierten die österreichischen Truppen mit einer solchen Schnelligkeit, daß die preußischen, völlig verwirrt, kaum zu den Waffen greifen konnten. Der König gab auf, er verzichtete auf einen Gegenstoß und zog sich nach Bautzen zurück. Die Niederlage machte ihm schwer zu schaffen. Catt gegenüber äußerte er Selbstmordabsichten. Unter seinem Hemd zog er eine kleine goldene Dose hervor. Sie enthielt 18 Pillen Opium. „Wenn mich neues Unheil trifft, so werde ich ganz gewiß den Zusammenbruch und die Verwüstung meines Vaterlandes nicht überleben."(16)

Dabei blieb der Erfolg der Österreicher eigentlich ohne einschneidende Wirkung. Im November verließen sie Sachsen und zogen elbaufwärts in ihre böhmischen Winterquartiere. Friedrich II. faßte das Ergebnis des Jahres 1758 in einem Brief an den Bruder seines gefallenen Feldmarschalls von Keith wie folgt zusammen: „Unser Feldzug ist zu Ende und das beiderseitige Ergebnis ist der Verlust vieler ehrlicher Leute, das Unglück so vieler zeitlebens verstümmelter Soldaten, der Ruin mehrerer Provinzen, die Verwüstung, Plünderung und Einäscherung mancher blühenden Stadt. Das, lieber Mylord, sind Heldentaten, vor denen die Menschlichkeit erschaudert, traurige Wirkungen der Bosheit und Ehrsucht einiger Machthaber, die ihren zügellosen Leidenschaften alles zum Opfer bringen!"(17) Das waren Worte, die sich im Munde eines „Machthabers", der Europa zweimal in verheerende Kriege gestürzt hatte, seltsam genug ausnahmen. Sie als pure Heuchelei zu verstehen wäre nicht richtig. Der Preußenkönig hatte sich in die Lage eines „Opfers" hineingesteigert. Immer klarer war ihm geworden, daß es für Preußen nur noch um die nackte Existenz ging.

Die strategische Defensive der Preußen

Die Jahre 1758/59 leiteten eine Wende im Kriegsverlauf ein. Während es England gelang, in Indien, Nordamerika und zur See die Überlegenheit zu erringen und eine Reihe französischer Machtpo-

sitionen einzunehmen, war sein Bündnispartner Preußen nahezu am
Ende seiner Kraft. Friedrich II. mußte die Winterpause 1758/59
nutzen, um die preußische Armee wieder aufzufüllen und mit dem
Notwendigsten zu versehen. Durch neue Werbungen und Zwangsrekrutierungen in den besetzten Gebieten wurden die Regimenter ergänzt. Starke Aushebungen fanden in Sachsen, Mecklenburg und Anhalt statt. Dabei ging es nicht ohne Drohungen und Exzesse ab.
Preußische Generale erhielten den Befehl, in Streifzügen nach Anhalt und Mecklenburg-Schwerin Rekruten aufzubringen und Kontri-
butionsgelder einzutreiben. Währenddessen tummelte sich im Reich
der berüchtigte Oberst von Collignon, der mit Hilfe einer Gruppe
von Abenteurern auf Menschenfang für die preußische Armee ging.
„Er reiste in allerhand Kleidungen und Gestalten umher und be-
redete die Menschen zu Hunderten in Preußische Dienste zu treten.
Er versprach nicht allein, sondern er gab sogar Patente, worin junge
Laffen, Studenten, Kaufmannsdiener und andere zu Lieutenants und
Capitains der Preußischen Armee ernannt wurden", so berichtete ein
Zeitgenosse dieser Ereignisse.(18) Die auf diese Art Geworbenen
sahen sich, sobald sie preußisches Gebiet erreichten, getäuscht. Als
einfache Rekruten preßte man sie in die Armee. Bei jeder sich bietenden Gelegenheit versuchten sie, ebenso wie die unter die preußischen Regimenter verteilten Kriegsgefangenen, wieder zu entflie-
hen. Trotz Anwendung so zweifelhafter Methoden gelang es der
preußischen Führung nicht, die Heeresstärke des Jahres 1758 wieder zu erreichen. Ähnlich schwierig war es um die Finanzen bestellt. Die Kriegskosten wuchsen; sie hatten für den Feldzug des Jahres 1758 die Summe von 26 Millionen Talern erreicht. Friedrichs
Kassen waren leer. In dieser Situation griff der König zu bereits
„bewährten" Methoden. Sachsen und Mecklenburg hatten hohe Kontributionen zu zahlen. Die Praxis der Münzverschlechterungen wurde
fortgesetzt. So wanderten die 670 000 Pfund Sterling englischer Subsidien in die Münzprägestätten, um sie, umgeschmolzen, als gering-
haltige Münzen wieder zu verlassen. Dennoch blieb die Lage angespannt, denn die Steuereinnahmen aus den preußischen Provinzen
gingen zurück. Aus Königsberg und Kleve, die von russischen bzw.
französischen Truppen besetzt waren, kam gar nichts mehr ein. Dem
124 000 Mann starken preußischen Feldheer und den 71 000 Mann
in Nordwestdeutschland operierenden hannoveranischen, britischen,
hessischen, braunschweigischen und preußischen Truppen standen Anfang 1759 die starken Kräfte der antipreußischen Koalition mit

140 000 Österreichern, 97 000 Franzosen, 70 000 Russen, 12 000 Schweden und die über 17 000 Mann zählende Reichsarmee gegenüber. Angesichts dieses Kräfteverhältnisses und der Lehren, die aus den vergangenen Kriegsjahren gezogen wurden, sah sich die preußische Führung genötigt, zur Defensive überzugehen. Bis zu diesem Zeitpunkt hatten die strategischen Überlegungen der Preußen, ihre meist auf „Feindesland" vorgetragenen schnellen Angriffsoperationen den Verlauf des Krieges geprägt. Ganz abgesehen davon, daß es auf diese Weise nicht gelungen war, kriegsentscheidende Siege zu erzielen, reichten die Kräfte der Preußen dazu nicht mehr aus.

Friedrich II. konzentrierte sich von nun an auf die Verteidigung seiner Provinzen und Sachsens, das er als Tauschobjekt gegen andere Territorien bei kommenden Friedensverhandlungen behaupten wollte. „Der Rest des Siebenjährigen Krieges war", wie Franz Mehring treffend bemerkte, „nun nichts als ein wüstes Kriegsgetobe in Sachsen und Schlesien, in der Mark und in Pommern; er entbehrte selbst jenes Scheins von dramatisch-heldenmäßiger Spannung, der dem Jahre 1757 noch anhaftet."(19)

Der preußische König verbrachte den Winter in Schlesien. Mitte März rückte er mit seiner Armee auf das Schweidnitzer Gebirge zu und bezog dort Quartier. Hier blieb er bis zum Sommer, weil es zu keinen größeren Kampfhandlungen kam. Erst Anfang Juli setzten sich die an der böhmischen Grenze stehenden österreichischen Truppen in Bewegung. Zur gleichen Zeit begann die russische Armee ihren erneuten Vormarsch. Sie aufzuhalten gelang nicht. Ziel der Verbündeten war, sich bei Krossen zu vereinigen und gemeinsam gegen die Preußen vorzugehen. Doch auch diesmal kam es zu keinen wirklich koordinierten Kampfhandlungen. Der österreichische Oberbefehlshaber Daun schickte nur ein Korps von 19 000 Mann in Richtung Norden. Den preußischen Einheiten gelang es nicht, die Vereinigung der österreichischen Truppen mit der russischen Armee zu verhindern. Am 3. August nahmen beide bei Frankfurt/Oder Kontakt miteinander auf. Auch der Preußenkönig konzentrierte nun seine Kräfte. Er ließ Sachsen räumen und zog sogar die zur Verteidigung Berlins vorgesehenen Truppen ab. Umsonst. Am 12. August 1759 erlitt das preußische Heer in der Schlacht bei Kunersdorf eine vernichtende Niederlage. Von den 49 000 Mann, die an der Schlacht beteiligt waren, blieben 19 000 tot oder verwundet auf dem Schlachtfeld. Nur noch 3000 Mann waren nach der Schlacht in geschlossenen Einheiten beisammen. Die übrigen befanden sich in wilder Flucht.

Friedrich selbst wäre beinahe in Gefangenschaft geraten. Am Abend der Schlacht schrieb er an seinen Kabinettsminister Graf Karl Wilhelm Finck von Finckenstein: „Alles flieht, und ich bin nicht mehr Herr meiner Leute. Man wird in Berlin gut tun, an seine Sicherheit zu denken. Das ist ein grausames Mißgeschick, ich werde es nicht überleben ... Ich habe keine Hilfsmittel mehr, und um nicht zu lügen, ich halte alles für verloren. Den Untergang meines Vaterlandes werde ich nicht überleben. Leben Sie wohl für immer."(20)

Schon früher hatte Friedrich auf Niederlagen depressiv reagiert. Nie zuvor jedoch befand er sich in einer solchen Stimmung wie diesmal. Er selbst stellte am 24. August fest: „Das ist die furchtbarste Krisis meines Lebens."(21) Nicht nur Friedrich befand sich in einer Krise, auch der preußische Militärstaat. Nach vier Kriegsjahren schien er fast vernichtet. Noch am gleichen Abend gab der König den Oberbefehl über die preußische Armee ab. Er verfaßte eine Instruktion für General Friedrich August von Finck, die folgenden Wortlaut hatte: „Weilen mir eine schwere Krankheit zugestoßen, so übergebe das Commando meiner Armee währender Krankheit bis an meine Besserung an den General Finck."(22) Der wirklich nicht gesunde Friedrich war zum Zeitpunkt der Schlacht von keiner akuten Erkrankung betroffen; seine Krankheit hieß Niederlage. Sie konnte er nicht verkraften, deshalb verließ er das sinkende Schiff. Allerdings nur für kurze Zeit. Indes wuchs unter der preußischen Generalität die Kritik an der Heeresführung des Monarchen. Zu den Opponenten gehörte seit längerem Prinz Heinrich. Wie eine Entschuldigung klang der Brief, den der König am 16. August seinem Bruder sandte. „Die Schlacht wäre gewonnen worden, hätte unsere Infanterie nicht gewankt."(23) Damit war ein neuer Schuldiger gefunden: die preußische Infanterie. Auch an seinen Freund, den Marquis d'Argens, schrieb er ähnlich: „Wir haben Unglück gehabt, ..., aber nicht durch meine Schuld. Der Sieg war unser; er wäre sogar vollständig gewesen – als unsere Infanterie die Geduld verlor und zur Unzeit das Schlachtfeld verließ."(24) Tatsächlich hatte die Infanterie mehreren Angriffen der Österreicher standgehalten, ehe sie vor der anrückenden Kavallerie floh. Als Friedrich am 16. August seine Version des Schlachtverlaufs niederschrieb, war er von seiner „Krankheit" soweit genesen, daß er den Oberbefehl wieder übernehmen konnte. Inzwischen hatte er bemerkt, daß die Österreicher und Russen ihren Sieg nicht nutzten. Der erwartete Vorstoß nach Berlin blieb aus. Gegensätze unter den Bundesgenossen verhinderten ein einheitliches Vorgehen. Der russische Oberbefehlshaber, der Rücksicht auf die propreußische Gesinnung des Thronfolgers Peter nehmen mußte, zog sich im Oktober wieder nach Polen zurück. Dadurch konnte sich Friedrich II. mit einem Teil seines Heeres nach Sachsen wenden, das inzwischen die Österreicher und Reichstruppen besetzt hatten. Er war zu diesem Zeitpunkt wirklich ein kranker Mann. Ein Gichtanfall hatte ihn niedergeworfen. „In den Qualen der Gicht" schrieb er an d'Argens über seinen Zustand: „Sie wollen wissen, was mir fehlt, mein Lieber: Lähmung am linken Arm, an beiden Füßen und am rechten Knie. Das einzige Glied, das ich noch gebrauchen kann, ist meine rechte Hand."(25) Noch nicht wiederhergestellt, übernahm er im November das Oberkommando über die Truppen in Sachsen. Ein von vielen kritisierter Befehl an den General Finck, im Rücken der Österreicher zu operieren, führte zur Gefangennahme des ganzen Korps bei Maxen, zum „Finkenfang". Der General hatte Einwände gegen den Befehl gehabt und auch ausgesprochen. Vergeblich. Ebenso vergeblich waren die Einwände des Prinzen Heinrich gewesen, der damals sogar drohte, die Armee zu verlassen. Die Bilanz des Jahres 1759 war für den Preußenkönig mehr als katastrophal. Er hatte das eroberte Sachsen und die eigenen Provinzen nicht einmal behaupten können. Durch die Niederlage bei Maxen verblieb das südliche Sachsen mit Dresden in den Händen der Österreicher.

In dieser Situation hoffte der Monarch auf separate Friedensverhandlungen. Er wollte Fankreichs Mißerfolge in Übersee dafür ausnutzen. Die schon im Herbst begonnenen Sondierungsgespräche scheiterten nicht zuletzt an den nach wie vor aggressiven Absichten beider Seiten. Friedrich II., der in Briefen über die Leiden des Krieges lamentierte und sich als „Opfer" der anderen Mächte ausgab, erließ für den Baron Bodo Heinrich von Knyphausen in London folgende Instruktionen: „Folgendes ließe sich machen. Entweder man schlägt jeder Macht vor, das zu behalten, was sie beim Friedensschluß besitzt, oder will man lieber zurückgeben, dann heißt es, an Äquivalente denken. Da Ostpreußen und meine rheinischen Besitzungen bei weitem nicht soviel wert sind wie Sachsen, so kann man uns die Niederlausitz lassen und den König von Polen mit Erfurt entschädigen, oder mir Preußisch-Polen nach dem Tode des Königs garantieren, oder sonst irgend ein Land, vorausgesetzt, daß es Salbe auf die Wunde ist."(26) Sogar 1759/60 dachte der König noch an territorialen Gewinn. Es ist nicht zu übersehen, daß die Instruktion

Gebiete nennt, auf die er schon im „Politischen Testament" von 1752 seine gierigen Blicke gelenkt hatte: Sachsen oder doch wenigstens einen Teil Sachsens bzw. Westpreußen. Nichts beweist treffender, daß Friedrich II. nicht nur dem Schlag der Österreicher, Russen und Franzosen zuvorkam, als er 1756 die Waffen erhob, sondern von Anfang an auch aggressive Absichten mitverfolgte.

Die letzten Kriegsjahre waren für den preußischen Militärstaat eine sich hinziehende Agonie. Die zahlenmäßige Stärke der preußischen Armee nahm von Jahr zu Jahr ab, und dies, obwohl die Zwangsrekrutierungen und Werbungen im Reich weitergingen. Auf die schnell ausgebildeten, des Krieges überdrüssigen Rekruten konnte sich die Armeeführung nicht mehr im gleichen Maße wie zu Beginn verlassen. Der Monarch selbst klagte wiederholt über den schlechten Zustand seiner Truppen. An seinen Bruder Heinrich schrieb er im Januar 1760: „Besonders entmutigt es mich, daß ich mit all meinen Mitteln am Ende bin und keine Hilfsquellen mehr finde."(27) Trotzdem wurden die österreichisch-russischen Bündnispartner mit Preußen nicht endgültig fertig. Auch das Jahr 1760 brachte keine Kriegsentscheidung. In scheinbar sinnlosen Marschbewegungen folgten die feindlichen Heere einander von Sachsen nach Schlesien und von Schlesien nach Sachsen. Die Bevölkerung dieser vom Krieg mehrfach betroffenen Gegenden litt furchtbar. An den Grafen Algarotti schrieb Friedrich am 10. März 1760: „Dieser Feldzug hat Sachsen zugrunde gerichtet."(28) Nur mit Mühe gelang es dem König im August schließlich, in der Schlacht bei Liegnitz über einen Teil der österreichischen Armee zu siegen und dadurch seine Positionen in Schlesien zu behaupten. Inzwischen aber besetzte die Reichsarmee erneut Sachsen. Geradezu symptomatisch für die immer schwieriger werdende Lage Preußens war die vorübergehende Besetzung Berlins durch 20 000 Russen und 15 000 Österreicher im Oktober 1760.

Charakteristisch für die zweite Etappe des Krieges nach 1759 war auf preußischer Seite die zunehmende Zahl von Freibataillonen, die vorwiegend Raubzüge und Plünderungen durchführten. Immer mehr ähnelte die preußische Armee einer organisierten gewaltigen Räuberbande; Plünderungen, Diebstähle und Unterschlagungen griffen um sich. Und was zu Beginn des Krieges noch als Ausnahme galt – die planmäßige Zerstörung von Orten –, wurde jetzt zur Regel. Im Juli 1760, während der Kämpfe um Dresden, unterlag die Stadt einem derartigen Beschuß, der mindestens die Hälfte dieser Kunst- und

Residenzstadt zerstörte. Nach Meinung von Zeitgenossen belagerten die Stadt Feinde, die die äußersten und härtesten Mittel anwandten.

Beide Seiten schonten die Bevölkerung nicht. Preußische Freikorps, die sich während der Belagerung in die Vorstädte wagten, und kaiserliche Söldner sollen häufig nach einem Scharmützel in freundschaftlicher Eintracht gemeinsam die Häuser ausgeplündert haben. Verheerend wirkten sich die ständig steigenden finanziellen Forderungen der preußischen Truppen aus. Das bekam das Bürgertum Leipzigs vor allem zu spüren. Als Friedrich II. im November 1760 erneut in Leipzig einmarschierte und dort sein Hauptquartier aufschlug, forderte er sofort in ultimativer Form die Zahlung von 1,1 Millionen Talern Kontribution. Bei Weigerung drohte er, die Stadt niederzubrennen. Da so hohe Geldsummen nach den schon früher erpreßten Zahlungen nicht aufzubringen waren, widersetzte sich der Rat der Stadt. Der Preußenkönig warf daraufhin die prominentesten Ratsmitglieder und die reichsten Kaufleute ins Gefängnis, insgesamt 120 Personen. 17 von ihnen verblieben vier Monate in Haft.

Inzwischen hatte sich allerdings der Berliner Kaufmann Johann Ernst Gotzkowsky eingemischt. Er erreichte vom König die Herabsetzung der Kontribution auf 800 000 Taler, und diese schoß er dem Leipziger Rat vor. Dabei machte er ein ausgezeichnetes Geschäft. Während ihm für die Zahlung der Summe keine Münzsorte zu schlecht war, ließ er sich die Schuldverschreibungen in alter Münze geben. Er erzielte dabei Gewinn von 30 bis 40 Prozent. Gotzkowskys Handlungsweise fand unter den Bürgern Leipzigs harte Kritik. Man sah in dem Unternehmer – wohl zu Recht – ein Werkzeug des Preußenkönigs. Nur mit seiner Hilfe war es möglich, immer neue Mittel aus der völlig erschöpften Stadt herauszupressen. Auch andere sächsische Orte hatten hohe Zahlungen an Friedrich II. zu entrichten: 215 000 Taler erpreßte er von Chemnitz, 200 000 von Naumburg, 120 000 von Merseburg und 80 000 von Zwickau. Angesichts dieser Praktiken erweist sich seine Bemerkung, „ich habe das schöne Land so viel geschont, als das Schicksal es mir erlaubte", als pure Heuchelei.(29)

Allerdings verfuhren auch die gegnerischen Kräfte nicht humaner. Die fortschreitende Erschöpfung aller Reserven verursachte auch bei ihnen einen steigenden Druck auf die Bevölkerung der besetzten Gebiete. In einigen Territorien des Westens und Südwestens mußten Bürger und Bauern den ständigen Fourage- und Geldforderungen der Franzosen nachkommen. In den Herzogtümern Weimar und

Eisenach, wo die französische und die Reichsarmee mehrfach kantoniert hatten, war die Bevölkerung völlig ausgesogen. Im Frühjahr 1762 gingen dort keine Steuern mehr ein. Hohe Fourageforderungen und der Rückgang der landwirtschaftlichen Produktion brachten diese Gebiete an den Rand einer Hungerkatastrophe. Auch in Pommern, das mehrere Male von russischen Truppen besetzt worden war, mehrte sich die Not der Bevölkerung. Eine Übersicht über die meist kleinen pommerschen Städte zeigt, welch hohe Verluste sie erlitten. 1760 brannte die Vorstadt von Köslin mit 169 Häusern nieder, 1761 die von Gollnow. 1760 wurde Neustettin geplündert. Insgesamt 23 Plünderungen mußte Ratzebuhr während des Krieges über sich ergehen lassen.

Das Volk ersehnte nichts dringlicher als den Frieden. Noch fanden sich die Herrschenden dazu nicht bereit. Zwar regte Maria Theresia einen allgemeinen Friedenskongreß in Augsburg an. Er kam jedoch ebensowenig zustande, wie der von Frankreich vorgeschlagene Waffenstillstand. Mißtrauisch beobachteten sich die feindlichen Parteien. Keine war bereit, gewonnenes Terrain ohne Garantien preiszugeben. Jeder hoffte, das, was er mit Waffengewalt nicht hatte erringen können, im Gefeilsche um die Friedenspräliminarien sozusagen mit List zu erreichen. Daran scheiterte der Verhandlungsplan. Für Friedrich II. hätte der Abschluß eines Friedens die Rettung bedeutet. Trotzdem war er außerordentlich skeptisch. Im April 1761 äußerte er, zwar Gesandte für den Kongreß ernannt zu haben; wenn diesem aber kein Waffenstillstand vorausgehe, so sei das Ganze als absolut bedeutungslos zu betrachten. Wie wenig der Preußenkönig damals noch von einer militärischen Entscheidung erwartete, zeigt die Tatsache, daß er sich nun mit der völligen Wiederherstellung des Besitzstandes von 1756 begnügt hätte. Von „Abrundungen" war nicht mehr die Rede.

„Das Mirakel des Hauses Brandenburg"

1761 war die Situation Friedrichs II. ernst wie nie zuvor. Sein Land geriet in die Gefahr einer völligen politischen Isolation. Nach dem Sturz des preußenfreundlichen Ministers William Pitt erneuerte die englische Regierung den Subsidienvertrag nicht mehr. Preußen mußte auf beträchtliche Summen für die Fortführung des Krieges verzichten. Hinzu kamen im Herbst 1761 militärische Verluste, wie die Überwältigung der Festungen Schweidnitz und Kolberg, wodurch österreichische und russische Truppen auf preußischem Gebiet Winterquartiere beziehen konnten. In dieser Situation, als der endgültige Zusammenbruch der preußischen Kriegsmacht schon nicht mehr aufzuhalten schien, bahnte sich durch den Tod der russischen Zarin am 5. Januar 1762 ein radikaler Umschwung an. Der Nachfolger Elisabeths, Peter III., galt als ein Bewunderer Friedrichs II. Er vereinbarte am 16. März einen Waffenstillstand, dem am 5. Mai der Abschluß eines Friedensvertrages folgte. Der neue Zar verzichtete auf alle Eroberungen und Gebietserweiterungen. Am 19. Juni schloß er sogar einen Bündnisvertrag mit Preußen ab. Dem preußischen König wurden 20 000 Mann russischer Hilfstruppen für den weiteren Kampf gegen Österreich zugesichert. Der baldige Sturz Peters verhinderte jedoch die Realisierung des Vertrages. Katharina II., die neue Zarin, hob den Bündnisvertrag auf – bestätigte aber den Friedensabschluß. Durch Vermittlung Rußlands war im Mai 1762 auch zwischen Schweden und Preußen ein Frieden zustandegekommen. Das Ausscheiden beider Mächte veränderte die Lage Preußens einschneidend. Ohne die Vorgänge in Rußland wäre der Krieg aller Wahrscheinlichkeit nach verloren gewesen. Friedrich selbst sah es so: „Hält man alles zusammen, so sieht man Preußen am Ende des letzten Feldzuges dem Untergang nahe. Nach der Meinung aller Staatsmänner ist es bereits verloren, erhebt sich aber wieder durch den Tod einer Frau und behauptet sich durch den Beistand der Macht, die am eifrigsten an seinem Sturze gearbeitet hatte."(30) Die allgemeine Erschöpfung aller kriegführenden Parteien führte nun endlich zu ernsthaften Friedensbemühungen. Am 15. November schlossen England und Frankreich einen Waffenstillstand miteinander ab. Gleichfalls im November begannen unter sächsischer Vermittlung auch Verhandlungen zwischen Preußen und Österreich. Sie endeten mit dem Friedensschluß zu Hubertusburg am 15. Februar 1763, der die Bestimmungen des Dresdner Friedens von 1745 bestätigte. Preußen behielt das eroberte Schlesien. Unter Anspannung aller Kräfte war es dem preußischen Militärstaat gelungen, seine Position als „kleinste Großmacht" zu behaupten. Das Kräfteverhältnis im Reich blieb im wesentlichen unverändert. Nach wie vor standen sich Österreich und Brandenburg-Preußen als Konkurrenten um Macht und Einfluß gegenüber. Wieder einmal war das Blut des Volkes in einem Kriege vergossen worden, der für die am Krieg interessierten feudalen Machthaber ohne einschneidendes politisches Ergebnis blieb. Anders sah es allerdings für England und Frankreich aus. Die Niederlage Frankreichs leitete die endgültige Krise des absolutistischen Systems ein, an deren Ende die siegreiche bürgerliche Revolution stand.

War Friedrich II., der den preußischen Staat in sieben Kriegsjahren an den Rand der Katastrophe gebracht, aber letztlich doch durch einen glücklichen Zufall, durch das „Mirakel des Hauses Brandenburg" bestanden hatte, ein großer Feldherr? Viele bürgerliche Historiker haben das bis in unsere Tage hinein wiederholt. Ihnen dienten die militärischen Erfolge des Preußenkönigs als historische Legitimation für eigene Aggressionsgelüste. Friedrich war sicher ein für seine Zeit begabter Militär – ein Berufssoldat. Selbst Napoleon – ein noch Begabterer – fühlte sich vom militärischen Ruhm des Preußen geblendet. Aber Friedrich II. verblieb in den Grenzen seiner Zeit. Er schritt sie lediglich bis zu ihrem Ende aus. „Revolutionäre Neuerungen" waren von ihm nicht zu erwarten. Sein strategisches und taktisches Verhalten wurde von den Ressourcen seines Landes diktiert. Er selbst forderte wiederholt „kurze und lebhafte Kriege". „Wir dürfen sie durchaus nicht in die Länge ziehen. Ein langwieriger Krieg zerstört nach und nach unsere vortreffliche Disziplin, entvölkert das Land und erschöpft unsre Hilfsquellen. Die Führer der preußischen Armeen müssen also, wenn auch mit aller Vorsicht, eine Entscheidung herbeizuführen suchen."(31) Da die Kräfte Preußens beschränkt waren, dem König andererseits ein zahlenmäßig überlegener Gegner gegenüberstand, konnte er sich auf lange Kriegshandlungen nicht einlassen. Er mußte den Angriff und kriegsentscheidende Schlachten suchen. Daß er im ersten und zweiten Schlesischen Krieg keine dieser Schlachten verloren hatte, verunsicherte anfangs in gewisser Weise die Feldherren der feindlichen Armeen. Der Nimbus des unbesiegbaren Schlachtenlenkers ging jedoch bald verloren. Friedrich II. führte sein Heer zwar zu glänzenden Siegen, aber er mußte auch schwere Niederlagen hinnehmen, was ihm die Kritik seiner hohen Offiziere und besonders seines Bruders Heinrich einbrachte. Dabei war er anfangs trotz zahlenmäßiger Unterlegenheit durchaus im Vorteil. Ihm stand die schlagkräftigste und am schnellsten operierende Armee zur Verfügung. Auf diese Schnelligkeit setzte er bei seinen Angriffen, die nicht immer bis ins Letzte ausgeklügelt waren und nach Ansicht seiner Offiziere mitunter leichtfertig unternommen wurden. Überhaupt zeichnete sich seine Kriegführung durch ein hohes Maß von Risikobereitschaft aus. Niemand außer ihm konnte derart risikoreiche Feldzüge planen und unternehmen, seine Generale nicht, weil der König als oberster Kriegsherr Niederlagen anderer hart ahndete; die Heerführer der anderen Armeen nicht, weil sie ihren Herrschern verantwortlich waren. Der österreichische Oberbefehlshaber Daun, über dessen Zaghaftigkeit und Zaudern sich der Preußenkönig oft lustig machte, war eben kein absoluter Herrscher. Friedrich II. konnte nur deshalb Risiken einkalkulieren und seine auf Schnelligkeit gedrillten Truppen ohne Zögern einsetzen, weil seine „absolute" Position nirgendwo so unangreifbar war wie im Heerwesen. Das hing sicher mit seiner militärischen Begabung zusammen. Sein Bruder August Wilhelm wäre – an Friedrichs Stelle – ein Spielball seiner Generale geworden. Der Preußenkönig dagegen holte deren Rat hin und wieder ein, aber er entschied und verantwortete letztlich alles allein. Während er anderen Niederlagen nicht verzieh und sie dafür strafte, suchte er für die eigenen – nachdem er sich von seinen anfänglichen Depressionen erholt hatte – objektive Gründe und subjektiv Schuldige: August Wilhelm oder Balbi, Finck oder gar die preußische Infanterie.

Es läßt sich nicht übersehen, daß das strategische und taktische Konzept des preußischen Königs nicht aufging. Er selbst mußte in der zweiten Etappe des Krieges seine auf schnellen Angriffen basierende Taktik aufgeben. Der Siebenjährige Krieg war für ihn militärisch und politisch nicht zu gewinnen. Eroberungsabsichten, die er zu Beginn der sechziger Jahre noch hegte, ließen sich nicht verwirklichen.

Friedrichs „Erfindung" aus der Zeit der Schlesischen Kriege, die schräge Schlachtordnung, die er im Verlaufe der sieben Kriegsjahre nur einmal, in der Schlacht von Leuthen, voll durchsetzen konnte, führte zwar zur Vollendung der Lineartaktik, wies jedoch nicht über sie hinaus. Die stehenden Söldnerheere des Feudalabsolutismus waren an diese Taktik gebunden. Die für Sold und nicht fürs Vaterland Kämpfenden und die in die Armee gepreßten eigenen Untertanen ließen sich nur bei Anwendung dieser Taktik wirkungsvoll überwachen. Das Dilemma aller stehenden Heere war die Gefahr der Desertation, die zeitweise Massencharakter annahm. Friedrich II. selbst hatte mit ihr während seiner Kriege genug zu schaffen. Sein taktisches Vorgehen kalkulierte diese Gefahr stets mit ein. In den „Generalprinzipien des Krieges" hatte der königliche Feldherr ein ganzes Arsenal von Maßnahmen vorgeschlagen, um Desertationen zu verhindern. Er empfahl, nicht zu nah an großen Wäldern zu kampieren, die Soldaten in ihren Zelten öfter zu visitieren, Husarenpatrouillen um ein Lager streifen zu lassen, abends die Kavallerieposten zu verdoppeln, die Soldaten nur in Reih und Glied Wasserholen zu schicken, nachts ohne zwingenden Grund nicht zu marschieren usw. Auch seine Angriffspläne gingen von der Möglichkeit der Desertation und der mangelnden Bereitschaft seiner Soldaten aus, ihre Haut für die Interessen feudaler Machthaber zum Markte zu tragen. „Ich für meinen Teil würde nie mitten in der Nacht angreifen; denn die Dunkelheit zieht Unordnung nach sich, und viele Soldaten tun ihre Pflicht nur dann, wenn man sie unter Augen hat und sie sich vor Strafe fürchten", schrieb er in den „Generalprinzipien".(32) Der für sich und sein Volk kämpfende „Bürger in Uniform" existierte damals kaum als Postulat radikaler Aufklärer. Die Wirklichkeit kannte ihn nicht. Erst der Amerikanische Unabhängigkeitskrieg ließ die Erkenntnis reifen, daß gerechte Kriege den für die Freiheit seines Landes kämpfenden Bürger brauchen und hervorbringen.

Die Söldnerheere des Feudalabsolutismus aber bestanden aus Soldaten, die in Zucht und Subordination gehalten, zur Schießmaschine abgerichtet, so in die Schlacht zu führen waren, daß selbständige Entscheidungen nicht nötig wurden. Die Lineartaktik, die sich um 1700 allgemein durchgesetzt hatte, entsprach diesem Soldatentypus. Sie hing andererseits vom damaligen Stand der Waffentechnik ab. Die mit dem Steinschloßbajonettgewehr ausgerüstete Infanterie ließ sich am wirkungsvollsten einsetzen, wenn sie in langgestreckten Treffen vorging. Friedrich war der Vollender dieser Taktik. Seine schräge Schlachtordnung ging von ihr aus. Er selbst beschrieb sie auf die folgende Weise: „Man versagt dem Feind einen Flügel und verstärkt den andren, der zum Angriff bestimmt ist. Dieser greift einen Flügel des Feindes mit aller Kraft an, und zwar in der Flanke."(33)

Eine „Revolutionierung" der Kriegskunst lag selbst dann außerhalb der Möglichkeiten, die einem absolutistischen Herrscher gegeben waren, wenn dieser über beträchtliche militärische Begabung verfügte. Erst die bürgerliche Revolution revolutionierte auch das Kriegswesen. Sie erst schuf die Voraussetzung für eine andere Taktik, die aufgelöste Gefechtsordnung, und für einen anderen Soldatentypus, den in gerechten Kriegen für die Freiheit seines Volkes kämpfenden Bürger.

Der Siebenjährige Krieg übte auf die Formierung der reaktionä-

Maria Theresia, Königin von Ungarn und Böhmen, Erzherzogin von Österreich, Gemahlin Kaiser Franz I. Gemälde von M. van Mytens d. J.

Breslau 1757. Der Ausmarsch der kriegsgefangenen österreichischen Besatzung

Die Belagerung Dresdens im Jahre 1760. Radierung von D. Chodowiecki

Allegorie auf den Frieden von Hubertusburg. Kupferstich von J. D. Schleuen

ren Ideologie des preußischen Militarismus einen lang wirkenden Einfluß aus. Auf ihn beriefen sich im ersten und zweiten Weltkrieg diejenigen, die sich „gegen eine Welt von Feinden behaupten" und den „Sieg ertrotzen" wollten. Durchhaltestrategen berauschten sich an Durchhalteparolen des Preußenkönigs. Vor allem gewann der Gedanke des Präventivkrieges, des schnellen Schlages mit massierter Macht, des skrupellosen Bruchs völkerrechtlicher Verträge und Vereinbarungen, das „Not kennt kein Gebot" im militärischen Denken immer mehr Raum und strahlte von hier aus auf das gesamte politische und geistige Leben aus.

Im Gegensatz dazu wuchs unter der bürgerlichen Intelligenz die Kritik an der Kriegspolitik. Dieser Prozeß verlief langsam und widersprüchlich. Thomas Abbt beispielsweise verherrlichte noch im Jahre 1761 das Preußen Friedrichs II. als ideale Monarchie und deutschen „Nationalstaat". Im Wissen um die politische Zerrissenheit des deutschen Volkes und die Notwendigkeit der Einigung konzentrierte er seine Hoffnungen auf die Person des Preußenkönigs. Vier Jahre später, im Jahre 1765, aber sah er bereits klarer. In seiner Schrift „Vom Verdienst" hielt er der Monarchie den Spiegel vor. Das Erlebnis des Krieges gipfelte bei ihm, wenn auch erst nach Kriegsende, in der Ablehnung der Monarchie und der Entwicklung republikanischer Gedanken. Johann Gottfried Herder setzte in seiner Schrift „Haben wir noch das Publikum und Vaterland der Alten?" der gegenseitigen Vernichtung „politischer Maschinen" durch Kriege, die er prophezeite, das Wunschbild und Ideal von „Vaterländern" gegenüber, die sich wie in einer Familie beistehen. Diese Idee vom friedlichen Nebeneinander der Vaterländer, die für Herders und die kommenden Zeiten Illusion bleiben mußte, hat freilich erst heute ihre historische Chance!

Krisenjahre in Preußen

Das „Retablissement"

Der Krieg war zu Ende, damit aber nicht die Not. Die Bevölkerung in einigen Provinzen hatte schrecklich unter dem Krieg gelitten. Davon zeugen allein schon die Menschenverluste, die sich auf rund 400 000 Personen beliefen, also etwa zehn Prozent der Gesamtbevölkerung des Jahres 1756 ausmachten. Besonders hoch war der Bevölkerungsrückgang in den Provinzen Preußen, Pommern, Brandenburg sowie in Schlesien. In diesen Gebieten, die mehrere Male Kriegsschauplatz gewesen waren, bot sich dem Beobachter unmittelbar nach Kriegsende ein erschreckendes Bild. Auf dem platten Lande lagen viele Wohnhäuser, Ställe und Scheunen in Trümmern. Es fehlte an Saatgut. Der Viehbestand war beträchtlich zurückgegangen. Die Anforderungen der eigenen Armee sowie die hohen Kontributions- und Fourageforderungen der feindlichen Truppenteile hatten die ländliche Bevölkerung an den Rand der Katastrophe gebracht.

In den Städten sah es nicht viel besser aus. Auch hier traf man vielerorts auf niedergebrannte Vorstädte und zerstörte Wohn- und Arbeitsstätten. Friedrich II. selbst charakterisierte den Zustand seines Landes, indem er von allgemeiner Zerrüttung, Trostlosigkeit und Entmutigung der Untertanen sprach. In den völlig verheerten Landstrichen lasse sich kaum die Spur der früheren Wohnstätten entdecken. Viele Städte seien von Grund auf zerstört, andere zur Hälfte in Flammen aufgegangen; 13 000 Häuser bis auf die letzte Spur getilgt. „Nirgends bestellte Äcker" und „kein Korn zur Ernährung der Einwohner."(1)

Damit nicht genug, litten die Bewohner der Städte unter einer großen Teuerung. Die Mieten waren während des Krieges enorm gestiegen; Brennholz war knapp; für Lebensmittel, besonders das lebensnotwendige Brot, wurden oft unerschwingliche Preise gefordert. Zeitgenossen schildern, wie die Menschen in Berlin vor den Bäckerläden Schlange standen und sich um das schlechte und „kaum halb gar gewordene Brot gräßlich" rauften.(2) Nach Ansicht des Kammerherrn von Lehndorff, der damals ein Tagebuch führte, drohte wegen der enorm hohen Preise ein permanenter Notstand. Die Lebenshaltungskosten erreichten im Jahre 1763 den höchsten Stand des gesamten Jahrhunderts. Friedrich, der seiner Zeit entsprechend wenig Einsicht in das Wirken ökonomischer Gesetzmäßigkeiten besaß und wie immer nach subjektiv „Schuldigen" suchte, bezichtigte seine Untertanen: „... alle erhöhten um die Wette den Preis ihrer Lebensmittel und Waren und schienen nur auf ihr gegenseitiges Verderben hinzuarbeiten."(3)

Wenn es jedoch einen „Schuldigen" für die im Lande herrschende Zerrüttung und Teuerung gab, dann war es der preußische König. Die Münzverschlechterungen, die ihm zur Bestreitung der Kriegskosten gedient hatten, forderten ihren Tribut. In Preußen gab es inflationäre Erscheinungen. Als Friedrich II. nun, beginnend mit dem Jahre 1762, Münzreduktionen befahl, um schrittweise zum „guten" Vorkriegsgeld zurückzukehren, da vergrößerten sich die wirtschaftlichen Schwierigkeiten. Das minderwertige Geld wanderte erneut in die Münzen, wo es umgeschmolzen wurde und zum $19^3/_4$-Taler-Fuß im Jahre 1763 bzw. zum 14-Taler-Fuß 1764 die Prägestätten wieder verließ. Dieser an sich notwendige Schritt verursachte eine totale Unsicherheit in Währungsfragen. Die preußischen Münzspekulanten fuhren trotz gegenteiliger Befehle fort, minderwertiges Geld auszuprägen, um aus dem Nebeneinander verschiedener Münzsorten Gewinn zu schlagen. Das „gute" Geld wurde knapp. Kaufleute und Unternehmer erlitten bei der Geldreduktion hohe finanzielle Verluste. Sie konnten ihre Geschäfte nicht mehr im alten Umfang fortsetzen. Dazu kam ein Rückgang der Nachfrage. Die notwendige Folge waren Produktionseinschränkungen. Im Seidengewerbe, dem „Lieblingskind" des Monarchen, mußte ein Sechstel der damals in Berlin in Betrieb befindlichen Seiden- und Samtwebstühle stillgelegt werden. Ähnlich sah es im Wollgewerbe aus. Von den 3 082 Webstühlen, auf denen hier 1761 produziert wurde, gab es 1765 nur noch 2 649.

1763 löste der plötzliche Rückgang der Konjunktur eine Welle von Bankrotten in Amsterdam aus. Da Amsterdam – der größte Kapitalmarkt im damaligen Europa – wirtschaftlich eng mit anderen Staaten verflochten war, blieben die Firmenzusammenbrüche nicht ohne Wirkung. Stark betroffen wurde zunächst Hamburg. Hier mußten innerhalb kurzer Zeit 95 Bank- und Handelshäuser Konkurs anmelden. Die Krise griff auch auf Preußen über. Eines ihrer ersten Opfer wurde hier der bereits erwähnte Manufakturunternehmer Gotzkowsky; er machte im Jahre 1766 bankrott. Auch andere Kaufleute und Manufakturisten Preußens erlitten hohe finanzielle Einbußen, unter ihnen selbst eine für damalige Verhältnisse so große Firma wie Splitgerber & Daum. Die Bankrotte riefen eine allgemeine Verwirrung hervor. Man konnte sie sich nicht erklären und bauschte ihre Folgen auf. Der König aber machte nach bewährter Manier die Betroffenen selbst für die Konkurse verantwortlich. Sie hatten nach seiner Meinung einfach über ihre Verhältnisse gelebt.

Bis zum Jahre 1766/67 stagnierte die wirtschaftliche Entwicklung in Preußen. Eine zweite Bankrottwelle führte in diesen beiden Jahren zum Zusammenbruch vieler Betriebe. 1767 erreichte die Zahl der Konkurse ihren Höhepunkt: 110 Verfahren liefen zu diesem Zeitpunkt vor dem Kammergericht in Berlin.

Die komplizierte wirtschaftliche Situation zwang zu außerordentlichen Maßnahmen. Überlegungen über den weiteren Weg ökonomischer Entwicklung wurden damals in vielen deutschen Territorialstaaten angestellt. Dabei versuchte das selbständiger gewordene Manufaktur- und Handelsbürgertum in einigen von ihnen einen größeren Einfluß auf die Wirtschaftspolitik der Feudalstaaten zu bekommen.

In Preußen fällt zunächst nur die erhöhte Aktivität des Königs auf. Nahezu ausschließlich widmete er sich in diesen Jahren der Wirtschafts- und Finanzpolitik. 1763 bereiste er einige Provinzen, um sich ein genaues Bild über ihren Zustand zu machen. Den gleichen Zweck verfolgten statistische Erhebungen, die er damals anstellen ließ. Friedrich II. bewilligte in besonders dringenden Fällen Soforthilfe. So wurde aus Heeresbeständen Korn für die Aussaat verteilt, hart betroffenen Provinzen die Steuer für eine kurz bemessene Frist erlassen. Auf die Dauer konnten Bürger und Bauern nicht mit solchen Steuernachlässen rechnen. Bald zeigte sich, das Dreh- und Angelpunkt aller derjenigen Bemühungen, die Zeitgenossen und bürgerliche Historiker mit dem Begriff „Retablissement" umschrieben, die Stabilisierung und Erweiterung des Staatshaushaltes war. Um das Steueraufkommen zu erhöhen, mußte die Wirtschaft gesunden. Friedrich erkannte das klar. Deshalb seine Sorge um eine „Peuplierung" des Landes und um eine Erhöhung der landwirtschaftlichen und gewerblichen Produktion. Sein Interesse an der Wirtschaft war fiskalisch und machtpolitisch begründet. Nur ein wirtschaftlicher

Aufschwung versprach ausreichende finanzielle Mittel, die wiederum nötig waren, um Preußens Platz unter den Großmächten zu behaupten und auf kriegerische Auseinandersetzungen vorbereitet zu sein. Heerwesen, Außen- und Finanzpolitik standen in einem unlösbaren Zusammenhang. 1776 bekundete Friedrich II., sie wie ein „Dreigespann Stirn an Stirn" lenken zu wollen. Wer die Jahre des „Retablissements" daher nur als wirtschaftliche Aufbauarbeit nach dem Kriege begreift, mißversteht oder verfälscht den Charakter der damaligen Maßnahmen. Es ging nach den Wirren des Krieges um die innere Festigung des feudalabsolutistischen Regimes. Die aber ließ sich nur durch einen ganzen Komplex von Maßnahmen erzielen: Durch wirtschafts- und finanzpolitische Schritte ebenso wie durch eine Rationalisierung des Behördenapparates. Veränderungen und Pläne solcher Art konnten nicht ohne Wirkung auf die Gesellschaft bleiben. Von ihnen wurden alle Klassen und Schichten in Preußen direkt oder indirekt betroffen. Deshalb waren die Jahre des „Retablissements" eine Zeit der Gärung, der Klassenauseinandersetzungen und Meinungskämpfe. Friedrich war zwar absolut, aber so absolut wiederum nicht, daß er ohne den Druck divergierender Auffassungen und konträrer Klasseninteressen hätte regieren können.

Das zweite „Politische Testament"

Ziel und Inhalt des „Retablissements" fanden ihren sichtbarsten Ausdruck im „Politischen Testament" des Jahres 1768. In ihm bilanzierte Friedrich II. seine Kriegserfahrungen. Grundsätzlich unterschied es sich kaum von dem des Jahres 1752, nur schienen viele Aussagen verschärft und auf die Spitze getrieben. Da war zunächst die eindeutige Feststellung des Preußenkönigs: „Wir müssen Preußen als einen Militärstaat betrachten; alles muß darauf eingestellt sein."(4) Die gesamte Innen- und Außenpolitik unter diesem Gesichtswinkel zu betreiben, das riet der Monarch seinen Nachfolgern. Wie vor dem Kriege flossen in Friedrichs Politik Furcht vor fremder Aggression und eigene Eroberungsgier zusammen. Der Ausgang des Siebenjährigen Krieges und seine Ergebnisse hatten ihn keineswegs davon überzeugt, daß sich Preußen nicht „abrunden" ließ. Nach wie vor kreisten seine Gedanken um mögliche Eroberungen. Dabei machte sich nun die Tendenz bemerkbar, „Erbansprüche" auf weiter entfernt liegende Territorien zugunsten angrenzender Gebiete hintenanzustellen. „Ein uns benachbartes Land, ein Gebiet, das das unsere abrundet, ist hundertmal wichtiger als ein Land, das fern von unseren Grenzen liegt."(5) Hauptaggressionsziel blieb unter diesem Gesichtspunkt Sachsen. Auf das wirtschaftlich blühende, freilich durch den Krieg ruinierte Sachsen kam Friedrich immer wieder zu sprechen: Es war für ihn im Falle eines Krieges erster Kriegsschauplatz, wichtigste Finanzquelle, Menschenreservoir zur Auffüllung der Armee und schließlich auch Eroberungsobjekt. Auch Westpreußen wollte der Monarch noch immer „Blatt für Blatt" wie eine Artischoke verspeisen. Darüber hinaus sprach er erstmals den Gedanken einer Teilung Polens aus. Der Zustand dieses Landes, seine innenpolitischen Schwierigkeiten boten nach seiner Meinung genügend Voraussetzungen dafür. „Vielleicht bleibt ein verkleinertes polnisches Reich innerhalb der Grenzen der drei Teilungsmächte Rußland, Preußen und Österreich bestehen."(6)

Auf diese Eroberungen finanziell und militärisch jederzeit vorbereitet zu sein, erklärte Friedrich als sein Ziel. Ausgehend von den Erfahrungen des Siebenjährigen Krieges veranschlagte er nun bedeutend höhere Kriegskosten. War er 1752 von einer vierjährigen Kriegsdauer ausgegangen, wofür er fünf Millionen Taler jährlich zur Verfügung haben wollte, so konzipierte er nun acht Kriegsjahre und zwölf Millionen Taler Kriegskosten pro Jahr. Nun waren die staatlichen Kassen in Preußen nach Kriegsende zwar nicht leer, aber mit minderwertigen Münzen angefüllt. Auch gingen die Steuern nicht in der gleichen Höhe wie vor dem Kriege ein. Friedrich selbst konstatierte erheblich gesunkene Akziseeinnahmen. Für die Verwirklichung seiner außenpolitischen Ziele aber brauchte er nicht nur ein stabiles Steueraufkommen auf dem Niveau der Vorkriegszeit, sondern Mehreinnahmen. Die ließen sich auf dreierlei Art erreichen: durch eine Überwindung der Krisenerscheinungen und ein Aufblühen der Wirtschaft, eine bessere Verwaltung mit geringeren Ausgaben und durch größeren Steuerdruck auf die Bevölkerung. Letzteren wollte der König vermeiden. Alle Äußerungen aus dieser Zeit zeigen, daß er die Illusion hegte, mittels einer Neuordnung der Steuern bei grundsätzlicher Vermeidung von Steuererhöhungen und durch eine Neuorganisation der Verwaltung ein Plus zu erwirtschaften. Als ihm seine Beamten hierin nicht folgten, weil sie überhaupt bezweifelten, aus dem ausgebluteten Land mehr herauspressen zu können, da beriet sich der Monarch mit ausländischen Finanzleuten.

Calzabigis großes Bankprojekt

Auf die Krisenerscheinungen in der Wirtschaft reagierte Friedrich II.
mit einem Hang zu gewagten Projekten. Er verwarf keinen Plan,
wenn er nur irgendwie Geld versprach. Noch während des Krieges
hatte Friedrich den Abenteurer und Bankier Antonio di Calzabigi
aus Livorno kennengelernt, der vorher in Frankreich als Finanzmann
eine Rolle gespielt hatte. Er nahm ihn in seine Dienste; zunächst
um eine Lotterie in Preußen einzuführen. Bald aber entwickelte
Calzabigi den Plan einer großen Bankgründung. Bis zu diesem Zeitpunkt gab es in Preußen kein solches Unternehmen. Bankgeschäfte
wurden von Handelskapitalisten mitbetrieben. Die Gründung eines
Finanzinstituts war daher an sich notwendig, nur suggerierte Calzabigi dem König eine ganz besondere Bank, die Kopie eines Unternehmens, das Jahrzehnte zuvor bereits in Frankreich gescheitert war.
Die in Berlin geplante Bank sollte neben Finanzgeschäften die
Münzprägestätten betreiben und den Holzhandel mit dem Ausland,
den gesamten schlesischen Leinwandhandel sowie den Handel mit
Rußland, Polen, dem Mittelmeerraum, den nördlichen Ländern und
mit China monopolisieren. Calzabigi beabsichtigte, ihr eine Raffine-
rie für schlechte Gold- und Silbermünzen und eine Versicherungsgesellschaft für Seeschiffahrt anzuschließen. Das Gründungskapital
hoffte er durch den Verkauf von Aktien zusammenzubringen; einen
Teil davon reservierte der Staat von vornherein für sich selbst. Wie
aber konnte man unter den Bedingungen wirtschaftlicher Depression
darauf hoffen, genügend finanzstarke Unternehmer für die Bank zu
gewinnen? Handels- und Manufakturkapitalisten mit großen, verfüg-
baren Kapitalien gab es in Preußen ohnehin nur wenige. Jetzt aber
kämpften einige von ihnen um die nackte Existenz. Ganz abgesehen
von der besonderen Art des geplanten Unternehmens, fehlten unmittelbar nach Kriegsende einfach die wirtschaftlichen Voraussetzungen
für die Gründung einer Bank.

Friedrich aber war Feuer und Flamme. Von Calzabigis Projekt erhoffte er eine wirtschaftliche Belebung des Landes und natürlich
hohe Gewinne. Schon im Oktober 1764 berief er eine Bankkommis-
sion unter der Leitung seines Ministers Ludwig von Hagen, der später so etwas wie sein „Chefminister" wurde. Wie nicht anders möglich, verlief die Aktienzeichnung trotz staatlichen Drucks auf die
Unternehmer außerordentlich schleppend. Das lag nicht nur an den geringen finanziellen Möglichkeiten, sondern erwies sich bald als eine

besondere Form passiven Widerstandes; denn nach Veröffentlichung des genauen Planes sahen viele Unternehmer, daß hier ein Angriff auf das eigene Geschäft geplant war, daß die Bank jeglichen Großhandel an sich reißen und monopolisieren wollte. So nahm beispielsweise die Bürgerschaft Schlesiens mit wahrem Entsetzen von der verkündeten Monopolisierung des Leinwandhandels Kenntnis. Kaufleute aus Breslau und Hirschberg wandten sich mit Eingaben an den König. Der lud sie sowie Abgesandte aus anderen Provinzen zu Verhandlungen nach Berlin. Das bedeutete nicht etwa ein Abgehen von autokratischen Regierungsmethoden, aber ohne Unternehmer und Kaufleute ließen sich des Königs Pläne nicht verwirklichen: Wer den Leinwandhandel monopolisieren wollte, der mußte sich mit den Kaufleuten aus Hirschberg und Breslau arrangieren. Die aber dachten gar nicht daran. Sie ertrotzten vom König einen faktischen Verzicht auf das Monopol. Im Dezember 1764 mußte er ihnen schriftlich bestätigen: „Der schlesische Leinwandhandel bleibt den schlesischen Kaufleuten ganz frei und uneingeschränkt."(7)

Die Auseinandersetzungen um die Verwirklichung des Calzabigischen Projektes gingen bis 1766/67 weiter. Dabei fanden Kaufleute und Unternehmer einiger Städte bzw. einiger Branchen Teile des Planes nicht einmal schlecht. Für die Versicherungsgesellschaft bestand durchaus Interesse. Eine solche gab es nämlich in Preußen nicht. Wer seine über See gehenden Waren versichern lassen wollte, mußte sich an niederländische Unternehmen halten. Warum also ein Geschäft dieser Art, von dem sich die Kaufleute solcher Städte wie Stettin und Magdeburg Gewinn versprachen, nicht in Preußen gründen? Als dann aber 1765 die Gesellschaft tatsächlich entstand, war das anfängliche Interesse schon wieder erloschen. Friedrich II., der von jeher die Potsdamer und Berliner Bürger begünstigte, hatte ihnen das Unternehmen in die Hände gespielt. Berlin aber war der ungünstigste Ort für eine Gesellschaft, die Versicherungsabschlüsse für die Seeschiffahrt tätigen sollte. Stettins und Magdeburgs Kaufleute widersetzten sich nun. Sie verweigerten den Aktienkauf. Über Jahre hinweg befand sich die Gesellschaft am Rande des Bankrotts. Sie konnte auf keinen grünen Zweig kommen. Das lag anfangs auch an der Koppelung von Versicherung und Bank. Wer nämlich Aktien für die Versicherung erwerben wollte, der mußte gleichzeitig welche der Bank nehmen. Das tiefverwurzelte Mißtrauen gegen letztere und ihre mißlichen Finanzverhältnisse bestimmte viele Bürger, auf den Aktienkauf zu verzichten. Als im Februar 1765 in Hamburg eine

Versicherung gegründet wurde, die einen solchen Zwang nicht kannte und schon aus diesem Grunde eine ernstzunehmende Konkurrenz zu werden drohte, da bestanden die Vorsteher der Gesellschaft und Minister von Hagen auf einer Trennung der einzelnen Unternehmen. Calzabigis großes Projekt war damit faktisch gescheitert. Von nun an entstanden die einzelnen Gesellschaften unabhängig voneinander. Die Opposition von Kaufleuten und Unternehmern hatte jetzt ein neues Ziel. Sie bekämpfte die bald darauf entstehenden Handelsunternehmen.

Die 1765 errichtete Bank aber mußte auf privates Gründungskapital verzichten. Sie wurde ein staatliches Institut, in dem anfangs unglaubliche Verhältnisse herrschten. Von den 400 000 Talern Anfangskapital gingen am Tage der Gründung beispielsweise 78 800 Taler als „Geschenke" an den Hamburger Kaufmann Wurmb, der die Bank zuerst leitete, sowie an einen weiteren Unternehmer und an den mit Calzabigi verbundenen Intimus Friedrichs II., Quintus Icilius. Verderblicher als diese Vetternwirtschaft war der Zwang, der über die Bank auf das Wirtschaftsleben ausgeübt wurde. Die mißliche, wenn nicht korrupte Geschäftsführung, die finanzielle Verquikkung von Bank, Tabakpachtgesellschaft und Levantinischer Handelskompagnie – zwei der in dieser Zeit entstandenen Gesellschaften –, die Vergabe von Darlehen der Bank an Calzabigi, Wurmb und deren Gesinnungsgenossen führten schon im Oktober zur faktischen Schließung des neuen Finanzinstituts. Im November und Dezember nahm die Bank nicht einen einzigen Groschen ein. Unter diesen Umständen konnte das staatliche Unternehmen kein Vertrauen wecken. Erst nach seiner Reorganisation und einer längeren Entwicklungszeit wurde es allmählich zu einem soliden Betrieb.

Ernsthafte Auseinandersetzungen verursachte bald darauf die nach dem Plan Calzabigis gegründete Levantinische Handelsgesellschaft, die ein Beschaffungsmonopol für Baumwolle und andere Levantewaren erhielt. Mit dieser Gesellschaft griff Friedrich II. in die Entwicklung eines Gewerbezweiges ein, der gerade damals im internationalen Maßstab an Bedeutung gewann. In Preußen dominierte in jener Zeit das Textilgewerbe. 1769 waren mehr als 80 Prozent (Schlesien ausgenommen) aller für den überlokalen Bedarf arbeitenden Produzenten im Textilgewerbe tätig. Lange Zeit hatte der preußische Staat das Wollgewerbe mit seiner einheimischen Rohstoffgrundlage begünstigt und die Baumwollproduktion eingeschränkt. Nun aber gewann die Verarbeitung von Baumwolle mehr und mehr an Gewicht. Das lag nicht zuletzt an der zunehmenden Beliebtheit, auf die die leichten, bunt bedruckten und billigen Baumwollstoffe beim Volk stießen. Die Manufakturunternehmer vieler Länder stellten sich auf den neuen Massenbedarf ein. Es begann eine Konjunktur im Baumwollgewerbe, die trotz zeitweiliger wirtschaftlicher Schwierigkeiten auch auf Preußen übergriff. Vor allem die Kattunproduktion stieg. Die Zahl der entsprechenden Manufakturen in Berlin erhöhte sich von acht zu Beginn der fünfziger Jahre auf zwölf im Jahre 1766.

Die beschriebene Entwicklung verlief anfangs gegen die Wirtschaftspolitik des Staates und später – als hemmende Verbote gefallen waren – unabhängig von staatlichen Förderungsmaßnahmen. Friedrich II., der das Seidengewerbe mit erheblichem finanziellem Aufwand begünstigte, weil nach seiner Meinung für den Import von Seidenwaren viel Geld außer Landes ging, kümmerte sich um die Baumwollproduktion nicht sonderlich. Folglich waren die Unternehmer der Baumwollbranche weniger reglementierenden Eingriffen der Behörden ausgesetzt und konnten sich freier als andere entfalten. Sie waren deshalb auch weniger auf den Staat eingeschworen, wirtschaftlich beweglicher und – da sie meist ohne finanzielle Unterstützung arbeiteten – auch politisch nicht in dem Maße abhängig wie die Seidenmanufakturisten. Mit der Gründung der Levantinischen Handelsgesellschaft wirkte der Staat nun auch in starkem Maße auf die Entwicklung dieser Branche ein. Die Gesellschaft war zwar nominell ein privatwirtschaftliches Unternehmen. Über seine Mittelsmänner Wurmb und den Leiter der Gesellschaft, den Niederländer Philipp Clement, sicherte sich der absolutistische Staat jedoch einen Anteil von 266 Aktien.

Clement konzentrierte sich auf die Baumwolleinfuhr und setzte sein Monopol mit staatlicher Hilfe durch. Die meisten preußischen Manufakturisten hatten ihre Baumwolle bisher aus Wien bezogen. Nur ein einziger von ihnen, Johann Georg Sieburg, einer der bedeutendsten Unternehmer in Preußen, hatte sie sich direkt aus den Erzeugerländern beschafft und auch kleinere, von ihm abhängige Handwerker verlegt. Mit der Gründung der Gesellschaft verloren die Baumwollproduzenten das Recht, sich mit den erforderlichen Rohmaterialien selbst zu versorgen. Eine ganze Serie von Plackereien begann für sie. Noch vor Gründung der Gesellschaft bestellte Baumwolle wurde ihnen nicht ausgeliefert. Sie lagerte auf dem Packhof der Akzise, wo sie dem Verderben preisgegeben war. Einer der Unternehmer, Isaak Benjamin Wulf, mußte für seine 65 Zentner Baumwolle, die ihm die Gesellschaft vorenthielt, einen Taler Abfindung pro Zentner zahlen. Der Rohstoff wurde knapp. Einige kleinere Handwerker, die sich keine Vorräte angelegt hatten, mußten ihre Produktion drosseln. Noch schlimmer war, daß die Gesellschaft einige Sorten Baumwolle überhaupt nicht liefern konnte und im übrigen stark überhöhte Preise verlangte.

Die Unternehmer wehrten sich mit den ihnen zur Verfügung stehenden Mitteln. Sie überhäuften den Monarchen mit Eingaben. Als diese ohne Wirkung blieben, verbanden sie sich zum Boykott der Gesellschaft. Der Kleinkrieg zwischen ihnen und der Handelskompagnie dauerte bis zum Jahre 1769 an. Dann machte die Gesellschaft bankrott. Clement wurde verhaftet. Die Unternehmer hatten sich gegen den Willen des Königs durchgesetzt. In ihren Auseinandersetzungen waren sie von vielen Beamten in den Provinzialverwaltungen und sogar im Generaldirektorium unterstützt worden. Insofern können die Kämpfe um die Levantinische Handelsgesellschaft als ein Symptom für die sich zuspitzende Situation im Lande angesehen werden. Viele Beamte leisteten dem Monarchen nicht mehr Gefolgschaft. Sie fanden seine Maßnahmen schädlich.

Die Regie

Der Konflikt erreichte seinen Höhepunkt, als Friedrich II. 1766 dazu überging, eine neue Steuerverwaltung, die sogenannte Regie einzurichten. Wie schon erwähnt, waren die Steuereinnahmen nach dem Kriege gesunken. Da der König bei der Neuordnung des Steuerwesens auf den Widerstand seiner Beamten stieß, umging er sie. Er ließ Finanzleute aus Frankreich kommen, um mit ihnen über eine Steuerpacht nach französischem Vorbild zu verhandeln. In Frankreich hatten seit langem sogenannte Steuerpächter gegen eine bestimmte feste Abgabe an den Staat das Recht der Steuereintreibung übernommen. Alles, was über die an den Staat zu zahlende Summe hinausging, wanderte in die eigenen Taschen. Frankreichs Steuerpächter gehörten zu den reichsten, aber auch zu den verhaßtesten Leuten des Ancien régime. Wenn Friedrich II. die Steuern dann doch nicht verpachtete, so lag das an der nicht ausreichenden Finanzkraft der französischen Fachleute. Am 14. Juli schloß er mit ihnen einen

Vertrag über die Gründung der sogenannten Regie ab. Damit wurde die Eintreibung der Steuern aus dem Aufgabenbereich der Provinzialverwaltungen herausgelöst und einer selbständigen Behörde, eben der Regie, überantwortet. Wie so häufig im Staate Friedrichs II. setzte man im Falle der Regie an sich notwendige Maßnahmen auf eine Art und Weise durch, daß nachteilige Wirkungen auf die Wirtschaft nicht zu vermeiden waren. Die Bildung von Fachbehörden war damals dringend erforderlich. Die bisherigen, nach dem Territorialprinzip geordneten staatlichen Instanzen entsprachen nicht mehr den gestiegenen Anforderungen. Deshalb hatte der König unmittelbar nach seinem Regierungsantritt auch das schon erwähnte Ministerium für Handel und Gewerbe geschaffen. Ihm war bald ein Ministerium zur Versorgung der Armee gefolgt. Mit der Gründung der Regie – und später des Bergbauministeriums – setzte der König diesen Prozeß fort. Nicht die Bildung einer eigenen Steuerverwaltung ist ihm daher anzulasten, obwohl viele seiner Beamten gerade dies kritisierten. Viel eher könnte man seine ungenügende Konsequenz bei der Schaffung von Fachministerien bemängeln. Was sich für die Bürger Preußens und die preußische Wirtschaft im Zusammenhang mit der Regiegründung jedoch negativ auswirkte, waren die konkreten Umstände, unter denen die neue Behörde entstand.

Da sich zur gleichen Zeit der Steuerdruck auf die Bürger verstärkte, lasteten viele Einwohner Preußens diesen Umstand nicht ganz zu Unrecht den ins Land gerufenen Franzosen an. Am 15. Juli 1768 erließ der König eine Kabinettsorder, die die Ausarbeitung eines neuen Akzisetarifs befahl. Als wichtigste Richtlinie gebot die Order, unentbehrliche Konsumtionsmittel wie Getreide, Bier und Fleisch geringer zu besteuern, Luxuswaren dagegen heraufzusetzen. Leider geriet die Praxis nicht nach den postulierten Leitsätzen. Tatsächlich wurden die Abgaben für Getreide zwar aufgehoben, dafür aber die Bäckereiverordnung aus dem Jahre 1744 revidiert und die „Brottaxe" erhöht, so daß das Grobbrot bald wieder seinen alten Preis erreichte. Die Steuern für Fleisch und Getränke (außer Dünnbier) aber stiegen sofort an. Darüber hinaus führte die Neuordnung des Tarifs zu einer Steigerung vieler Akzisesätze, weil man die bis dahin unterschiedlichen Tarife der einzelnen Provinzen dem höchsten in der Kurmark anglich. Das Tarifwerk wurde so zu einer fiskalischen Maßnahme im Sinne der Regie. Die Lasten der Akziseneuordnung trug das Volk, das der König angeblich auf Kosten der Reichen hatte schonen wollen. Ein zeitgenössischer Ökonom, Leopold

Krug, errechnete, daß nur sieben Prozent der Akziseeinnahmen auf Waren entfielen, die ausschließlich von den reichen Schichten verbraucht wurden. Für die meisten Bewohner der Städte bildeten die neue Behörde und der wachsende Steuerdruck eine unlösbare Einheit. Sie haßten die französischen Steuereintreiber, sahen in ihnen die Schuldigen an ihrem Elend, widersetzten sich und verprügelten sie auch hin und wieder. Friedrich II. drohte daraufhin drastische Strafen an. Andererseits verhielten sich die Beamten auch denkbar ungeschickt und hart. Ohne Kenntnis des Landes und seiner Bewohner, ließen sie sich als willfährige Werkzeuge absolutistischer Politik benutzen.

Da mit der Einrichtung der Regie eine Bürokratisierung der gesamten Steuerverwaltung einherging, die den Handel außerordentlich belastete, regte sich auch unter den Kaufleuten Opposition. Welch groteske Formen die Bürokratisierung erreichte, mag ein einziges Beispiel erhellen. In Kleve wurden beispielsweise für Butter und andere Lebensmittel vom Lande jährlich 870 Taler eingenommen. Dafür waren 43 773 Zettel auszustellen, so daß der Lohn für das bloße Schreiben die Einnahmen um das Doppelte überstieg.

Gegen die Regie richtete sich so der Haß vieler Bürger: der kleinen Handwerker, weil sie das Anziehen der Steuerschraube mit ihr in Zusammenhang brachten; der Kaufleute und teilweise auch der Manufakturunternehmer, weil sie unter der Bürokratisierung der Steuerverwaltung litten, und schließlich auch der Beamten, weil sie sich von den Franzosen aus angestammten Positionen verdrängt sahen.

Der Fall Ursinus

Im Herbst 1766 war ein Punkt erreicht, wo die Lage unerträglich schien. Friedrichs Verordnungen aus dieser Zeit wurden im Ton immer barscher. Er konnte sich die wirtschaftlichen Schwierigkeiten nicht erklären und führte sie auf die Unfähigkeit und Renitenz seiner Untertanen und Beamten zurück. Viele von ihnen kanzelte er regelrecht ab. Er verbat sich eigene Initiative und Vorschläge über die weitere Entwicklung des Landes. Zu keiner Zeit war er weniger geneigt, den Ratschlägen selbst höchster Beamter zu folgen. Da sie ihm in der wichtigen Frage der staatlichen Finanzen widersprachen, reagierte er auf alle Einwände, die von ihnen kamen, strikt ablehnend.

Die Beamten wiederum standen unter dem Druck der vielen Beschwerden, die Kaufleute und Manufakturunternehmer in den Nachkriegsjahren an sie richteten. Ausgestattet mit der konkreten Kenntnis der lokalen Umstände, mitunter mit den Beschwerdeführenden persönlich bekannt, waren sie viel eher als der König oder die französischen Regisseure geneigt, die Berechtigung solcher Klagen anzuerkennen. In dieser Situation machte der Großkanzler von Jariges den Vorschlag, die Ursachen der Krise zu untersuchen. Friedrich antwortete anfangs in gewohnter Manier. Er fand nichts zu untersuchen, denn es sei hinlänglich bekannt, „daß die Kaufleute aus Intrige gegen die neue Königliche Banco mehr als eine Million baren Geldes außer Landes geschickt, daß viele Kaufleute ihrer verschwenderischen Wirtschaft halber bankrott gemacht und den Credit der übrigen ruiniert, daß die Kaufleute aus Caprice gegen die neuen Einrichtungen solche verschrien und sich selbst und der Handlung den größten Schaden zugezogen hätten."(8) Trotz dieser ablehnenden Äußerungen erhielt der Geheime Finanzrat Erhard Ursinus, die rechte Hand des Königs bei der Leitung des V. Departements, den Befehl, einen Bericht über die wirtschaftliche Lage zu verfassen. Am 1. Oktober 1766 legte Ursinus seine Untersuchung über den „Niedergang von Handel und Gewerbe" vor. In sachlicher Form, ohne Kommentar, verwies der Beamte auf die Krisenerscheinungen. Friedrich las aus dem Bericht eine teils versteckte, teils offene Parteinahme für das Bürgertum heraus. Der Berichterstatter, der vorher dreizehn Jahre lang als königlicher Beamter bei der Akzise in Königsberg gearbeitet hatte und von dieser Tätigkeit her an eine ehrliche Kooperation mit Kaufleuten und Manufakturunternehmern gewöhnt war, stand wie andere Beamte unter dem Eindruck der ständigen Klagen, die das Bürgertum seit nahezu drei Jahren vorbrachte. Seit seiner Königsberger Zeit von der Notwendigkeit größerer Freizügigkeit für die Bürger überzeugt, solidarisierte er sich mit dem Bürgertum gegen die Wirtschaftspolitik des Königs.

Auf drei wesentliche Gründe führte Ursinus die Niedergangserscheinungen in Handel und Gewerbe zurück: auf den Krieg und seine Folgen, die gewachsene Konkurrenz anderer Staaten und die verfehlte Wirtschaftspolitik des Monarchen. Die direkte Kritik an den königlichen Maßnahmen nahm im Bericht sogar den größten

Platz ein. Sie gipfelte in einer – wenn auch nicht ausdrücklich ausgesprochenen – Ablehnung der wirtschaftspolitischen Grundsätze Friedrichs II. Wie kühn der Bericht für preußische Verhältnisse war, muß den unterzeichnenden hohen Beamten bewußt gewesen sein. In einem Begleitbrief versicherten sie, dem König „die wahre Beschaffenheit der Lage" ohne Nebenabsichten eröffnet zu haben. Sie hofften, er werde es als eine Folge ihres Diensteifers in Gnaden aufnehmen, wenn sie „überall die reine Wahrheit" zu ihrer Richtschnur genommen hätten.(9)

Aber Friedrich II. nahm den Bericht nicht in Gnaden auf. Er reagierte mit Entrüstung. Schon einen Tag später hatte das Generaldirektorium die Antwort in Händen. In einer eigenhändigen Nachschrift kanzelte er die verantwortlichen Beamten ab: „Ich staune über der impertinenten Relation, so sie mir schicken, ich entschuldige die Ministres mit ihre Ignorance, aber die Malice und corruption muß exemplarisch bestrafet werden, sonsten bringe ich die Canaillen niemals in die Subordination."(10). Während die Minister mit dem Schrecken davonkamen, wurde Ursinus auf die Festung Spandau geschickt.

Der Fall Ursinus zeigt, wie weit man in Preußen mit kritischen Äußerungen gehen konnte. Ehrlichkeit und Zivilcourage waren nicht gefragt. Wer sich in so wichtigen Fragen gegen den König stellte, der mußte mit drastischen Maßnahmen rechnen. Sein Zorn über das ständig Klage führende Bürgertum war 1766 so groß, daß die offene Parteinahme eines Beamten für dieses Bürgertum wie der berühmte letzte Tropfen wirkte, der das Faß zum Überlaufen brachte.

Summiert man die Ergebnisse der Nachkriegsjahre, so ist ihr Resultat sehr widersprüchlich. Was blieb, waren einige wirtschaftliche Institutionen: die Bank, die Versicherung, später eine hier noch nicht erwähnte Seehandlungsgesellschaft und die Regie, die aber weiter bekämpft und nach dem Tode Friedrichs II. aufgelöst wurde, um in anderer Form als separate Steuerbehörde weiterzubestehen.

Was blieb, war aber auch die Erfahrung der Beamtenschaft, daß sich mit direkter Kritik bei Friedrich II. nichts erreichen ließ. Von nun an versuchte sie, eigene Vorstellungen auf anderem Wege durchzusetzen. Den hohen Beamten, unter ihnen in erster Linie dem schon erwähnten Ludwig von Hagen, ging es künftig vor allem darum, den „Apparat" in die Hände zu bekommen. Über eine Institutionalisierung des Ausbildungsverfahrens für Beamte versuchten sie, auf die personelle Zusammensetzung der Behörden einzuwirken; durchaus nicht, wie man vermuten könnte, im Sinne des Bürgertums, sondern oft des aristokratischen Elements. Es ging ihnen einfach um Kandidaten, mit denen sich zusammenarbeiten ließ, die die von ihnen im stillen durchgesetzte Linie unterstützten. Die Opposition der Beamten gegen den König betraf weitgehend ihre eigene Stellung im Staatsapparat. Das bedeutet nicht, daß es nicht auch Meinungsverschiedenheiten in Sachfragen gegeben hätte. Nur geht man fehl, wenn man daraus automatisch auf progressivere Positionen schließt. In Grundfragen der Politik, in der Steuerfreiheit des Adels, seiner sozialen und politischen Stellung, der Agrarentwicklung und der Zunftfrage stimmten König und hohe Beamtenschaft im wesentlichen überein. Gegensätzliche Auffassungen gab es vor allem über die Handelspolitik, die viele Beamte vom Gängelband staatlicher Bevormundung lösen wollten, und über die Methoden der Manufakturförderung. Wenn trotz autokratischer Regierungsmethoden der Einfluß der Beamten nach dem Siebenjährigen Kriege zunahm, dann lag das daran, daß sich der Staatsapparat vom „Kabinett" des Fürsten her nicht mehr überschauen ließ. Allein dadurch erhielten die höheren Beamten einen größeren Handlungsspielraum.

Was nach den Ereignissen der Nachkriegsjahre schließlich noch blieb, war die Erfahrung aller Beteiligten, daß die bürgerlichen Kräfte dem Monarchen nicht bedingungslos folgten. Wo deren Interessen auf dem Spiel standen, die absolutistische Wirtschaftspolitik in Widerspruch zu eigenen Bedürfnissen geriet, da opponierten sie. Die absolutistische Regierungsform, die auf einem Ausgleich zwischen Adel und sich entwickelnder Handels- und Manufakturbourgeoisie beruhte, funktionierte in Preußen zwar noch. Der Gegensatz zwischen dem Staat und Teilen dieses Bürgertums aber kündigte den Niedergang des absolutistischen Regimes an. Einigen Handels- und Manufakturkapitalisten war das Korsett staatlicher Wirtschaftspolitik zu eng geworden. Sie plädierten für eine freiere Entwicklung in Handel und Gewerbe. Allerdings bildeten sie bei weitem nicht die Mehrheit. Nach wie vor wirtschaftlich schwach und oft auch nicht konkurrenzfähig, waren viele von ihnen noch immer auf den Schutz des Staates vor der Konkurrenz aus weiter fortgeschrittenen Ländern angewiesen. In zwei große Gruppen spaltete sich fortan die preußische Handels- und Manufakturbourgeoisie: in die größere, die nach wie vor staatlicher Hilfe bedurfte und die sich für die Niederhaltung fremder Konkurrenz durch den Staat und folglich für

Schutzzölle aussprach, und in eine kleinere, die für freien Handel und für freie Konkurrenz eintrat. Zwar nahm in der Folgezeit, nach der Überwindung der Krisenerscheinungen zu Beginn der siebziger Jahre, die Opposition nicht wieder so breite Formen an, in bestimmten Zentren jedoch dauerte sie bis zum Tode Friedrichs II. fort: vor allem in Königsberg und in den preußischen Westprovinzen.

Die wirtschaftspolitischen Ansichten Friedrichs II.

Die Wirtschaftspolitik Friedrichs II. ist häufig als „merkantilistisch" bezeichnet worden. Über diese Kennzeichnung läßt sich streiten. Der Merkantilismus war eine im Zeitalter der ursprünglichen Akkumulation des Kapitals in England aufkommende bürgerliche politökonomische Lehre, deren Vertreter von Karl Marx als die „ersten Dolmetscher" des Kapitals bezeichnet, sich hauptsächlich mit der Zirkulationssphäre befaßten. Das Interesse daran hing mit der Dominanz des Handelskapitals zusammen; es war, wie Jürgen Kuczynski treffend formulierte, „solange kein dummer Fehler, keine völlig falsche oder vulgär irrende Erkenntnis der Wirklichkeit, wie faktisch in der Zirkulationssphäre beträchtliches Kapital angesammelt wurde."(11) Die Möglichkeit hierzu ergab sich nicht nur aus der brutalen Ausplünderung überseeischer Kolonien, sondern auch aus der Übervorteilung wirtschaftlich unterentwickelter Länder Europas und aus der Prellerei des eigenen Volkes. Obwohl die Merkantilisten die Entstehung von Profit aus dem Warenaustausch, das heißt aus dem Verkauf der Waren über ihren Wert ableiteten, kamen sie wesentlichen ökonomischen Gesetzmäßigkeiten auf die Spur.

Die Vertreter des Merkantilismus waren von Anfang an, je nach ihrer eigenen Interessenlage, in Anhänger eines freien Handels bzw. einer protektionistischen Handelspolitik gespalten. Rezipiert wurde in solchen feudalabsolutistischen Staaten wie Frankreich und in den deutschen Ländern aber hauptsächlich die protektionistische Richtung. Dem absolutistischen Staat und seinen höchsten Repräsentanten, Ministern und Fürsten, kamen die Empfehlungen englischer merkantilistischer Theoretiker, die auf eine genaue Reglementierung des Wirtschaftslebens, eine Kontrolle des Ex- und Importes und den Schutz des einheimischen Gewerbes hinausliefen, sehr entgegen. Sie entsprachen für eine gewisse Zeit den Bedürfnissen der verhältnismäßig schwachen Handels- und Manufakturbourgeoisie dieser Länder. Schon Zeitgenossen identifizierten aus diesem Grunde fälschlicherweise merkantilistisch mit protektionistisch. Viele bürgerliche Ökonomen und Historiker folgten ihnen hierin. Da Friedrich II., wie wir sehen werden, protektionistische Maßnahmen bis auf die Spitze trieb, schien er ihnen als der extreme Verfechter des Merkantilismus.

Friedrich war kein Theoretiker. Er bereicherte die merkantilistische Theorie nicht. Mehr noch, er kannte den Merkantilismus nicht einmal aus erster Hand. In seiner Bibliothek befanden sich neben dem merkantilistischen „Klassiker" Josiah Child lediglich zwei neuere Arbeiten. Ob er sie gelesen hat, ist nicht gewiß.

Die Stellung Friedrichs II. zur Wirtschaft und den Methoden ihrer Lenkung war in starkem Maße von seiner Großmachtpolitik geprägt. Ihr Nerv waren die Finanzen. Von ihnen ausgehend bestimmte er die Hauptrichtung preußischer Wirtschaftsentwicklung. Dabei kopierte er weniger das englische als das französische Vorbild. Die Wirtschaftspraxis der verschiedenen europäischen Staaten hing wesentlich vom Reifegrad der sich entwickelnden Bourgeoisie und den politischen Machtverhältnissen ab. In England und den Niederlanden war die Entstehung kapitalistischer Manufakturbetriebe, die Gründung großer Handelsgesellschaften und die expansive Handelstätigkeit weitgehend auf die Initiative bürgerlicher Kräfte zurückzuführen, während in Frankreich mit seiner schwächer entwickelten Handels- und Manufakturbourgeoisie der Staat in starkem Maße regulierend eingriff. Unter diesen Voraussetzungen ist es begreiflich, daß der Preußenkönig seine Blicke mehr auf Frankreich als auf England richtete. Seine Überlegungen und praktischen Maßnahmen gingen in der Nachkriegszeit von zwei Grundvoraussetzungen aus: Die Wirtschaft hatte die Mittel für den steigenden Finanzbedarf des absolutistischen Staates bereitzustellen; sie konnte das aber nur, wenn es ihr gelang, sich der Konkurrenz weiterentwickelter Länder zu erwehren. Viele Maßnahmen, die der König in dieser Zeit einleitete, verfolgten das Ziel, englische, niederländische, aber auch sächsische, österreichische und hamburgische Kaufleute und Manufakturunternehmer aus ihren bisherigen Positionen zu verdrängen.

Bis zu seinem Tode glaubte Friedrich II., der Konkurrenz am besten mit den Methoden einer Schutzzollpolitik begegnen zu können. Schon 1748 hatte er befohlen, „entbehrliche fremde Waren möglichst hoch" zu verzollen.(12) Seine allgemeine Maxime war, bei Anlage von Manufakturen im Lande den Import der entsprechenden fremden Manufakturwaren zu behindern oder gar zu verbieten. Ihren höchsten Ausdruck fand diese Politik in förmlichen Zollkriegen, die er vor und nach dem Siebenjährigen Kriege mit Sachsen und Österreich führte. Der Preußenkönig verteidigte diese Politik gegenüber allen Anwürfen innerhalb und außerhalb Brandenburg-Preußens. Nach seiner Meinung konnte man Vorteile für ein Land nur auf Kosten eines anderen erringen. Dabei gab es zur damaligen Zeit durchaus schon andere theoretische Vorstellungen über eine möglichst günstige Handelsentwicklung. Die französischen Spätmerkantilisten und die Physiokraten, die Vertreter eines anderen politökonomischen Systems in Frankreich, die sich im Unterschied zu den Merkantilisten bereits mit der Produktionssphäre beschäftigten, hielten Eingriffe des Staates in das Wirtschaftsleben nicht mehr für günstig. Sie plädierten für einen freien Handel. Auch in Preußen wurden Stimmen gegen die Verbotspolitik laut. Sie basierten noch nicht auf anderen theoretischen Vorstellungen, machten aber auf die wirtschaftlichen Nachteile einer Schutzzollpolitik aufmerksam. Vor allem, so klagten selbst die Beamten des Generaldirektoriums, verursachten Schutzzölle eine Verteuerung der Waren.

Die vor ausländischer Konkurrenz abgeschirmten einheimischen Manufakturisten belieferten die Bevölkerung oft mit qualitativ schlechten, dafür aber um so teureren Waren. Friedrich sah das durchaus. Aber er fand es natürlich. Er tolerierte sogar eine zeitweilige Verknappung der entsprechenden Produkte; denn oft waren die begünstigten Unternehmer nicht einmal in der Lage, das Land in ausreichendem Maße zu versorgen. Erst in den achtziger Jahren bahnte sich im Denken Friedrichs ein gewisser Umschwung an. Gegen Ende seines Lebens betonte er, die fremden Waren nun nicht eher „impostieren" (verzollen) zu wollen, „als bis dasselbe im Lande geschafft werden kann, was da fehlt."(13) Er gab im Gegensatz zu den Forderungen der meisten Beamten und einiger Unternehmer die Schutzzollpolitik aber nicht auf, er wollte nur ihre negativen Auswirkungen einschränken.

Der Handelspolitik des Königs lagen fiskalische und machtpolitische Motive zugrunde. Er befürchtete bei ungehindertem Ex- und Import ein Abfließen des Geldes ins Ausland. Friedrich hatte sich – wenn auch in vulgärer und stark vereinfachter Form – die merkantilistische Lehre von der Handelsbilanz zu eigen gemacht. Sie übte auf ihn eine große geistige Anziehungskraft aus. „Beim Handel und bei den Manufakturen muß grundsätzlich verhindert werden", so schrieb er, „daß das Geld außer Landes geht, dagegen bewirkt werden, daß es ins Land kommt."(14) Dem Monarchen ging es um eine aktive Bilanz. Lange Zeit mußte er in Preußen eine passive konstatieren. Erst 1776 sah er Erfolge. „Durch Errichtung vieler Manufakturen und vor allem durch die Erwerbung Schlesiens ist es mir gelungen", so stellte er fest, einen Exportüberschuß von 4,4 Millionen Talern zu erzielen.

Wenn die Lehre von der Handelsbilanz im Denken Friedrichs II. einen so großen Raum einnahm, dann lag das nicht zuletzt daran, daß er mit ihr die Möglichkeit der Schatzbildung verknüpfte. Von den 4,4 Millionen Exportüberhang wanderten nach seinen eigenen Angaben jährlich 2 Millionen, 1784 sogar 3 in den Staatsschatz, der sein wichtigstes Instrument zur Durchsetzung einer aggressiven Außenpolitik war. Noch zwei Jahre vor seinem Tode stellte er nach Erläuterungen über die Handelsbilanz und die Möglichkeit der Schatzbildung fest: „Man muß sich durchaus hüten, dieses Kapital auf dauernde Ausgaben zu verwenden. Es muß vielmehr für den Krieg aufgespart werden, der sicherlich ausbrechen wird, wenn ich kaum die Augen geschlossen habe."(15) Die aktive Handelsbilanz diente Friedrich II. zur finanziellen Stärkung des Staates und zur Vorbereitung auf kommende machtpolitische Auseinandersetzungen. Das von ihm rezipierte Gedankengut war geeignet, diesen machtpolitischen Vorstellungen Vorschub zu leisten. Es paßte sich in sein Konzept von der Stärkung Preußens und den daraus resultierenden zwischenstaatlichen Beziehungen bestens ein.

Nur wenn man die Schlüsselstellung der Handelsbilanzlehre im ökonomischen Denken Friedrichs beachtet, kann man auch zu einer richtigen Wertung seiner Manufakturpolitik kommen. Friedrich II. hat wiederholt seinen Willen bekundet, die gewerbliche Entwicklung Preußens zu fördern. Das geschah immer in direkter oder indirekter Verbindung mit der Lehre von der Handelsbilanz. Wer Manufakturen begünstigte, der verhinderte ein Abfließen des Geldes ins Ausland und sorgte für eine aktive Bilanz. Friedrichs Interesse an ihnen deckte sich so mit seiner Sorge um die wirtschaftliche und politische Stärkung der preußischen Monarchie. Daß mit der Gründung von Manufakturbetrieben und der Entwicklung eines Manufakturbürgertums Gefahren für die eigene Herrschaft verbunden sein können, lag außerhalb seiner Vorstellungswelt. Die Bildung solcher Unternehmen betrachtete er als ureigenste Sache, für die man freilich Vertreter des Bürgertums brauchte, denn dem Adel waren im

Staate Friedrichs II. andere Aufgaben vorbehalten. Es ist kennzeichnend für den preußischen König, daß er immer die „Ich-Form" verwandte, wenn er über Manufakturgründungen schrieb. Im zweiten Testament teilte er im Sinne einer Berichterstattung mit: „Was die Manufakturen betrifft, so habe *ich* die Tuchfabriken vermehrt ... *Ich* habe sämtliche bestehenden Seidenfabriken geschaffen ... *Ich* habe eine Anzahl von Eisenhämmern angelegt ..."(16)

Dabei hat Friedrich II. niemals eigene Manufakturen besessen. Das meinte er auch nicht, wenn er in der Ich-Form sprach. Er sah sich als Anreger zahlreicher Gründungen; denn dem Geschäftsgeist des preußischen Bürgertums mißtraute er gründlich. Niemals verließ er sich auf dessen Interesse an einer einträglichen Wirtschaftslage. Er reglementierte, schrieb vor, plante, ausgehend von den jährlich Bilanzen, die noch zu errichtenden Unternehmen, suchte schließlich mit Hilfe seiner Beamten Bürger zur Gründung solcher Manufakturen zu bewegen.

Die Aufmerksamkeit Friedrichs II. galt immer nur einigen Gewerbezweigen. Zu ihnen gehörten die für die Armee produzierenden Gewerbe, die Luxusindustrie, ohne die nach seiner Meinung eine negative Handelsbilanz zu befürchten war, und solche Branchen, deren Rohstoffgrundlage sich im eigenen Lande befand, für die also kein Geld außer Landes gehen mußte. Sie vor allem wurden vom König gestützt. Das bekam ihnen allerdings nicht in jedem Falle. Preußens Seidengewerbe wurde nie konkurrenzfähig. Der Monarch wußte das. Er trug dieser Tatsache insofern Rechnung, als er die Befriedigung des inländischen Bedarfs zu ihrem Hauptzweck erklärte. Wie im Falle des Kolonialhandels, auf den er gleichfalls verzichtete, übte er hier eine bewußte Selbstbeschränkung. Die aber war für wirkliche Merkantilisten ganz und gar untypisch. Friedrich II. orientierte auf den inneren Konsum, der dem Absatzbedürfnis einiger Seidenmanufakturunternehmer jedoch nicht mehr entsprach.

Vielen von ihm begünstigten Betrieben verschaffte er durch sogenannte Monopole eine Vorzugsstellung. Die derart Privilegierten verfügten meist über das ausschließliche Recht zur Erzeugung bestimmter Waren. Mit Hilfe solcher Monopole wurde also die Konkurrenz im Lande abgewürgt. Dabei war sich Friedrich über die Nachteile konkurrenzlosen Wirtschaftens durchaus bewußt. „Wer konkurrenzlos arbeitet", schrieb er, „liefert schlechte Waren, befriedigt das Publikum wenig oder begünstigt zu guter Letzt oft den Schmuggel."(17) Trotzdem glaubte er auf Monopole nicht verzichten zu können. Neugründungen versprachen nach seiner Meinung nur so Erfolg. Für Neugründungen, das heißt die Etablierung neuer Produktionszweige, aber war er wiederum aus Gründen der aktiven Bilanz. Solange es kein entwickeltes Seidengewerbe oder beispielsweise keine Zuckerraffinerien in Preußen gab, ließ sich das Geld – wie er meinte – nicht im Lande horten. Lieber nahm er erhöhte Preise und teilweise auch schlechte Waren in Kauf, als Geld für den Import solcher Erzeugnisse auszugeben. Nur wenn sich aus der Monopolstellung einzelner Unternehmer keine Vorteile für den Staat ergaben, hob er das bestehende Monopol wieder auf.

Alles in allem besaß Friedrich II. wirtschaftlich kein tragbares Konzept für die Zukunft. Er wollte Preußens Wirtschaft immer noch mit den Methoden seines Vorgängers leiten. Diese Methoden wurzelten theoretisch im Merkantilismus, waren allerdings angepaßt an die im Vergleich zu England rückständigen preußischen Feudalverhältnisse. Ohne genauere Kenntnis merkantilistischer Theoretiker, vielmehr angeregt durch die absolutistische Wirtschaftspraxis Frankreichs, entnahm der König dem weitgespannten Arsenal merkantilistischen Denkens diejenigen Ideen, die in sein machtpolitisches Konzept paßten.

Die Agrarverhältnisse

Nicht weniger Aufmerksamkeit als die Gewerbeentwicklung forderte in der Nachkriegszeit die Landwirtschaft. Der Krieg hatte ihr schwere Schäden zugefügt. Friedrich II. suchte sie zu überwinden, indem er mehrere Maßnahmen gleichzeitig einleitete. Da war einmal der unmittelbare Wiederaufbau der zerstörten Dörfer und landwirtschaftlichen Gebäude, den in Pommern und der Neumark der Geheime Finanzrat von Brenkenhoff leitete. Was aber nützten Häuser, solange die Menschenverluste nicht ausgeglichen waren? Der Monarch drängte wie nach den ersten beiden Schlesischen Kriegen auf die Ansetzung von Kolonisten. 1767, als er die Kammer in Pommern wieder einmal zu mehr Aktivität antrieb, lobte er sie zwar für die Wiederaufbauleistungen, ihm aber sei „mehr an Menschen, als an leeren Häusern" gelegen, weshalb die Beamten vor allem auf die Anwerbung fremder Familien bedacht sein müßten. Mit der Kolonisation verknüpfte sich wie vor dem Kriege die Kultivierung umfangreicher

Ländereien. Am spektakulärsten waren in der Nachkriegszeit die weitere Regulierung der Oder und die Trockenlegung des Netze- und Warthebruchs. Gestützt auf Franz Balthasar Schönberg von Brenkenhoff, einen Mann mit ungeheurer Energie und großem Organisationstalent, der aber kaum mehr als seinen Namen schreiben konnte, setzte Friedrich die nach den ersten beiden Schlesischen Kriegen begonnene Binnenkolonisation fort. Insgesamt sollen unter seiner Regierung auf dem Lande ungefähr 250 000 Personen angesiedelt worden sein. Setzt man diese Zahlen mit den Menschenverlusten des Siebenjährigen Krieges ins Verhältnis, dann wird deutlich, wie schmerzhaft das Land und seine Wirtschaft allein die Vernichtung menschlicher Produktivkräfte traf. Viel Mühe und Geld waren erforderlich, um den Bevölkerungsrückgang wieder auszugleichen. Was Preußen durch die Kolonisation und die Binnenwanderung gewann, verloren aber andere Territorien, so daß die Menschenverluste insgesamt gesehen viel langsamer überwunden wurden, als der starre und eingeschränkte Blick vieler Historiker auf Preußen vermuten lassen könnte. Wenn sich hier gegen Ende der Regierungszeit Friedrichs II. die Einwohnerzahl mehr als verdoppelt hatte, dann lag das nicht ausschließlich an der Binnenkolonisation, sondern in erster Linie an der Annexion fremder Gebiete, Schlesiens und Westpreußens, sowie an der natürlichen Zunahme der Bevölkerung, die mit der verstärkten Entwicklung manufakturkapitalistischer Verhältnisse in ursächlichem Zusammenhang stand.

Gleichzeitig mit dem Wiederaufbau und der Anwerbung von Siedlern setzten die Bemühungen des Königs um eine Erhöhung der landwirtschaftlichen Produktion ein. Dabei ging es ihm nicht allein um die Überwindung der Kriegsschäden. Seit einiger Zeit schon hatte sich ein Aufschwung der landwirtschaftlichen Produktion angekündigt. Das zunehmende Tempo der manufakturkapitalistischen Entwicklung in Europa und das Wachstum der Bevölkerung vermehrten die Nachfrage nach Agrarprodukten. Die Folge waren steigende Preise und ein Anreiz zur Intensivierung der damals außerordentlich extensiv betriebenen Landwirtschaft. Neben der Erzeugung von Getreide, die absolut dominierte, ging man nun auch zum Anbau neuer Kulturpflanzen über: Kartoffeln, Rüben, Tabak, Klee, Luzerne, Raps und die Futterpflanze Esparsette ergänzten den bisher einseitig auf Getreide orientierten Ackerbau. Diese neuen Kulturen wurden vorwiegend auf der Brache angebaut. Voraussetzung dafür war ein Eingriff in das System der Dreifelderwirtschaft, das der jährliche Wechsel von Winterfrucht, Sommerfrucht und Brache kennzeichnete. Mit der teilweisen Nutzung der Brache wurde die Dreifelderwirtschaft allerdings nicht beseitigt, sondern nur verbessert, weshalb man auch von der „verbesserten Dreifelderwirtschaft" sprach – trotzdem wuchsen durch die Bebauung der Brache nicht nur die Leistungen des Ackerbaus, es entstanden gleichzeitig Voraussetzungen für eine leistungsfähigere Viehzucht.

Die Neuerungen setzten sich nicht automatisch durch. Ihnen standen vielfältige Hemmnisse im Wege, die ohne tiefgreifende gesellschaftliche Veränderungen nicht überwunden werden konnten. Da war einmal die aus der Dreifelderwirtschaft resultierende Gemengelage und der mit ihr zusammenhängende Flurzwang. Und da erwiesen sich andererseits die umfangreichen Gemeindeländereien sowie die Hut- und Triftrechte des Adels als hinderlich. Die Forderung nach Separationen, also nach Trennung von Guts- und Bauernland in der Feldflur, und nach Aufteilung der Allmende zur individuellen Nutzung rief bei den Betroffenen oft widersprüchliche Reaktionen hervor. Ein Teil des Adels sah deutlich, daß sich aus dieser Entwicklung Profit schlagen ließ. Ganz klar sprach dies der neumärkische Gutsherr Karl Friedrich von Beneckendorf aus, ein damals durch viele landwirtschaftliche Bücher bekannter Mann. Gegen den Unverstand seiner Standesgenossen ankämpfend, versuchte er, ihnen regelrecht einzuhämmern, daß die Aufteilung der „Gemeinheiten ... auf Seiten der Herrschaft das Übergewicht" hätte,(18) den Gutsherren am meisten nütze. Beneckendorf sprach damit zweifellos die Wahrheit aus. Wenn die Bauern nach erfolgter Separation vom Gutsland oftmals wieder zur Gemengelage zurückkehrten, dann lag das nicht einfach an ihrem „Konservatismus" und ihrer „Trägheit", wie viele zeitgenössische Autoren glaubten, sondern an den herrschenden Ausbeutungsverhältnissen und ihrer Kapitalarmut. Unter diesen Voraussetzungen boten ihnen die Flurgemeinschaft und die Allmende immer noch einen gewissen Rückhalt gegenüber der Gutsherrschaft. Für die bäuerliche Viehzucht war – vor allem in Gegenden mit schlechten Wiesen und Weiden – die Möglichkeit einer Behütung der Brache und der Stoppelfelder, die die Dreifelderwirtschaft bot, von großer wirtschaftlicher Bedeutung. Der Widerstand von Bauerngemeinden gegen das neue System ließ sich oftmals so erklären. Das bedeutet allerdings nicht, daß sich Bauern zu Separationen und zur Aufteilung der Allmende gar nicht entschlossen hätten. Nur fiel ihnen dieser Entschluß oft schwerer.

Die Bemühungen Friedrichs II. um eine Erhöhung der landwirtschaftlichen Produktion lassen sich in diese allgemeine Entwicklung einordnen. Fortschrittliche Beamte und erfahrene Landwirte hatten ihn mit den Neuentwicklungen bekannt gemacht. Nun nahm er sich der Sache mit der ihm eigenen Energie an. Schon bald nach dem Kriege erließ er erste Verordnungen über Gemeinheitsteilungen und Separationen. 1765 gab er eine Instruktion an seine Kammern mit dem Befehl heraus, Gutsherren und Bauern zu Teilungen zu veranlassen. Doch die Sache ließ sich nicht so leicht an wie erwartet.

Der König stieß auf Unzufriedenheit. Friedrich erhielt zahlreiche Eingaben von Gutsherren, Beamten und adligen Ständevertretungen. Die altmärkischen Stände sprachen ihre Besorgnis über eine Verringerung des Viehbestandes aus, sollte die Allmende aufgeteilt werden. Die ostfriesischen und die Vertreter der kurmärkischen lehnten Separationen völlig ab. Bezeichnenderweise wurde in ähnlichen ablehnenden Eingaben die Aufhebung des Flurzwanges als gefährlich angesehen, weil der Bauer dann sicher keinen Morgen Brache mehr liegen lassen würde. Auch glaubte man, juristisch auf so viele Schwierigkeiten zu stoßen, daß Separationen praktisch schwer durchzuführen seien. Dem letzten Argument suchte der König durch Erlaß genauer Richtlinien zu begegnen. Ansonsten erbitterten ihn – diesmal zu Recht – die Ignoranz und die Vorurteile, die aus den Eingaben sprachen. Aber er hielt sich, wie immer, wenn es um den Adel ging, zurück. Von Zwang war in diesem Falle nicht die Rede. Nur seinen Beamten gegenüber äußerte er Unzufriedenheit. Die Minister Ludwig von Hagen und Christian Reinhold von Derschau berichteten dem Generaldirektorium beispielsweise im Jahre 1769 von einer Unterredung mit dem König, in der sich dieser über die Dummheit der „Leute" beklagt hätte. Obwohl er schon vor fünf Jahren Befehl zur Aufhebung der Gemeinheiten gegeben hätte, wäre bis jetzt nichts Ernsthaftes erfolgt. Friedrich erklärte, „die Sache gewiss nicht fallen (zu) lassen, es könne geschehen und müsse geschehen und könnten die Leute bis zum jüngsten Tage schreien, nur dass Ihnen keine Gewalt und offenbares Unrecht geschehe."(19)

Der König war zu diesem Zeitpunkt über den Fortgang der Separationen wohl nicht recht unterrichtet. Inzwischen eingesetzte Kommissionen hatten doch einiges erreicht. Vom Nutzen der Sache überzeugte Landwirte hatten erste Beispiele geschaffen. Seit den siebziger Jahren beschleunigte sich der Prozeß, wenn die „Auseinandersetzungskommissionen", wie der schon erwähnte Beneckendorf schrieb, auch zu diesem Zeitpunkt noch in manchen Orten vom Adel mit dem gleichen Abscheu empfangen wurden wie die Eintreiber neuer Steuern.

Friedrich II. begründete seine Forderung nach Aufhebung der Gemengelage und der Gemeinheiten häufig mit dem englischen Beispiel. England war damals das Mekka aller an einer erhöhten Produktion interessierten Landwirte. „Erst mit der Aufteilung des Gemeingutes war die englische Bodenwirtschaft vorwärts gekommen", schrieb er.(20) Tatsächlich war die Aufhebung der Gemengelage und der Allmende Voraussetzung für die Einführung intensiverer Nutzungssysteme, denn um ein solches handelte es sich bei der sogenannten „englischen Wirtschaft", die Friedrich in diesen Jahren seinen Domänenpächtern wärmstens empfahl. Aufmerksam gemacht auf dieses System hatten ihn einige Beamte sowie die Versuche des englischen bürgerlichen Landwirtes Brown, der auf den Gütern des Grafen Kameke eine Fruchtwechselwirtschaft einführte. Davon angeregt, unternahm der König Schritte, um die „englische Wirtschaft" in Preußen heimisch zu machen. Er schickte Söhne von Domänenpächtern zum Studium nach England. Nach ihrer Rückkehr sollten sie ihre frisch erworbenen Kenntnisse auf den königlichen Gütern anwenden. 1769 nahm der Monarch Brown in seine Dienste. Er übergab ihm eine Domäne mit dem Auftrag, hier die „englische Wirtschaft" einzuführen. Andere Pächter, meist Landwirte bürgerlicher Herkunft, die sich für fortschrittliche Produktionsmethoden in der Landwirtschaft einsetzten, folgten Brown. Alles in allem wurden zwar Erfolge erzielt, aber keine grundlegende Umgestaltung der Betriebsweise erreicht. Die war erst das Werk kommender Generationen und der bürgerlichen Umwälzung auf dem Lande.

Die Durchsetzung neuer Produktivkräfte in der Landwirtschaft war in der zweiten Hälfte des 18. Jh. in begrenztem Maße noch im Rahmen der bestehenden Feudalordnung möglich. Die Befürworter intensiverer Nutzungssysteme gerieten nicht unmittelbar und direkt in Konflikt mit den herrschenden Eigentums- und Ausbeutungsverhältnissen. Von der Weiterentwicklung der Produktivkräfte profitierten auch die Gutsherren, weshalb sich ihre aufgeschlossensten Vertreter für Neuerungen einsetzten. König Friedrich gehörte zu ihnen. Andererseits wirkten die eingeführten Neuerungen auf die Produktionsverhältnisse zurück. Mit der Bebauung der Brache wuchs der Arbeitsanfall. Die Anforderungen an die Arbeitskraft des Bauern nahmen zu. Deshalb machte sich einerseits die Tendenz bemerkbar, die bäuerlichen Frondienste zu erhöhen, während andere Gutsherren vor allem gegen Ende der Regierungszeit Friedrichs II. dazu übergingen, auf Fronleistungen zu verzichten und mit einem kleinen Stückchen Land ausgestattete Landarbeiter zu beschäftigen.

Friedrich mußte sich zunächst hauptsächlich mit der ersten Tendenz auseinandersetzen. Vor allem in Oberschlesien versuchten unmittelbar nach dem Siebenjährigen Kriege viele Gutsherren, ihre wirtschaftlichen Schwierigkeiten auf die Bauern abzuwälzen. Zahlreiche Gutsbetriebe waren damals verschuldet, ihre Eigentümer hatten vielfach, die Kriegskonjunktur nutzend, Hypotheken aufgenommen, und sahen sich nun, nach der zweimaligen Geldreduktion, außerstande, ihren Verpflichtungen nachzukommen. Friedrich II., der sich seinem Adel gegenüber nach dem Kriege mehr als jemals zuvor verpflichtet fühlte, kam ihm zur Hilfe. Er stoppte die gerichtlichen Konkursverfahren gegen adlige Gutsbesitzer für die Dauer von zwei Jahren und machte ihnen Geldgeschenke, die allerdings ebensowenig geeignet waren, grundlegende Veränderungen herbeizuführen wie das zweijährige Moratorium. Schließlich griff er den Vorschlag eines Kaufmanns auf, sogenannte landschaftliche, also von den ständischen Einrichtungen getragene Kreditinstitute zu schaffen, die den Adel von privaten Kreditoren unabhängig machen und den Übergang von Grundeigentum in bürgerliche Hände verhindern sollten. 1770 entstand eine erste derartige Einrichtung in Schlesien. Andere Provinzen folgten später.

Vor dem Hintergrund dieser außerordentlichen wirtschaftlichen Labilität des Adels sind die Ereignisse zu sehen, die Oberschlesien kurz nach dem Siebenjährigen Kriege erschütterten und auch den König zur Stellungnahme zwangen. Die Gutsherren, die mit ihren Schwierigkeiten fertig werden wollten, erhöhten den Druck auf die Bauern, die in diesem Gebiet meist polnischer Nationalität waren und deren Frondienstpflicht ungemessen war. Die Bauern antworteten mit Fronstreiks. Die Bewegung begann im Herbst 1765 im Dorfe Odersch, dessen Bauern bereits jahrelang gegen ihren besonders grausamen Herrn prozessiert hatten. Der Streik wuchs in einen lokal begrenzten Aufstand hinüber. Der preußische Staat und sein oberster Repräsentant kannten gegen rebellierende Bauern nur ein einziges Rezept: militärische Unterwerfung. Friedrich II. verfügte den Einsatz einer Husarenabteilung, die den Widerstand der Bauern brach. Aber Odersch wirkte wie ein Signal. In den Kreisen Rybnik, Ratibor, Pleß, Beuthen und Gleiwitz standen die Bauern ganzer Gemeinden auf. Die Bewegung nahm Massencharakter an und griff auch auf Niederschlesien über, wo die Bauern in Ohlau, Nimptsch, Glatz und Schweidnitz die Frondienste verweigerten. Eine derartige Breite hatten die bäuerlichen Klassenkämpfe in Schlesien bisher noch nicht erreicht. Der König gab in dieser Situation Generalleutnant von Seydlitz den Befehl, die Kavallerie gegen die aufrührerischen Bauern einzusetzen und die „Rädelsführer" auf die Festung Brieg zu bringen. Die Bewegung wurde niedergeworfen. Trotzdem leiteten die Kämpfe der Nachkriegszeit eine neue Phase in den Auseinandersetzungen zwischen Gutsherren und Bauern ein. Von nun an mehrten sich Arbeitsverweigerungen, Prozesse und schließlich auch lokale Erhebungen. Die Lage war so, daß die „Schlesischen Provinzialblätter" 1785 einen beständigen, wirklichen Krieg zwischen Bauern und Gutsherren konstatieren mußten.

In den Kämpfen zwischen Gutsherren und Bauern erwies sich der preußische König nicht als über den Ständen stehender „unparteiischer Richter", wie das viele Bauern immer noch glaubten. Er griff zwar ein, wenn die Bedrückung solche Ausmaße annahm, daß staatliche Interessen gefährdet wurden. Aber er war andererseits immer bereit, gegen kämpfende Bauern vorzugehen und nachzugeben, sobald der Adel gegen staatliche Maßnahmen opponierte.

1763 befahl Friedrich II., in Pommern die Leibeigenschaft aufzuheben. Die Lage der Bauern war hier besonders schlecht. Die Gutsherren besaßen die Verfügungsgewalt über die Person und das Eigentum der Leibeigenen. Letztere waren zahlreichen persönlichen Beschränkungen unterworfen. Sie durften unter anderem nicht ohne Wissen der Obrigkeit ihren Wohnort wechseln. Als juristisch unfreie Personen konnten sie keine Prozesse führen. Ihre Besitzrechte waren außerordentlich ungünstig. Es bestand die Verpflichtung zu ungemessenen Frondiensten. Schon vor dem Siebenjährigen Kriege hatte Friedrich – allerdings vergeblich – versucht, hier eine gewisse Einschränkung zu erreichen. Seine Aufforderung, die Zahl der Frontage zu begrenzen, war bereits damals auf den hartnäckigen Widerstand des pommerschen Adels gestoßen. Nun unternahm er einen neuen Anlauf. Am 23. Mai erging folgende Instruktion: „Sollen absolut und ohne das geringste räsonniren alle Leibeigenschaften sowohl in Königlichen, Adeligen als Stadt-Eigenthums-Dörfern von Stunde an gänzlich abgeschafft werden, und alle Diejenigen, so sich dagegen opponiren würden, so viel möglich mit Güte, in deren Entstehung aber mit der Force, dahin gebracht werden, daß diese von Se. Königl. Maj. so festgesetzte Idee zum Nutzen der ganzen Provinz ins Werk gerichtet werde."(21)

Die Stellungnahme des Königs gegen die Leibeigenschaft in Pommern ordnet sich wie sein Eintreten für intensivere Nutzungssysteme in die allgemeine Stimmung der Zeit ein. Über das Für und Wider der Leibeigenschaft wurde damals heiß debattiert. Viele derjenigen, die an einer höheren Produktivität interessiert waren, lehnten Leibeigenschaft und Frondienste ab, weil die Fronarbeit Leibeigener zu geringen Nutzen brachte. Andere wiederum, von den Ideen der Aufklärung, insbesondere vom Naturrecht inspiriert, sahen in der Leibeigenschaft einen Verstoß gegen die natürlichen Rechte des Menschen. In der Ablehnung der Leibeigenschaft trafen sich bürgerliche Intellektuelle, die auf antifeudalen Positionen standen, mit solchen Verteidigern des feudalen Systems, die die Notwendigkeit einer Weiterentwicklung der Landwirtschaft erkannt hatten. Gegner der Leibeigenschaft und der Frondienste fanden sich also auch im feudalen Lager. Allerdings waren sie hier eine Minderheit.

Friedrich II. ließ sich bei der Ablehnung der Leibeigenschaft von naturrechtlichen Gesichtspunkten leiten. Später, in einer Schrift aus dem Jahre 1777, verglich er die Leibeigenschaft mit der Sklaverei. „Sicherlich ist kein Mensch dazu geboren, der Sklave von seinesgleichen zu sein", schrieb er. „Mit Recht verabscheut man diesen Mißbrauch und meint, man brauche nur zu wollen, um die barbarische Unsitte abzuschaffen. Dem ist aber nicht so; sie stützt sich auf alte Verträge zwischen den Grundherren und Ansiedlern. Der Ackerbau ist auf der Bauern Frondienste zugeschnitten. Wollte man diese widerwärtige Einrichtung mit einem Male abschaffen, so würde man die ganze Landwirtschaft über den Haufen werfen. Der Adel müßte dann für einen Teil der Verluste, die er an seinen Einkünften erleidet, Entschädigung erhalten."(22) Aus diesen Worten sprach bereits seine Kapitulation. Theoretisch hielt der Monarch die Leibeigenschaft immer noch für eine „widerwärtige Einrichtung", an die Möglichkeit ihrer baldigen Aufhebung aber glaubte er schon nicht mehr. Das war sicher auf die Erfahrungen der Nachkriegszeit zurückzuführen. Seine Instruktion zur Aufhebung der Leibeigenschaft in Pommern war nämlich vom Adel mit offener Widersetzlichkeit und von den Beamten mit hinhaltendem Lavieren beantwortet worden.

Im Sommer 1763 äußerten sich die Ständevertretungen von Hinterpommern und Kammin ablehnend. Die Gutsherren fanden sich lediglich bereit, den Begriff „Leibeigenschaft" in „Erbuntertänigkeit" umzuwandeln, an der Sache selbst wollten sie nichts ändern. Die Provinzialbehörde unterstützte den Adel. Sie befürchtete eine Entvölkerung der Provinz, sollte dem Bauern das Recht auf Ortswechsel gewährt werden. Die Beamten wußten, daß ein derartiges Argument beim König immer ankam. Im Dezember 1763 versammelten sich die Stände noch einmal in Stettin. Der wendige Brenkenhoff verstand es, die Sache im Interesse des Adels zu beenden. Die Stände erklärten sich zur „Aufhebung der Leibeigenschaft" bereit, ließen aber alles beim alten. Die Besitzrechte der pommerschen Bauern blieben so schlecht wie vorher, Abzugsfreiheit wurde nicht gewährt, die Einführung gemessener Frondienste abgelehnt. Diese Festlegungen wurden sogar in einer Bauernordnung verankert, so daß nun staatlich sanktioniertes Recht war, was sich die Gutsherren vorher durch Gewohnheit angemaßt hatten. Friedrichs Vorstoß zugunsten der Bauern ging zu deren Ungunsten aus. Er hatte sich in dieser Angelegenheit aber auch nicht allzu stark engagiert. Den Einwänden des Adels begegnete er – ungeachtet seiner starken Worte – ohne jede „Force". Er tolerierte letztlich den Adelsstandpunkt! Zwar fand er Veränderungen nötig, da Ziel seiner gesamten Politik aber die Konservierung der bestehenden Verhältnisse war, verzichtete er auf eine ernsthafte Agrarreform, denn diese setzte Eingriffe in die gutsherrlich-bäuerlichen Verhältnisse voraus. Mehr und mehr gewann Friedrich die Meinung, das System der Gutsherrschaft sei auf die bäuerlichen Frondienste zugeschnitten, weshalb man den Adel nicht zu Veränderungen nötigen könne. Mit dieser Ansicht stand er nicht allein, auch Ökonomen und Staatswissenschaftler sahen den engen Zusammenhang zwischen Gutsherrschaft und Fronarbeit, auch sie konnten sich eine Bewirtschaftung der gutsherrlichen Teilbetriebe ohne Frondienste nicht vorstellen. Im Gegensatz zum König aber zogen solche damals in Preußen ansässigen und an einer Agrarreform interessierten Männer des Bürgertums wie Johann Heinrich Gottlob Justi und Johann Christoph Wöllner daraus die Schlußfolgerung, dann eben die Güter an die Bauern aufzuteilen. So nämlich würden Frondienste und Leibeigenschaft überflüssig werden. Freilich wollten sie diese Maßnahmen nicht mittels Zwang, sondern durch das Beispiel des Landesherrn durchsetzen. Sie hegten die Illusion, den Adel freiwillig zu diesem Schritt veranlassen zu können. Auch wollten sie damit nicht das feudale Grundeigentum abschaffen. Die Bauern sollten weiterhin feudale Grundrente in Form von Geldabgaben leisten. Trotzdem ging ihr Reformvorschlag weit über die

Absichten Friedrichs II. hinaus. Die erwähnten Männer griffen tatsächliche Interessen der Bauern auf, wenn sie den Weg zu deren wirklicher Befreiung auch nicht einschlugen. Friedrich aber, der wie im Kriege rührselige Tiraden über Menschlichkeit von sich gab, tat zwar etwas auf den Staatsgütern, an die Beziehungen zwischen Gutsherren und Bauern rührte er jedoch nicht. Wenn es in einigen Provinzen gegen Ende der Regierungszeit Friedrichs II. dennoch anders als in den vierziger Jahren aussah, dann lag das daran, daß einsichtige Gutsherren, an einer intensiveren landwirtschaftlichen Produktion interessiert, selbst die Frondienste reduziert bzw. die Arbeitsrente in Geldrente umgewandelt hatten.

Zu Beginn der siebziger Jahre verschlechterte sich die wirtschaftliche Lage erneut. Ungewöhnliche Witterungsbedingungen hatten in weiten Teilen Europas zu hohen Ernteverlusten geführt. Auch Preußen war betroffen. Spätere Berechnungen ergaben um ein Drittel geringere Erträge. Die Preise stiegen in weiten Teilen Europas, darunter auch in preußischen Städten, an. Eine Hungersnot brach aus. Die Lage in einigen Ländern war katastrophal. Der mit der Teuerung zusammenhängende Kaufkraftschwund verursachte einen Rückgang der gewerblichen Produktion. Erneut gerieten Handwerker und Manufakturunternehmer in Schwierigkeiten. Sie mußten ihre Produktion zeitweilig drosseln. Der König wurde mit dieser Erscheinung unter anderem durch die vielen Gesuche um finanzielle Unterstützung konfrontiert, die ihn in den Jahren 1770/71 erreichten. Vor allem die Manufakturarbeiter, die zahlreichen verlegten und die noch selbständigen kleinen Handwerker litten große Not. Sie konnten die hohen Getreidepreise nicht zahlen. Selbst als der Monarch die für das Heer bestimmten Magazine öffnen ließ, um Getreide auf den Markt zu werfen und die hohen Preise zu drücken, half das den armen Webern und Spinnern Schlesiens oder den Leinewebern um Bielefeld nicht viel. Sie setzten so wenig ab, daß sie selbst das verbilligte Getreide nicht kaufen konnten. Trotzdem überstand Preußen auf Grund seiner Magazinwirtschaft die Hungerjahre besser als Sachsen, wo vor allem im Gebirge viele Menschen verhungerten.

Was hatte Friedrich II. in den Nachkriegsjahren nun tatsächlich erreicht? Die Bevölkerungsverluste waren aufgeholt, wenn auch nicht in erster Linie durch die Binnenkolonisation. Wirtschaftlich hatte das Land eine schwere Zeit hinter sich. Erst in den siebziger Jahren begann ein echter Aufschwung. Aber auch der war nicht dem König zu danken, sondern der Tätigkeit von Unternehmern und Produzenten. Friedrichs Wirtschaftspolitik hingegen wurde zu einem immer größeren Hemmnis. In der Landwirtschaft hatte der König zwar auf eine Durchsetzung modernerer Produktivkräfte orientiert, durch die Begrenztheit seiner Reformbemühungen aber gleichzeitig eine rasche und durchgreifende Verbesserung verhindert. Preußens Wirtschaft konnte sich langfristig gesehen nur noch durch eine Freisetzung der kapitalistischen Ökonomik und eine Beseitigung der Feudalverhältnisse auf dem Lande weiterentwickeln. Beides aber lag außerhalb der objektiven und subjektiven Möglichkeiten eines absoluten Herrschers. Der Staat Friedrichs II. mußte untergehen, ehe die Bedingungen für eine Umgestaltung der gesellschaftlichen Verhältnisse herangereift waren.

Die Nachkriegszeit leitete die Abstiegsphase in der Geschichte des preußischen Absolutismus ein. Friedrich wollte mit dem „Retablissement" das Land wiederherstellen und seine eigene Herrschaft festigen. Das gelang ihm nicht mehr im vollen Maße. Symptom dafür war die Opposition von Teilen des Bürgertums und der Widerstand vieler Adliger gegen seine Agrarpolitik. Diese „Opposition" erschütterte den Staat nicht, aber sie signalisierte das Vorhandensein von Widersprüchen, die zu lösen der absolutistische Staat selbst unter einem Herrscher vom Format Friedrichs II. nicht mehr in der Lage war.

Der „Philosoph von Sanssouci"

Auf den ersten Blick schien Friedrichs Leben nach dem Siebenjährigen Kriege unverändert. An seiner Tageseinteilung, inzwischen zur festen Gewohnheit geworden, hatte sich nichts geändert. Vielleicht widmete er sich nun mehr als früher der Musik; das war jedoch schon alles. Zwar hatte er in den schweren Nachkriegsjahren das Neue Palais mit einem hohen Kostenaufwand bauen lassen, aber es diente nur Repräsentationszwecken, nach wie vor bevorzugte er als Wohnsitz Sanssouci. Dort versuchte er, sein früheres Leben zu kopieren. Trotzdem bemerkten aufmerksame Beobachter einige Veränderungen. Schon vorher nicht sehr reinlich, präsentierte sich der König nun seinen Gästen oftmals geradezu verschlampt. Der französische General und Militärschriftsteller Graf Jacques Antoine Guibert, der ihn 1773 in Potsdam aufsuchte, hinterließ uns eine sehr anschauliche

Schilderung seines Äußeren: „Bisweilen trägt er seine Gardeuniform mit silbernen Tressen. Im Winter bei Galatagen besteht seine größte Pracht in einem Rock aus Baumwollsamt mit Tressen. In all seinen Übungslagern trug er die Armeeuniform: stets zugeknöpften, sackartigen Rock, vorn mit einer Unmenge spanischen Tabaks garniert, übermäßig lang, meistenteils, auch im Sommer, mit einem einstmals feuerroten Seidenplüsch gefüttert, der jetzt aber abgeschabt, gelbrot und an der Stelle, wo er den Degen trägt, mit einem Zeugstück ausgeflickt ist, das erkennen läßt, was dieser Rock in seiner Neuheit war; einen kleinen kupfernen Degen mit einer alten verschossenen Degenquaste, deren Eichel nur noch aus Holz besteht und stets in die Rockschöße gleitet, sowie ein schwarzes, schäbiges und mit immer neuen Flicken ausgebessertes Beinkleid. Wann er ein neues anlegt, ist unbekannt. Ferner ein Paar Wasserstiefel, einstmals schwarz, die aber jetzt vor Alter und schlechter Behandlung gelb geworden sind, über dem Knie umgeschlagen, ohne Stulpen und mitten auf dem Schenkel mit Strippen befestigt. Über diesem Rock eine Schärpe, die er gewiß seit seiner Thronbesteigung trägt ... sein Wagen, sein Bett, sein Schlafzimmer sind von unvergleichlicher Unsauberkeit ... bisweilen geht er sogar gestiefelt zu Bett."(23) Guibert fand diesen Aufzug zynisch und sprach im Anschluß an seine Schilderung die nicht von der Hand zu weisende Vermutung aus, daß die äußere Verwahrlosung des Königs, anfangs wohl Absicht, nun zu einem Teil seines Wesens geworden war.

In Sanssouci lebte Friedrich jetzt ohne seine berühmte Tafelrunde. Die französischen und italienischen Aufklärer, die einstmals dazugehörten, waren gestorben oder hatten Preußen verlassen. Der französische Enzyklopädist d'Alembert, den der König schon vor dem Siebenjährigen Krieg zu sich holen wollte, verkehrte zwar brieflich mit ihm, aber nach Potsdam übersiedelte er nicht. Obwohl ihm der Monarch die Stelle eines Akademiepräsidenten angeboten hatte, begab sich d'Alembert nach einem kurzen, zweimonatigen Aufenthalt in Potsdam im Jahre 1763 wieder nach Frankreich zurück. Nur ein paar Höflinge hielten sich nunmehr in Sanssouci auf, unbedeutende Leute. Friedrich II. war auf einen Quintus Icilius herabgesunken, dessen eigentlicher Name Karl Theophil Guichard war und der als Oberst in der preußischen Armee diente. Ein eigenartiges Verhältnis verband die beiden Männer. Mit geradezu sadistischem Vergnügen stellte Friedrich Guichard vor den Augen Dritter bloß, ohne jemals ernsthaft in Erwägung zu ziehen, sich von ihm zu trennen. Auch

Guichard hielt es bis zu seinem Lebensende im Jahre 1775 bei seinem Peiniger aus. Augenzeugen berichten mit großer Betroffenheit über einige sehr unangenehme Szenen. Schon die Bekanntschaft des Königs mit Guichard begann auf eine solche Weise. Der Monarch hatte während des Siebenjährigen Krieges eines Tages mit Guichard, der damals noch Hauptmann war, über die römischen Legionäre diskutiert. Dabei besaß dieser die Kühnheit zu behaupten, daß jene auf dem Marsche eine größere Last getragen hätten als die preußischen Soldaten. Friedrich II. rächte sich, indem er den Hauptmann mitten ins Zimmer treten ließ, wo er die Haltung eines Rekruten annehmen mußte. Er richtete ihm nach der Schilderung Heinrich de Catts „das Kinn in die Höhe, setzte ihm den Hut vorschriftsmäßig auf, wobei er ihm fast den Kopf einschlug, umgürtete ihn mit dem Säbel, hängte ihm die Patronentasche mit 60 Patronen und den Tornister um und reichte ihm das Gewehr...“(24) So ausstaffiert, mußte Guichard eine dreiviertel Stunde ausharren. Dann schien dem König der Beweis erbracht, daß die Last der preußischen Soldaten doch der der römischen Legionäre nahekomme. Die bittere Erfahrung hinderte Guichard aber nicht daran, sich immer wieder neuen Quälereien auszusetzen.

Eine weitere, nicht minder peinliche Szene schilderte uns der französische Gelehrte Dieudonné Thiébault, den Friedrich II. 1765 als Lehrer an die „Academie des Nobles“ berufen hatte. Einmal diskutierte der Monarch mit ihm und Guichard über den Tod, wobei er sich darüber verwunderte, daß Gott dem Menschen nicht die Fähigkeit verliehen habe, sein Ende vorauszusehen. Guichard wagte, dies gut zu finden.

Ein Mensch, der um sein Ende wisse, so meinte er, würde in Verzweiflung verfallen und nichts mehr für die Gesellschaft tun. „Da zuckte der Blitz ebenso unerwartet wie plötzlich herab“, berichtete Thiébault. „Diese Art zu urteilen, sagte der König, ist gut für Sie, eine Dreck- und Schlammseele!... Dieser furchtbare Ausbruch schmetterte mich fast ebenso nieder wie den, dem er galt. Er verwirrte mich um so mehr, als der Oberst nichts gesagt hatte, was ich im Grunde meiner Seele nicht auch billigte. Ich habe nie etwas gleich Grausames gehört oder mir denken können.“(25) Thiébault sprach im Anschluß an diese Schilderung sicher zu Recht die Vermutung aus, daß es dem Monarchen nur darum gegangen sei, Guichard in Gegenwart eines Dritten zu demütigen. Er entließ beide eine Viertelstunde später in ruhigem, wenn auch trockenem Tone. Trotz dieser gespannten Beziehungen – oder gerade deswegen? – hielten beide es miteinander aus, blieb Guichard alias Quintus Icilius der ständige und oft auch einzige Gesellschafter des Königs.

Friedrichs Vereinsamung war ein Symptom für die allmähliche Entfremdung zwischen dem Preußenkönig und der französischen Aufklärung. Seit Mitte der fünfziger Jahre stand eine neue Generation an der Spitze der französischen Aufklärungsbewegung. Ihre tonangebenden Männer, Helvetius, Holbach, Diderot und Rousseau, bekämpften die religiöse Ideologie und die durch sie legitimierte absolutistische Herrschaft viel konsequenter als die französischen Frühaufklärer bis hin zu Voltaire; denn beide – Altar und Thron – befanden sich nach ihrer Ansicht im engsten Einvernehmen miteinander. Obgleich von unterschiedlichen Zukunftsvorstellungen ausgehend, waren sich die erwähnten Aufklärer und mit ihnen viele Ungenannte darin einig, daß Aufgabe der Philosophen nicht lediglich die „Aufklärung" der Herrschenden sei, um die es den Frühaufklärern noch weitgehend gegangen war, sondern der „Nation", des Volkes. Das von den Philosophen aufgeklärte und aufklärbare Volk war ihnen der Garant für die Durchsetzung politischer Veränderungen. Nach Holbach sollte die „Gesellschaft" die den Regierenden verliehene Macht einschränken und soviel von ihr zurückbehalten, „wie nötig ist, um jene daran zu hindern, ihr Schaden zuzufügen."(26) Das war genau der Punkt, an dem Friedrich in Widerspruch mit den französischen Spätaufklärern und den radikalen deutschen Aufklärern geriet. Dem Optimismus der neuen Aufklärergeneration, die an den Fortschritt des menschlichen Geschlechts, an die Aufklärbarkeit des Volkes glaubte, setzte der Monarch den an Bayle geschulten Skeptizismus eines Fürsten entgegen, der sich selbst sowie einige Philosophen für vernünftig hielt, nicht aber das Volk. An einem Bündnis zwischen Thron und Philosophie war ihm zwar nach wie vor gelegen – bei Vorrang des Politischen, wie sich für ihn von selbst verstand –, aber eine Philosophengeneration, die sich an das Volk oder doch zumindest an Volk und Herrscher gleichzeitig wandte, war ihm zutiefst suspekt. Hier ließ sich an kein Zusammengehen mehr denken. Es war folglich nicht nur die schon in anderen Fällen konstatierte mangelnde „Lernbereitschaft", die Unfähigkeit, neue ideologische Strömungen aufzunehmen, die ihn in Gegensatz zu den französischen Spätaufklärern brachte, sondern deren grundsätzlich andere Position, ihr Verhältnis zu den politischen Mächten der Zeit und zum Volk.

Gerade in den Jahren nach dem Siebenjährigen Krieg treffen wir bei Friedrich immer wieder auf Bemerkungen, die von einem tiefen Geschichtspessimismus zeugen. Das Volk war für ihn unaufklärbar, auf ewig und immerdar in Vorurteilen befangen. Es galt ihm als Objekt herrscherlicher Bemühungen, als Subjekt der Geschichte konnte er es sich nicht denken. 1766 sprach er gegenüber Voltaire seine Überzeugung mit der harten Feststellung aus: „Der Pöbel verdient keine Aufklärung."(27) Das war kein vereinzelter Ausfall. Wiederholt machte er damals derartige Bemerkungen. Wieder an Voltaire schrieb er im gleichen Jahre: „Ich kenne dies zweibeinige ungefiederte Geschlecht durch die Pflichten meines Amtes recht gut und sage Ihnen voraus: weder Sie noch alle anderen Philosophen der Welt werden die Menschheit von ihrem Aberglauben abbringen."(28) Auch d'Alembert gegenüber, der den Monarchen 1769 dazu veranlassen wollte, über die in Frankreich offen diskutierte Frage der Zulässigkeit des Volksbetrugs ein Preisausschreiben der Akademie zu veranstalten, äußerte er: „Denken wir uns eine beliebige Monarchie mit zehn Millionen Einwohnern. Davon rechnen wir zunächst die Bauern, Fabrikarbeiter, Handwerker und Soldaten ab. Bleiben etwa 50 000 Männer und Frauen. Davon ziehen wir 25 000 Frauen ab; der Rest bildet den Adel und den höheren Bürgerstand. Prüfen wir nun, wie viele davon geistig träge, stumpf und schwachherzig oder ausschweifend sind, so wird die Rechnung ungefähr ergeben, daß von einem sogenannten zivilisierten Volke von zehn Millionen kaum 1000 Personen gebildet sind ... Wenn acht Zehntel des Volkes über dem Erwerb ihres Unterhaltes nicht zum Lesen kommen, wenn ferner ein Zehntel aus Oberflächlichkeit, Leichtsinn oder Dummheit nichts lernt, so ergibt sich, daß das bißchen Menschenverstand, dessen unser Geschlecht fähig ist, sich nur im geringsten Bruchteil eines Volkes findet."(29) Friedrich schlußfolgerte daraus, daß „irgendein Aberglaube die Welt immer beherrschen wird." Aus diesem Grunde hielt er im Gegensatz zu den radikalen französischen Aufklärern auch den Volksbetrug für zulässig. „Alle, die mit einem großen Menschenhaufen zu tun haben, den sie nach einem Ziel leiten müssen, sind bisweilen gezwungen, ihre Zuflucht zum Betruge zu nehmen, und ich halte sie aus den eben genannten Gründen nicht für verdammenswert, wenn sie der Welt ihren Willen aufzwingen."(30)

Zum offenen Bruch mit der neuen Aufklärergeneration in Frankreich kam es, als Friedrich II. 1770 nach einem Gichtanfall, in der Zeit seiner Genesung, den „Essay über die Vorurteile" las, dessen Verfasser bis heute nicht genau bekannt ist. Die von Holbach herausgegebene Schrift soll nach einem einleitenden Schreiben der schon 1756 verstorbene Philosoph Du Marsais verfaßt haben. Den König empörte der Essay so, daß er ihn als „zügellos und unverschämt" bezeichnete. Er verfaßte eine Gegenschrift und sandte sie an d'Alembert. Einmal bei der Sache, las er gleich noch ein weiteres Werk der französischen radikalen Aufklärung, Holbachs gleichfalls anonym erschienenes „Système de la nature", das er mit der gleichen Vehemenz ablehnte und dessen Verfasser, wie er meinte, sollte er entdeckt werden, in Frankreich mit lebenslanger Haft in der Bastille rechnen müsse. Was brachte den „aufgeklärten" Friedrich so in Harnisch, daß er sich in eine öffentliche Polemik einließ?

Da war einmal das Verhältnis zum Volk, über das er in Widerspruch mit der französischen Spätaufklärung geraten war. Der „Essay über die Vorurteile" beantwortete im Gegensatz zum Preußenkönig die Frage nach der Nützlichkeit der Wahrheit für das Volk positiv. Er wollte Volk *und* Herrscher aufklären, dabei die „Wissenschaft der Staatsführung" so vervollkommnen und die Prinzipien der Politik so vereinfachen, daß das Volk sie verstand. Sollte der Philosophie bei der Aufklärung der Herrschenden aber ein Erfolg versagt bleiben, „dann wende sie sich an das Volk", verlangte der Verfasser des Essays. „Die Wahrheit hat zwei Möglichkeiten den Irrtum zu besiegen: Entweder sie steigt von den Führern zu den Nationen herab, oder sie steigt von den Nationen zu ihren Führern auf. Die zweite Möglichkeit ist zweifellos die dauerhaftere und wirksamere."(31) Diese Forderung war, obgleich noch nicht offen revolutionär, in den Augen Friedrichs II. unerhört. Dem Verlangen nach Volksaufklärung setzte er daher die in vielen Briefen verfochtene These entgegen: „Die Vorurteile sind die Vernunft des Volkes."(32) Der Überzeugung des Essays von der Nützlichkeit der Wahrheit widersprach er, indem er proklamierte, daß „man die Wahrheit nur mit Zurückhaltung" und niemals zu ungelegenen Zeiten sagen dürfe.(33) Auf die Absicht einer Veränderung der gesellschaftlichen Zustände durch das Volk aber reagierte er geradezu erbittert. Die im Essay enthaltene Kritik an den Regierenden seiner Zeit wies er zurück. Als sensibler, auf die Erhaltung des Bestehenden gerichteter, philosophisch gebildeter Herrscher erkannte er die grundstürzende Tendenz der beiden Essays. In ihnen wurde nicht mehr dem Ideal des aufgeklärten Absolutismus das Wort geredet, sondern eine andere gesellschaftliche Ordnung konzipiert, die keine bevorrechtigten Stände, keine Ungleichheit, keine Raubkriege und keinen Despotismus mehr kannte.

Das war denn auch der zweite Punkt, gegen den Friedrich II. polemisierte. „Kann man denn sein Vaterland nur fördern, wenn man es um und um kehrt und alle bestehende Ordnung über den Haufen wirft?"(34) wandte er gegen den „Essay über die Vorurteile" ein. Dem die Regierung seines Landes kritisierenden Philosophen hielt er entgegen: „Wie, Herr Philosoph, Sie Schützer der Sitten und der Tugend, wissen Sie nicht, daß ein guter Bürger die Regierungsform, unter der er lebt, achten soll? Wissen Sie nicht, daß es einem Bürger nicht zukommt, die Machthaber zu beschimpfen?"(35) Das neue, auf Gleichheit beruhende Gesellschaftsbild des Essays schließlich glaubte er mit der Bemerkung abtun zu können: „Wo die Rechte der Geburt nicht anerkannt werden, lebt nicht philosophische Freiheit, sondern kleinbürgerliche und lächerliche Eitelkeit."(36) Der Monarch erfaßte, worüber sich die Autoren der befehdeten Werke selbst noch nicht bis zur letzten Konsequenz klar geworden waren: den umstürzlerischen Charakter ihrer Gedanken. In der „Kritik des Systems der Natur" zog er gewissermaßen das Fazit: „Sollten die verstiegenen Ideen unseres Philosophen jemals in Erfüllung gehen, so müßten zuvor die Regierungsformen sämtlicher Staaten von Europa umgestaltet werden."(37)

Friedrichs „Widerlegungen" waren in einem aggressiven, hochfahrenden Ton geschrieben. Wer sie las, spürte, daß der Preußenkönig sich persönlich gekränkt fühlte. Der „Essay über die Vorurteile" hatte nach seiner Meinung Könige, Feldherren und Dichter angegriffen. Da er sich als Dichter fühlte, Feldherr und König war, schlug er zurück und glaubte, die Verteidigung seiner „Kollegen", der gekrönten Häupter Europas, übernehmen zu müssen. Die Auseinandersetzungen zu Beginn der siebziger Jahre zeigen, daß sich die französische Spätaufklärung von Friedrich II. fortentwickelt hatte; von einem Bündnis zwischen ihr und dem Absolutismus konnte keine Rede mehr sein. Der aufgeklärte Absolutismus als ideologische Erscheinung war zwar nicht beseitigt, aber von der radikalen französischen Aufklärung überholt worden. Die Reaktion des preußischen Königs darauf war der Kampf mit offenem Visier.

Preußen und Österreich

Die erste Teilung Polens

Friedrichs Attacke gegen die französischen Spätaufklärer war zutiefst politisch motiviert. Wer seinem eigenen Volk nicht die geringsten Entscheidungsbefugnisse zugestand, ja, ihm Entscheidungsfähigkeit überhaupt absprach, wer sich gleichzeitig anschickte, fremde Völker eigener Willkür zu unterwerfen, der mußte jedes philosophische System ablehnen, das von der Aufklärbarkeit des Volkes ausging. Sicher war es ein historischer Zufall, daß der preußische König zu der Zeit, als er die französischen Spätaufklärer bekämpfte, auch die Teilung des polnischen Staates vorbereitete. Hätte es zu einem anderen Zeitpunkt günstige Voraussetzungen für diesen Aggressionsakt gegeben, so wäre er gewiß früher erfolgt. Trotzdem waltete hier eine innere Gesetzmäßigkeit. Friedrich II. verteidigte in den erwähnten Schriften sein Regierungssystem und seine Regierungspraxis, einschließlich des „Rechts" auf außenpolitische Eroberungen und Kriege.

Westpreußen indes wollte der Monarch im Einvernehmen mit anderen Großmächten unter Ausnutzung der in Polen herrschenden komplizierten Verhältnisse „im Frieden" an sich reißen. Schon seine Vorgänger hätten den brandenburgisch-preußischen Staat gern durch Annexion dieses Gebietes „abgerundet"; es würde die fehlende Verbindung zwischen Pommern und Ostpreußen schaffen. Friedrich selbst, der seit seiner Kronprinzenzeit auf Westpreußen reflektierte, sah jetzt erstmals vage Möglichkeiten, zu seinem Ziel zu gelangen. Auf die Wirren in Polen anspielend, schloß er in seinem zweiten „Politischen Testament" von 1768 eine Teilung des polnischen Staates unter dessen mächtigere Nachbarn Rußland, Österreich und eben Preußen nicht aus. Ihm schien es sonnenklar, daß sich die drei Mächte über ihre Beute einigen würden. „Vielleicht bleibt ein verkleinertes polnisches Reich innerhalb der Grenzen der drei Teilungs-

167

mächte Rußland, Preußen und Österreich bestehen."(1) Als der Monarch diese Idee 1768 formulierte, muß er schon Voraussetzungen für ihre Verwirklichung gesehen haben. Die erste bestand in der Annäherung Preußens an Rußland. Mit Rußland in ein festes Bündnis zu kommen, war das wichtigste Anliegen Friedrichs II. nach Beendigung des Siebenjährigen Krieges. Er fürchtete die russische Macht nicht zuletzt deswegen, weil er ihr Eingreifen in den Krieg als ausschlaggebend für dessen Verlauf einschätzte. Diplomatisch isoliert, sah er im Bündnis mit Rußland die einzige Möglichkeit, seinem wirtschaftlich ruinierten Staat den so dringend benötigten Frieden zu verschaffen. Um dieses Bündnisses willen war der Preußenkönig auch zu Zugeständnissen bereit. Er hofierte die russische Zarin Katharina II., wo er nur konnte. Unter anderem tolerierte er ihre Polenpolitik. Polen war damals eine Wahlmonarchie, in der der Adel die entscheidenden politischen Machtfunktionen direkt ausübte. Auf dem Thron befand sich der sächsische Kurfürst August III., ein unbedeutender, 1763 schon schwerkranker Mann. Man konnte voraussehen, daß der polnische Thron bald vakant werden würde. Dann die Wahl eines ihnen genehmen Kandidaten durchzusetzen, war gleichermaßen das Anliegen Rußlands und Preußens, wie Österreichs und Frankreichs. Noch bevor August III. starb, setzte sich der preußische König mit der russischen Zarin ins Einvernehmen. Obwohl unter den möglichen Kandidaten für den polnischen Thron auch sein Bruder Heinrich war, schrieb er am Tage des Friedensschlusses zwischen Österreich, Preußen und Sachsen-Polen in Hubertusburg an Katharina II.: „Von allen Anwärtern auf den polnischen Thron sind es nur Fürsten aus dem Hause Österreich, die eine gesunde Politik mich abzulehnen zwingt, und ich kann mir vorstellen, daß die Interessen Rußlands in dieselbe Richtung weisen. Ich darf hinzufügen, daß ein Piast uns beiden am gelegensten wäre."(2) Die Zarin stimmte ihm zu. Beide ließen sich auf einen wahren Kuhhandel ein. Katharina versprach, keinen Österreicher zu tolerieren, und verlangte als Gegengabe, daß Friedrich II. „jeden von Frankreich gestützten Kandidaten ablehnt". Katharina und Friedrich einigten sich auf Stanisław August Poniatowski aus dem polnischen Geschlecht der Czartoryski, der, als August III. wirklich starb, mit Hilfe russischer Bestechungsgelder und militärischer Drohungen zum neuen König von Polen gewählt wurde.

Polen war der Kitt für ein russisch-preußisches Bündnis, das 1764 für die Dauer von acht Jahren zustande kam. Die Vertragspartner garantierten sich ihren derzeitigen Besitzstand und sagten sich im Falle eines Krieges gegenseitige Hilfe in Form von Truppen oder Subsidien zu. Beide, Rußland wie Preußen, mischten sich in dieser Zeit massiv in die polnischen Angelegenheiten ein. Als der neue König mit Hilfe reformfreudiger Kräfte unter der polnischen Bevölkerung damit begann, einige der allernotwendigsten Reformen in der polnischen Adelsrepublik durchzusetzen, stieß er nicht nur auf die reaktionären Bestrebungen der polnischen Magnaten, sondern auch auf den Widerstand der russischen Zarin, die sich mit dem preußischen König im Einvernehmen befand.

Rußland war an der Schwäche Polens interessiert, weil sich nur so sein außerordentlicher Einfluß auf das Land sichern ließ. Einen Anlaß zum Eingreifen bot die sogenannte Dissidentenfrage. Die Dissidenten, wie alle Nicht-Katholiken bezeichnet wurden, besaßen in Polen keinerlei politische Rechte. Ihre Opposition machten sich Rußland und Preußen zunutze. Ein russisches Heer rückte in Polen ein und setzte auf dem polnischen Sejm im Jahre 1767 die Gleichberechtigung der nicht-katholischen Konfessionen durch. Gleichzeitig bestätigte die Zarin die „ewigen und unveränderlichen Grundrechte" des polnischen Adels gegen die Reformbestrebungen ihres einstigen Günstlings Stanisław August. Die Situation im Lande nahm einen bürgerkriegsähnlichen Zustand an, als sich 1768 in dem kleinen Städtchen Bar, unweit der türkischen Grenze und mit türkischer Unterstützung, eine Adelsgruppe zur „Konföderation von Bar" zusammenschloß, die den Kampf für reaktionäre innenpolitische Ziele mit dem Widerstand gegen die russische Einmischung verband. Die Türkei benutzte diesen Anlaß, Rußland 1768 den Krieg zu erklären. Preußen mußte seinen Vertragsverpflichtungen nachkommen und jährlich Subsidien in Höhe von 480 000 Talern zahlen; eine Tatsache, die der König als außerordentlich lästig empfand und für die er früher oder später ein Äquivalent erwartete.

Von dieser Situation ging Friedrich II. aus, als er 1768 in seinem zweiten Testament die Möglichkeit einer Teilung Polens ins Auge faßte. Aber Rußland hatte zu diesem Zeitpunkt an einer Teilung kein Interesse. Es wollte Einfluß auf den gesamten polnischen Staat ausüben. Auch war da noch an Österreich zu denken, das sich nach dem Ende des Siebenjährigen Krieges immer weiter von seinem ehemaligen Bündnispartner Rußland entfernt hatte und nunmehr einen russischen Sieg über die Türken fürchtete, weil dieser zwangsläufig Rußlands Position auf der Balkanhalbinsel stärken würde. Friedrich II. versuchte zunächst, seine Idee am Zarenhof zu lancieren. Er teilte seinem Bevollmächtigten in Petersburg 1769 den angeblichen Plan des Grafen Rochus Friedrich von Lynar mit, der in Wirklichkeit aber, wie der Monarch in seinen 1779 verfaßten „Denkwürdigkeiten vom Hubertusburger Frieden bis zum Ende der Polnischen Teilung" mitteilte, von ihm selbst stammte. Das Projekt sah ein Eingreifen Österreichs in den russisch-türkischen Krieg zugunsten Rußlands vor. Als Gegenleistung sollte Rußland dem Wiener Hof Stadt und Umgebung von Lemberg und Zips anbieten. Brandenburg-Preußen selbst wollte Westpreußen mit dem Ermland und das Protektorat über Gdańsk erhalten, während Rußland „sich zur Entschädigung für seine Kriegskosten ein beliebiges Stück von Polen aneignen" sollte.(3)

In Rußland fand man den Plan nicht akzeptabel. Und so blieb es vorläufig bei der bloßen Idee einer Einigung Rußlands, Österreichs und Preußens auf Kosten des schwachen Polen.

In Österreich hatte zu dieser Zeit eine neue Persönlichkeit die politische Bühne betreten: Joseph II., der 1765 nach dem Tode seines Vaters zum Kaiser gewählt und von Maria Theresia zum Mitregenten ernannt worden war. Mit diesem jungen, und wie die spätere Geschichte erwies, reformbereiten Herrscher, der außenpolitisch ebenso wie der Preußenkönig auf eine „Abrundung" seines Staates orientierte, kam es 1769 und 1770 zu zwei persönlichen Begegnungen. Friedrich II. wollte die Absichten Österreichs im Zusammenhang mit dem russisch-türkischen Krieg ergründen. Er befürchtete eine Unterstützung der Türkei, weil er lt. Vertrag unter diesen Umständen genötigt gewesen wäre, selbst in den Krieg, von dem er sich nichts versprach, einzugreifen. Vom 25. bis 28. August trafen sich Joseph II. und Friedrich II. in Neiße. Dieser Beratung auf höchster Ebene folgte ein Gegenbesuch vom 3. bis 7. September auf österreichischem Territorium, an dem diesmal auch der österreichische Staatskanzler Graf Wenzel Anton Dominik von Kaunitz teilnahm. Das Mißtrauen zwischen den beiden Mächten war jedoch so tief eingewurzelt, daß die Begegnungen ohne einschneidende Wirkungen blieben. Man versicherte sich gegenseitigen Wohlwollens; Joseph II. leistete einen endgültigen Verzicht auf Schlesien, man tauschte Meinungen über die politische Situation in Europa und über den russisch-türkischen Krieg aus. Über die Teilung Polens sprach man nicht. Ob der Preußenkönig, nachdem sein Versuchsballon in Petersburg geplatzt war, nicht mehr an die Möglichkeit einer sofortigen Verwirklichung seiner

Idee glaubte? Es scheint fast so. Denn erst sein Bruder Heinrich brachte die Teilung Polens wieder ins Gespräch. Im Jahre 1770 begab sich dieser auf Einladung der Zarin zu einem Besuch nach Petersburg. Hier brachte er erneut den Plan einer Allianz zwischen Rußland, Österreich und Preußen ins Spiel. Er schürte das Feuer; denn solange der russisch-türkische Krieg andauerte, bestanden nach seiner Meinung Voraussetzungen für eine Teilung Polens. Katharina II. sah sich nun auch eher geneigt, dem Teilungsplan zuzustimmen. Sie bot Preußen das Ermland an. Dem König war das zu wenig. „Was die Inbesitznahme des Herzogtums Ermland angeht, so habe ich mich derselben enthalten, weil das Spiel nicht die Kerze wert ist. Das Stück Kuchen ist so dünn geschnitten, daß es das Geschrei, das es hervorrufen würde, nicht wettmacht; Polnisch-Preußen allerdings würde sich lohnen, selbst wenn Danzig nicht mit dabei wäre, denn dann würden wir die Weichsel und freie Verbindungen mit dem Königreich (Preußen) haben, was allerdings ein bedeutsamer Posten wäre", so schrieb Friedrich II. an seinen Bruder Heinrich.(4)

Dabei hatte die Teilung zu diesem Zeitpunkt eigentlich schon begonnen; wenn sich vorerst auch nur Österreich und Preußen, unabhängig voneinander handelnd, an der polnischen Beute schadlos hielten. Österreichs Machthaber besetzten 1769 unter dem Vorwand, die Grenze des Habsburgerreiches während des russisch-türkischen Krieges sichern zu müssen, Teile polnischen Territoriums südlich von Kraków. 1770 annektierten sie weitere polnische Gebiete. Im gleichen Jahr ließ Friedrich II. den sogenannten Cordon sanitaire ziehen, wobei er weite Teile Westpreußens vom polnischen Staatsgebiet abtrennte.

Am 17. Februar 1772 einigten sich Rußland und Preußen offiziell über die Teilung. Dem Wiener Hof boten sie an, sich der Konvention anzuschließen. Das geschah durch Vertrag am 5. August. Ein Drittel des zum polnischen Staat gehörenden Territoriums fiel in die Hände der Teilungsmächte. Die preußische Monarchie riß Westpreußen (außer Gdańsk und Toruń), das Ermland und den Netzedistrikt an sich, insgesamt ein Gebiet von 36 000 km² mit 580 000 Einwohnern; Österreich erhielt Galizien und einige angrenzende Gebietsteile, in denen insgesamt 2,6 Millionen Einwohner lebten; Rußland besetzte belorussische Gebiete zwischen Düna und Dnepr, den südlichen Teil der Polozker Gegend sowie fast das ganze Witebsk und Mogilew. Während Rußland seinem Staat Territorien anschloß, die vorwiegend von Ukrainern und Belorussen bewohnt waren, okkupierten Preußen und Österreich Gebiete mit überwiegend polnischer Bevölkerung. Die erste Teilung Polens war kein einmaliger Akt. Bis 1776/77 versuchten Österreich und Preußen, die Grenze zwischen ihren Staaten und Polen weiter zu ihren Gunsten zu verschieben. Auf allen Grenzabschnitten besetzten preußische Truppen 52 Städte und 1 300 Dörfer mehr als vertraglich vereinbart. Nur unter dem Druck Rußlands wurde diesen fortwährenden Grenzerweiterungen ein Ende gesetzt.

Die erste Teilung Polens war ein Unglück für das polnische Volk. Durch den Verlust dicht besiedelter und in gewerblicher Hinsicht entwickelter Gebiete geschwächt und den Raub der Wisłamündung in seiner wirtschaftlichen Weiterentwicklung behindert, wurde das polnische Volk ein ständiges Objekt für die Aggressionsgelüste seiner Nachbarn. Auf der anderen Seite profitierten von der Teilung Polens die feudalabsolutistischen Staaten Preußen, Rußland und Österreich-Ungarn. Aus den großen Starosteigütern, deren Inhaber mit staatlichen Renten abgefunden wurden, bildete Friedrich II. beispielsweise mit Hilfe seiner Beamten 79 Domänen. Selbst die Ländereien der Kirche nahm der Staat in seine Verwaltung. Mehr als 800 000 Taler jährlich flossen aus dem okkupierten Gebiet allein in die Domänenkasse. Hinzu kamen die Einnahmen aus der Kontribution und der Akzise, die dem König, nach seinen eigenen Angaben, erlaubten, die preußische Armee um 25 200 Mann zu verstärken. Bedenkt man außerdem, daß die Kontrolle über die Mündung der Wisła Preußen große Vorteile brachte, die es im Handel mit Polen auch skrupellos ausnutzte, so erklärt sich, warum der preußische Staat im Gefolge der Teilung seine Stellung als europäische Großmacht festigen und seinen Einfluß auf die Geschicke des deutschen Volkes vertiefen konnte.

Fragt man nach der „historischen Schuld" an diesem mitten im Frieden an einem wehrlosen Volk verübten Aggressionsakt, kommt man nicht umhin, auf Brandenburg-Preußen und Friedrich II. zu verweisen. Er war Urheber des Plans, sein Bruder Heinrich Haupteintreiber dieser Politik. Die vom Monarchen verfaßten „Denkwürdigkeiten" strotzen vor Selbstgefälligkeit und Stolz über die eigenen Finessen. Der Preußenkönig hatte nicht die geringsten Skrupel, seine Rolle bei der Teilung Polens genau zu schildern. Er war so sehr in feudalen und dynastischen Wertvorstellungen befangen, so sehr von Gier nach einer Vergrößerung der preußischen Monarchie durchdrungen, daß er nicht einmal auf die Idee kam, das üble Geschäft zu tarnen und seine eigene Person vor der Kritik aufgeklärter Zeitgenossen und späterer Generationen zu schützen.

Der „Kartoffelkrieg"

Mit der Teilung Polens war nach Ansicht Friedrichs II. das „Gleichgewicht" zwischen Österreich und Preußen wiederhergestellt, das er nach der Besetzung polnischer Gebiete durch das habsburgische Reich gefährdet gesehen hatte. Argwöhnisch beobachtete er in der Folgezeit alle Geschehnisse dort, immer bereit, militärisch einzugreifen, sobald sich eine Verschiebung im Kräfteverhältnis andeutete. Der Preußenkönig rechnete mit erneuten kriegerischen Verwicklungen, wenn nicht zu seinen Lebzeiten, dann nach seinem Tode. Aus dem Kreis eigener Vorstellungen nicht herauskommend, traute er Joseph II. die gleichen Aggressionsgelüste zu, die ihn in seiner Jugend zur Annexion Schlesiens getrieben hatten. Trotz aller Annäherungsversuche und des zeitweiligen Einvernehmens blieb Hauptfeind und Hauptgefahrenherd für den König die österreichische Monarchie. Schlesien war der Schatten, über den beide Mächte nicht springen konnten.

Tatsächlich bemühte sich Joseph II. noch zu Lebzeiten Maria Theresias um eine aktivere Außenpolitik, vor allem um den Erwerb Bayerns. Aggressive Absichten verfolgten damals eben nicht nur Preußens Machthaber, sondern auch andere aufgeklärte Herrscher. Die Außenpolitik war der kritische Punkt der aufgeklärt-absolutistischen Regimes. Mit nahezu krankhaftem Interesse verfolgte Friedrich II. alles, was in Wien unter Joseph II. geschah. Er bezichtigte diesen, falls er Macht genug besitzen würde, „alle deutschen Lande unter seine Herrschaft" bringen und sich „zum Gebieter des weiten Reiches" aufschwingen zu wollen.(5) Schon zu diesem Zeitpunkt spielte sich der Preußenkönig als Hüter deutscher Freiheit, das heißt fürstenstaatlicher Zersplitterung, und als Bewahrer des politischen Status quo auf. Jeder für das Habsburgerreich erzielte Machtzuwachs schien ihm mit einer Schwächung Preußens identisch. Um diese zu verhindern, sah sich der Monarch nach Bundesgenossen im Reich um und stachelte die Fürsten zum Widerstand gegen die Pläne des „Reichsoberhauptes" an. Noch kein Jahrzehnt war seit dem Ende des schrecklichen Krieges vergangen, als Friedrich II. schon wieder für „die Ruhe Europas" fürchtete und selbst Kriegsbereitschaft vermeldete. Verwicklungen befürchtete der König vor allem um Bayern. Die beiden in Bayern und in der Kurpfalz herrschenden Linien der Wittelsbacher standen kurz vor dem Aussterben. Österreich arrangierte sich mit Karl Theodor von der Pfalz, der das mögliche bayrische Erbe gern gegen die österreichischen Niederlande eingetauscht hätte. Als der Bayer 1777 an den Blattern starb, nötigten die Habsburger Karl Theodor mit der vagen Hoffnung auf einen späteren Tausch zum Verzicht auf Bayern. Die internationale Situation schien für den Kaiser günstig. Der Amerikanische Unabhängigkeitskrieg hielt England in Atem, während Frankreich den antikolonialen Befreiungskampf der Amerikaner für seine kolonialen Auseinandersetzungen mit England auszunutzen trachtete. Von England oder Frankreich war daher ein Eingreifen in Reichsangelegenheiten nicht zu erwarten. Im Januar 1778 überschritten österreichische Truppen die bayrische Grenze. Der preußische König prophezeite Joseph II. daraufhin ein „stürmisches Jahr". Er war nicht gewillt, einer Machterweiterung Österreichs tatenlos zuzusehen, und bereitete die militärische Intervention vor.

Vorerst jedoch versuchte er, ein Bündnis gegen die Habsburger zusammenzuzimmern. Wie im Falle der ersten Teilung Polens spann er seine Intrigen. Als listiger alter Fuchs der europäischen Politik bemühte er sich, Rußland und einige Reichsfürsten gegen Österreich aufzubringen. Das aber gelang nicht so ohne weiteres. Die Herrscher Sachsens und Zweibrückens, die „Erbansprüche" auf Bayern besaßen, benahmen sich nach seiner Meinung wie „schwankende Rohrhalme ohne Energie und Ehrgefühl".(6) Das war keine schmeichelhafte Aussage. Tatsächlich verdienten die Reichsfürsten Kritik. Deren „größte Schandtat war", nach einem Ausspruch Friedrich Engels, „ihre bloße Existenz".(7) In den kleineren und mittleren Territorien politisch und wirtschaftlich schwach, ruinierten sie durch ihre luxuriöse Lebensweise, durch Nachahmung französischer Etikette, durch Günstlings- und Mätressenwirtschaft ihre bedauernswerten Untertanen. Sie verabscheuten kein Mittel, wenn es nur Geld versprach. Zu solchen schmutzigen Mitteln gehörte der „Soldatenverkauf", der – seit langem praktiziert – gerade zum hier beschriebenen Zeitpunkt wieder aufkam, weil England allerorts um Söldner für den Unterdrückungsfeldzug gegen seine aufständische Kolonie Amerika warb. Nur wenige der Reichsfürsten erhoben sich über ein

Mittelmaß und versuchten – wenn auch immer nur in einigen Fragen –, den Ansprüchen der Zeit Genüge zu tun.

Wenn Friedrich II. die deutschen Fürsten kritisierte, dann allerdings nicht aus diesem Grunde. Er konnte ihre „Zurückhaltung" in Sachen Außenpolitik nicht verstehen. Auf „Erbansprüche" zu verzichten, das verstieß nach seiner feudalen Wertvorstellung gegen das Ehrgefühl. Er wußte zwar gut genug, daß Kriege sowie eine aktive Außenpolitik hohe finanzielle Kosten verursachten, die die kleinen und mittleren Staaten nicht tragen konnten. Auch wäre er selbst im Falle ihres aktiven Eingreifens in die Angelegenheiten des Reiches sicher nicht ruhig geblieben, aber – warum erwählten die Kleinen nicht Preußen zu ihrem Beschützer!? Der Preußenkönig konnte sich in Briefen an seinen Bruder Heinrich nicht genug über diesen „Unverstand" auslassen. Zweibrücken, Sachsen und Mecklenburg mußte er regelrecht in die Auseinandersetzungen mit Österreich hineintreiben. An den Prinzen Heinrich schrieb er im März 1778, daß er keinen Schritt ohne vorhergehende sondierende Maßnahmen an diesen Höfen unternehmen könnte. Er erreichte schließlich, daß ihn die genannten Staaten mit der Wahrnehmung ihrer Interessen beauftragten. Am 16. März protestierten die Vertreter Preußens und Zweibrückens auf dem Reichstag in Regensburg gegen Österreichs Vorgehen. Einige Tage später garantierte Preußen dem Herzog von Zweibrücken sein Erbrecht auf Bayern. Im Mai trat die militärische Auseinandersetzung in das Stadium unmittelbarer Vorbereitung. Seit dem 4. Mai standen preußische Truppen in Schlesien und Sachsen schlagfertig zum Einmarsch in das Habsburgerreich bereit. Gleichzeitig bemühte sich Brandenburg-Preußen, vom Reich den Auftrag einer Exekution gegen sein Oberhaupt zu erhalten. In einem Brief an seinen Bruder Heinrich gab Friedrich II. als Grund für seine erneute Kriegsbereitschaft die Furcht vor einer Stärkung der Kaisermacht und einer Einschränkung der fürstlichen „Libertät" an. Ob Kaiser Joseph, der ebenso wie sein preußischer Widersacher nicht von nationalen, sondern von dynastischen Interessen ausging, mit seiner Politik der dringend nötigen und von der fortschrittlichen bürgerlichen Intelligenz geforderten nationalstaatlichen Einigung eine Bresche geschlagen hätte, ist fraglich. Eigentlich fürchtete der preußische König dies auch gar nicht; denn „nationale" Gesichtspunkte lagen außerhalb seines Denkschemas. Ihm ging es immer nur um das Gleichgewicht zwischen Preußen und Österreich. „Das Gleichgewicht der in Frage kommenden Kräfte ist der zweite Grund, der mich zum Intervenieren zwingt, weil ich mich nicht damit abfinden kann, daß Österreich uns so überlegen wird, daß wir ihm eines Tages keinen Widerstand mehr leisten können", so schrieb er an Heinrich.(8)

Am 5. Juli marschierte Friedrich II. in Böhmen ein. Schon im April hatte er einen Feldzugsplan entworfen, der vom gleichzeitigen Einfall in Böhmen und Mähren ausging. Dabei sollte die in Böhmen unter dem Kommando des Prinzen Heinrich operierende Armee, die vermutlich der österreichischen Hauptmacht gegenüberstehen würde, sich so lange auf hinhaltende Manöver beschränken, bis die andere, unter Friedrichs unmittelbarem Kommando, möglichst weit in Mähren vorgedrungen war. Sein Plan ging nicht auf. Die feindlichen Heere standen sich im Sommer 1778 gegenüber, ohne eine Schlacht zu wagen. Die in den Schlesischen Kriegen praktizierte Taktik, kriegsentscheidende Schlachten zu suchen, ließ sich nicht mehr verwirklichen. Friedrich selbst ging von ihr ab. Hatte er sich während des Siebenjährigen Krieges über das ewige Zaudern des österreichischen Oberkommandos lustig gemacht, so handelte er jetzt ebenso. Da der preußische König seine ursprünglichen Pläne nicht durchsetzen konnte, beschränkte er sich darauf, das von seinen Einwohnern verlassene Land auszuplündern und es – wie er sich selbst ausdrückte – „in eine Art von Wüstenei" zu verwandeln. Die Sorge um Fourage beschäftigte das plündernde und marodierende preußische Heer denn auch mehr als alles andere, weshalb der Bayrische Erbfolgekrieg im Volksmund spöttisch als „Kartoffelkrieg" bezeichnet wurde.

Liest man des Königs Schilderung der Kriegsereignisse, stößt man auf die altbekannte Suche nach dem Schuldigen. Nur ging der Monarch diesmal nicht mit der gleichen Brutalität wie im Siebenjährigen Krieg vor. Nicht übersehen läßt sich allerdings, daß er insgeheim mit dem Prinzen Heinrich grollte, der sich vor Ausbruch der Kriegshandlungen gern mit Österreich arrangiert hätte. Warum den Habsburgern nicht Bayern gönnen, wenn sich auch Preußen vergrößern ließe? So jedenfalls dachte Prinz Heinrich, der sich nach des Königs Schilderung während des Feldzuges „zu nichts entschließen" konnte. Auch die Österreicher wollten partout nicht dort Stellung beziehen und da kämpfen, wo es der preußische König geplant hatte.

Das Jahr 1778 wurde mehr von Verhandlungen geprägt, die Maria Theresia ohne Wissen ihres Sohnes begonnen hatte, als von militärischen Auseinandersetzungen. Friedrich II. erkannte die Schwäche seiner Position. Ihm war es später nachgerade peinlich, an den Bayrischen Erbfolgekrieg, den „kleinen" Krieg, erinnert zu werden. Mit Wohlwollen nahm er zur Kenntnis, wenn sich seine Besucher taktvoll einer Erwähnung der Kriegsereignisse enthielten.

Woran lag es, daß Preußen keine militärische Entscheidung erzwingen konnte? Fehlte es dem alten Friedrich an Mut und Risikobereitschaft; Eigenschaften, die er während der Schlesischen Kriege zum Entsetzen seiner hohen Offiziere oftmals mehr als genug besessen hatte? Es war nicht das Alter des Herrschers, das den Kriegsereignissen des Jahres 1778 seinen Stempel aufprägte, sondern das „Alter" des feudalabsolutistischen Regimes. Der Bayrische Erbfolgekrieg war ein Symptom für die Krise und die nicht mehr vorhandene Evolutionsfähigkeit des preußischen Absolutismus. Die von Friedrich II. während des Siebenjährigen Krieges bis zur „Vollkommenheit" getriebene Lineartaktik, von der die feudalabsolutistischen Heere bei Strafe ihres Zerfalls auch nicht abgehen konnten, geriet in Widerspruch mit den Fortschritten der Waffentechnik. Schlachten wurden bei der gestiegenen Feuerkraft der Heere immer risikoreicher, für den Sieger ebenso wie für den Besiegten. Eine Durchbrechung der Lineartaktik, wodurch diese Risiken eingeschränkt worden wären, aber ließ sich ohne eine Änderung der gesellschaftlichen Verhältnisse nicht durchsetzen. Deshalb das Bemühen vieler Heerführer, verlustreiche Schlachten zu vermeiden! Auch Friedrich II. mußte sich dieser Entwicklung anpassen. Das zeigt unter anderem sein „Politisches Testament" von 1768. In ihm entwickelte er – immer von Österreich als Gegner ausgehend – Pläne für das taktische Verhalten der preußischen Armee. „Zu einer Schlacht würde es mich nicht drängen", schrieb der früher Schlachten suchende Heerführer.(9) Als Grund für seine Enthaltsamkeit verwies er auf die gestiegene Feuerkraft der Heere, die bei der herrschenden Taktik den Bestand der kämpfenden Armeen aufs Spiel setzten. Der königliche Feldherr sah selbst, daß sich seine „neuen" Richtlinien in Widerspruch mit den früheren „Generalprinzipien des Krieges" befanden, weshalb er auch ausführte: „Ihr dürft euch nicht wundern, wenn Ihr Widersprüchen zwischen meinen obigen Ausführungen und dieser Instruktion (den Generalprinzipien, I. M.) begegnet. Sie entstand nämlich nach dem Frieden von 1746. In den vorhergegangenen Kriegen wußte der Feind nichts von Taktik noch von Geländenutzung. Seine Artillerie war in kläglichem Zustand und seine Infanterie nicht besser. Die großen Fortschritte der Österreicher, deren Wirkungen man im letzten Kriege verspürt hat, veranlassen mich, meinem früheren Werke Vorsichtsmaßregeln und Verbesserungen hinzuzufügen."(10) Seine Vorsichtsmaßregeln bestanden in einer Anpassung an die von den feudalabsolutistischen Heeren dieser Zeit angewandte Manöverstrategie.

Die geschilderten Veränderungen zeugen von Niedergangserscheinungen in der preußischen Armee, für die es einige Gründe gab. Friedrich II. hatte nach dem Siebenjährigen Kriege am Rekrutierungssystem zwar nichts geändert, das Kantonssystem blieb bestehen, aber aus Finanzgründen die sogenannte Kompaniewirtschaft aufgehoben bzw. eingeschränkt. Bisher war die Löhnung der Soldaten während ihrer zehnmonatigen „Beurlaubung" in den Händen des Kompaniechefs verblieben. Der bestritt von dieser Summe unter anderem die ausländische Werbung. Nun floß das „ersparte" Geld in die staatlichen Kassen und die ausländische Werbung wurde den Regimentern entzogen. Dieser an sich richtige Schritt hatte aber unvorhergesehene Nebenwirkungen. Solange die Kompaniechefs für die eigene Truppe warben, bemühten sie sich um möglichst gute Rekruten. Jetzt nahmen die oft korrupten Werbeoffiziere jeden in die Armee auf. Viele aus der Bahn geworfene Menschen, mitunter regelrechtes Gesindel, geriet so in ihre Reihen. Der Rekrutenstand verschlechterte sich, was durch erhöhten Drill ausgeglichen werden sollte. Die Bestimmungen über den sogenannten „kleinen" Dienst wurden verschärft. In einer Instruktion aus dem Jahre 1763 hieß es: „Sollte der gemeine Mann raisonniren, es sei in oder außer Dienst, unter oder sonder Gewehr, so muß sogleich Standrecht über selbigen gehalten und er mit zwölfmaligem Gassenlaufen bestraft werden, weil dergleichen kurze Prozesse bei dem gemeinen Mann sehr viel Impression machen ... opponirt sich aber ein Gemeiner gegen einen Officier, so muß sogleich Kriegsrecht über ihn gehalten und er arquebusiret werden. Ist es, daß ein Gemeiner einen Unter-Officier ums Leben bringt, so muß er lebendig gerädert werden." Überhaupt, so hieß es in dieser Instruktion für die Kavallerie, „muß der gemeine Soldat vor dem Officiere mehr Furcht als vor dem Feinde haben."(11)

Die preußische Armee litt nach dem Siebenjährigen Kriege aber nicht nur unter einem sich verschlechternden Rekrutenbestand, sondern auch an einem aus Sparsamkeitsgründen überalterten, teilweise korrupten und auf niedrigem Niveau stehenden Offizierskorps. 1786 befanden sich unter den 37 Generalmajoren der Infanterie 25 in einem Alter zwischen 60 und 78 Jahren, von den 78 Obersten waren nur 4 unter 50, dafür aber 30 über 60 Jahre alt. Nimmt man zu diesen Erscheinungen noch den strengen und geisttötenden Garnisonsdienst, die Verschärfung der „Disziplin" und Subordination, dann hat man einige der Gründe für das Versagen der preußischen Armee im Bayrischen Erbfolgekrieg. Es war kein Wunder, daß diese Armee später, beim ersten Zusammentreffen mit den Truppen des revolutionären Frankreich bei Jena und Auerstedt, eine totale historische Niederlage erlitt und in diese Niederlage den altpreußischen Staat mit hineinzog.

Schon seit September 1778 wurde über einen Frieden verhandelt. Österreich hatte Frankreich um Vermittlung gebeten, Preußen sich damit einverstanden erklärt, falls auch Rußland hinzugezogen würde. Am 13. Mai 1779 fand, nachdem seit März über die Modalitäten eines Friedensvertrages in Teschen beraten worden war, der Bayrische Erbfolgekrieg sein Ende. Die Habsburger behielten das Inntal, einen Bruchteil des von ihnen okkupierten bayrischen Gebietes. Sachsen wurde mit einer finanziellen Entschädigung abgefunden, während Preußen seine Erbfolge in Ansbach und Bayreuth garantiert bekam. Der Krieg endete ebenso wie der Siebenjährige mit einem Patt, der Wahrung des zwischen Österreich und Preußen bestehenden Gleichgewichts. Er war ein Symptom für den nicht zuletzt durch die Aggressionspolitik Friedrichs II. entstandenen preußisch-österreichischen Dualismus.

Die Verhandlungen in Teschen hatten noch ein weiteres einschneidendes Ergebnis: Sie führten zu einer Annäherung Österreichs und Rußlands. Dafür gab es mehrere Gründe, unter anderem hing sie mit den Beziehungen beider Staaten zur Türkei zusammen. Noch während der Kongreß in Teschen tagte, traf hier nämlich die Nachricht vom Abschluß eines russisch-türkischen Vertrages ein. Das Osmanische Reich hielt damals, obgleich es sich im Niedergang befand, noch große Teile der Balkanhalbinsel und der Krim besetzt, wogegen sich die unterworfenen Völker zur Wehr setzten. Rußland und Österreich, deren Interessen unmittelbar betroffen waren, kämpften seit langem, wenn auch nicht immer im Einvernehmen miteinander, gegen das osmanische Großreich. Die Nachricht von einem Vertrag zwischen Rußland und der Türkei rief die Habsburger auf den Plan. Sie fürchteten einerseits eine Stärkung des russischen Einflusses in Südosteuropa und andererseits ein direktes

Eingreifen Rußlands in den Bayrischen Erbfolgekrieg. Darin täusch-
ten sie sich zwar, denn die dauernden Versuche Preußens, weitere
Gebiete in Polen zu annektieren, hatten die russisch-preußischen
Beziehungen merklich abgekühlt. Dennoch war Joseph II. nun sehr
an einem Arrangement mit Rußland gelegen. Teschen leitete so
einen Wechsel im Bündnissystem ein. In der Folgezeit hielt es
Katharina II., trotz des im Jahre 1777 erneuerten preußisch-russi-
schen Vertrages, mehr mit Österreich. Da Rußland gleichzeitig
Garantiemacht des Friedens wurde, bekam die russische Regierung
in den folgenden Jahrzehnten bis in das 19. Jh. hinein die Möglichkeit, unmittelbar in deutsche Belange einzugreifen.

Der Fürstenbund

Der preußisch-österreichische Dualismus und die Annäherung Rußlands an Österreich waren Veranlassung für die Fürstenbundprojekte
der achtziger Jahre. Die Ereignisse des Bayrischen Erbfolgekrieges
hatten vielen mittleren und kleinen Territorialfürsten gezeigt, wie
leicht sie, in die Mühle des preußisch-österreichischen Dualismus ge-
ratend, zermahlen werden konnten. Noch ging es nicht um die im
19. Jh. akute Frage der nationalstaatlichen Einigung auf „klein-
deutschem" preußischem oder „großdeutschem" österreichischem
Wege. Schon aber schufen die beiden Großmächte „Parteiungen" um
sich und bereiteten ungewollt künftige Lösungen der nationalen
Frage vor. Sie bedienten sich dabei unterschiedlicher ideologischer
Mittel. Während Friedrich II. nach wie vor als Hüter fürstlicher Libertät auftrat, betonte der Kaiser die alten hierarchischen Strukturen
des Reiches und die Rolle des Reichsoberhauptes. Beide blieben damit ebenso hinter den Anforderungen der Zeit zurück wie diejenigen
Fürsten, die sich dem Werben Preußens und Österreichs widersetzten und sich zu einem „Gegenbündnis" zusammenschließen wollten. Zu den Urhebern der Fürstenbundbestrebungen gehörten solche
Herrscher wie Franz von Anhalt-Dessau, der Freund und Mäzen
Goethes Karl August von Weimar und der von physiokratischen
Vorstellungen beeinflußte Karl Friedrich von Baden; Fürsten also,
die das gängige Mittelmaß deutscher Fürstenherrlichkeit überschritten.
Ihre Absicht, so etwas wie eine dritte Kraft im Reiche zu schaffen
und die Freiheit der Reichsstände, damit aber die fürstenstaatliche

Zersplitterung zu verteidigen, widersprach dennoch den historischen Notwendigkeiten. Die Geschichte verlangte andere Lösungen.

Friedrich II. bemächtigte sich der Fürstenbundidee, weil er sich mehr und mehr in die Isolierung gedrängt sah. Im Mai 1781 schlossen Österreich und Rußland ein Verteidigungsbündnis miteinander ab, dessen Spitze allerdings gegen die Türkei gerichtet war. Freilich wollte sich der Kaiser damit auch seinen ärgsten Widersacher im Reich, Preußen, vom Leibe halten. Wie weit das Einvernehmen zwischen den beiden Mächten gediehen war, wußte der Preußenkönig allerdings nicht. Er spürte lediglich die heraufziehende Gefahr. An seinen Neffen, den Herzog Karl Wilhelm Ferdinand von Braunschweig, schrieb er im Jahre 1782: „Der Kaiser lastet auf meinen siebzigjährigen Schultern." Und er fuhr fort: „Wir streiten jetzt, wer Rußland auf seiner Seite haben wird."(12)

Als Fürst Kaunitz nach der Einigung mit Rußland erneut das Projekt eines Tausches der österreichischen Niederlande gegen Bayern entwickelte und darüber auch mit Frankreich ins Einvernehmen kam, da ergriff der preußische König, der den Fürstenbundbestrebungen bis dahin skeptisch gegenübergestanden hatte, den hingehaltenen Strohhalm. Bisher hatte er sich einer Vereinigung der Fürsten widersetzt, weil ihm an einem Bündnis mit so kleinen Territorialfürsten nichts lag. Sie hätten ihm nicht einmal militärisch beistehen können. Nun aber sah er nur noch ein Mittel, wie er an seinen Kabinettsminister schrieb, nämlich die Stimmen von Sachsen, Hannover, Mainz, Trier und die anderer Fürsten zu vereinigen, um gegen alles zu protestieren, was der Kaiser im Widerspruch mit der Verfassung des Reiches unternehmen wolle. Brandenburg-Preußen verständigte sich zunächst mit Hannover und Sachsen. Insgesamt schlossen sich 15 Staaten dem Fürstenbund an. Sie alle waren sich darin einig, den Plänen der Habsburger im Reiche Widerstand zu leisten und den Status quo zu erhalten. Eine auch nur partielle Einigung des zersplitterten Reiches konnte von diesem Bund nicht ausgehen. Friedrich gelang es mit dessen Hilfe, das gefährdete Gleichgewicht zwischen Preußen und Österreich wiederherzustellen, während sich die anderen Teilnehmerstaaten auf diese Weise den Absichten Josephs und seines Kanzlers, den Staat der Habsburger auf Kosten anderer Territorien zu stärken, mit Erfolg widersetzten.

Der Bund sowie die Arrondierungsabsichten der Habsburger offenbarten die „Krise" des Reiches. Die Entwicklung der bürgerlichen Nation, die trotz aller Hemmnisse gerade in dieser Zeit Fortschritte machte, verlangte dringend nach den ihr gemäßen staatlichen Formen. Das Reich, von inneren Gegensätzen zerrissen, vom preußisch-österreichischen Dualismus ausgehöhlt, konnte diese Form nicht bieten; es war nicht reparabel, weder durch Bündnisse noch durch eine Stärkung der Kaisermacht. Daher kann die Politik Friedrichs II. ebensowenig als national gelten wie die der Habsburger. Sie widersprach im Gegenteil den Interessen der werdenden Nation. Die Situation schien in den achtziger Jahren hoffnungslos verfahren. Die Fürsten waren unfähig, die nationale Frage zu lösen, das Bürgertum nicht entwickelt genug, um ihre Lösung auf die Tagesordnung der Geschichte zu setzen. Erst die Erschütterungen der Französischen Revolution weckten Kräfte für eine spätere nationalstaaatliche Entwicklung, wenn auch auf dem für die Nation ungünstigen Wege einer „Verpreußung" Deutschlands.

Das Ende Friedrichs und des aufgeklärten Absolutismus

Die Haltung Friedrichs II. zum Amerikanischen Unabhängigkeitskrieg

In den siebziger Jahren hatte sich der König, wie die bisherige Schilderung erkennen ließ, hauptsächlich mit außenpolitischen Fragen beschäftigt. Das lag nicht nur an der Rivalität mit Österreich, sondern auch an der zeitweiligen Entspannung der innenpolitischen Situation. Mit dem Ende der Krisenerscheinungen hatte ein wirtschaftlicher Aufschwung eingesetzt. Die Zahl der Manufaktur- und Verlagsbetriebe wuchs. Zwar schwelten noch immer Gegensätze zwischen dem König und Teilen des Manufakturbürgertums – über die Handels-, Steuer- und Manufakturpolitik gab es nach wie vor Meinungsverschiedenheiten –, aber man kam in den mittleren Provinzen angesichts der wirtschaftlichen Aufwärtsentwicklung ohne offene Opposition voran. Nur in Königsberg und in Schlesien, wo Kaufleute und zum Teil auch Manufakturkapitalisten mit den wirtschaftlichen Folgen der ersten Teilung Polens konfrontiert wurden, verebbte die Opposition nie ganz. Hier dominierten andere Vorstellungen über die wirtschaftliche Entwicklung Preußens, weil viele Bürger im Gegensatz zum König im Abbau staatlicher Bevormundung und einer freieren Handelsentwicklung die Garantie für einen wirtschaftlichen Aufschwung sahen. Die andauernden Gegensätze zeugten von einer eigenartigen Übergangssituation, die dadurch gekennzeichnet war, daß sich in den mittleren Provinzen noch immer die Mehrheit der Handels- und Manufakturkapitalisten auf den Staat und seine Wirtschaftspolitik orientierte, während andere, vor allem an der Peripherie des Staates, sie als Hemmnis empfanden und unter den Veränderungen litten, die nach der ersten Teilung Polens im östlichen Europa entstanden waren. Dieses teils noch intakte, teils schon gestörte Verhältnis zwischen dem Bürgertum und dem Staat veranlaßte den Monarchen zu stärkerem Druck auf das Bürgertum, auf das er in den letzten Lebensjahren mit der größten Verachtung herabsah. Friedrich begriff die Zeichen der Zeit nicht mehr. Seine Politik war und blieb konservativ. Dabei pochte die neue Zeit damals schon mächtig an die Tore der Geschichte. In Nordamerika vollzog sich mit dem Kampf um Unabhängigkeit gleichzeitig die endgültige Durchsetzung der neuen kapitalistischen Gesellschaftsordnung. In Frankreich reifte eine revolutionäre Krise heran, lag das Ancien régime in den letzten Zügen. Friedrich verspürte davon so gut wie nichts. Es ist frappierend, wie blind er gegenüber allem Neuen war, wie sehr sich seine Fähigkeit, auf neue Erscheinungen zu reagieren, sie intuitiv als Gefahr für sich zu erfassen, zurückgebildet hatte.

Auf einen Teil der fortschrittlichen bürgerlichen Intelligenz wirkte der Amerikanische Unabhängigkeitskrieg dagegen wie ein Fanal. Er zeigte schlagartig, welche Möglichkeiten ein befreites Volk besitzt. Urplötzlich schienen die seit langem geführten Diskussionen um den „besten Staat" aus dem Bereich bloßer Theorie herauszutreten, denn in Amerika errichteten Manufakturkapitalisten und Farmer ihren Staat und gaben sich eine Verfassung. Amerika vermittelte dem progressiven Bürgertum nicht nur in den deutschen Territorialstaaten, sondern in vielen Ländern Europas bleibende Lehren. Die erste war, daß sich gut und gerne ohne die feudalen Machthaber auskommen ließ. Der Dichter Christian Daniel Schubart sprach dies aus, als er in seiner „Deutschen Chronik" im Jahre 1776 den eigenen „Volkspeinigern" zu bedenken gab, „daß man ohne sie leben könne." Seine Begeisterung für die republikanische Verfassung der Schweiz und der Niederlande übertrug der seit 1777 auf dem Hohen Asperg gefangene Dichter nun auf Nordamerika. Die Idee der „Volkssouveränität" bekam neue Nahrung. Seit dieser Zeit war in den Diskussionen der Öffentlichkeit um eine Reform der bestehenden Verhältnisse ein republikanischer Unterton nicht mehr zu überhören. Wenn bereits in den achtziger Jahren in einigen deutschen Staaten eine Welle der Verfolgung radikaler Aufklärer einsetzte, dann lag das nicht zuletzt daran.

Auch in Preußen zog man Schlußfolgerungen dieser Art. Seit 1783 erschien in Berlin eine Zeitschrift, die „Berlinische Monatsschrift", die zum wichtigsten Organ der Aufklärung wurde. Ihre Herausgeber, Johann Erich Biester und Friedrich Gedicke, öffneten die Spalten des neuen Presseorgans auch den „links" Stehenden. So konnte man denn gleich im ersten Jahrgang die Ode eines anonymen Autors auf Amerika lesen, die in der Vision eines von der Fürstenherrschaft befreiten Europa gipfelte:

Und du, Europa, hebe das Haupt empor!
Einst glänzt auch dir der Tag, da die Kette bricht,
Du, Edle, frei wirst; deine Fürsten
Scheuchst und, als glücklicher Volksstaat, grünest.

Das war freilich nicht als Aufruf zur unmittelbaren revolutionären Tat gedacht. Den unbekannten Autor selbst mahnte das „Klirren der eisernen Fessel" daran, ein Deutscher zu sein. Für sein Volk sah er die Stunde der Freiheit noch nicht gekommen. Trotzdem: Schon die Vision des „Volksstaates" barg für die Herrschenden Gefahr. Die Ode des Unbekannten war ein Symptom dafür, daß sich auch in Preußen radikalere Stimmen Gehör zu verschaffen suchten. In Gedickes und Biesters „Berlinischer Monatsschrift" konnte man nicht nur den politischen „Geist Englands" preisen und für die konstitutionelle Monarchie plädieren, sondern auch den Fürsten einen „neuen Weg zur Unsterblichkeit" empfehlen, der darin bestand, den Staat in eine Republik umzuwandeln. Auch dieser „Vorschlag" darf nicht als Aufruf zur Revolution verstanden werden. Im Gegenteil, der Autor wollte die „neue Verfassung nicht in der Gährung bürgerlicher Unruhen", sondern mit Unterstützung der Fürsten durchsetzen. Erst die Französische Revolution ließ bei radikalen deutschen Intellektuellen die Erkenntnis reifen, daß es keinem Fürsten je einfallen werde, „dem Zepter" freiwillig zu entsagen.

Die zweite wichtige Erkenntnis fortschrittlicher deutscher Intellektueller betraf die Rolle der Volksmassen und den neuartigen Charakter jenes Krieges. Die um ihre Freiheit kämpfenden amerikanischen Kolonisten hatten sich gegenüber den Söldnern der feindlichen Heere als überlegen erwiesen. Darin bestand eine wichtige Erfahrung. Sie zeigte, was ein Volk vermochte, das für seine eigenen Interessen focht. Die Unterscheidung zwischen gerechten und ungerechten Kriegen, die seit langem bestand und die von den Aufklärern teilweise zur Kritik an den feudalen Kabinettskriegen absoluter Herrscher benutzt wurde, erhielt ihre positive Legitimation. Friedrich Gottlieb Klopstock, der Kriege zutiefst haßte, der sie als das „tiefste Brandmal der Menschheit" bezeichnete, begriff angesichts des Freiheitskampfes den andersartigen Charakter eines vom Volke geführten Befreiungskrieges. „Dich singe die Leyer, die keine Kriege sang", verkündete er und feierte den Amerikanischen Unabhängigkeitskrieg als „Morgenröte eines nahenden großen Tages". Radikalen bürgerlichen Intellektuellen schien die Situation in Amerika jener von Jean-Jacques Rousseau konzipierten Gesellschaft zu entsprechen, in der jeder Bürger die Freiheit seines demokratischen Staates selbst mit der Waffe verteidigte. Die Kritik am Militärdespotismus erhielt eine neue Qualität. Sie beschränkte sich nicht mehr auf die bloße Ablehnung der Kabinettskriege, sondern wurde mehr und mehr vom Gegenbild eines für die Freiheit des eigenen Staates kämpfenden Bürgers bestimmt. In diesem Sinne formulierte einer der führenden Köpfe des Sturm und Drang, der Publizist Johann Georg Schlosser: „Wo der stehende Soldat ist, ist dauerhafte Bürgerfreiheit unmöglich ... Da ist's nun am besten, wo der Soldat Bürger war, eh er Soldat wurde, und wieder Bürger wird, wenn er aufhört Soldat zu sein."(1)

Angesichts dieser Erkenntnisfortschritte war die Reaktion absolutistischer Herrscher borniert und von einem engen Klassenstandpunkt geprägt. Den einen diente der Kampf Englands mit seinen „Kolonien" lediglich als willkommenes Mittel, die ewig leeren Kassen aufzufüllen. Die schändliche Praxis der Soldatenverkäufe nahm einen großen Umfang an und stieß erstmals auf die heftige Opposition der fortschrittlichen Intelligenz. Wer kennt nicht die in Friedrich Schillers „Kabale und Liebe" ausgesprochene Kritik an diesem Schacher. Andere dagegen betrachteten die Auseinandersetzungen jenseits des Ozeans vor allem unter dem Aspekt des europäischen Kräfteverhältnisses und suchten die Rivalität zwischen England und Frankreich für eigene Interessen auszunutzen. Friedrich II. gehörte zu den letzteren. Soldatenverkäufe lehnte er ab. Er bezeichnete Fürsten, die sich dazu hergaben, als „geldgierig". Das war eigentlich nicht verwunderlich. Ein Monarch, der die Armee als Unterpfand eigener Großmachtpolitik betrachtete, mußte eine derartige Praxis verdammen. So schrieb er denn: „In Deutschland spürte man bereits den Ausfall an Menschen, die in jene fernen Länder verschickt worden waren, und der König von Preußen sah voller Besorgnis, daß das Reich sich all seiner Verteidiger entblößte, besonders im Hinblick auf die Möglichkeit eines neuen Krieges."(2) (Gemeint ist der Bayrische Erbfolgekrieg, I. M.) Friedrich II. machte aus diesem Grunde Schwierigkeiten, als die von England „gekauften" Truppen bei ihrem Marsch zu den Häfen preußisches Territorium passieren mußten. Immerhin trieb er seinen Widerstand nicht zu weit. Er wollte sich zwar an England rächen, weil es sich wie Rußland einer Besetzung von Gdańsk durch Preußen widersetzt hatte, andererseits aber auch die englische Regierung nicht zu sehr verärgern; denn lange Erfahrung hatte ihn gelehrt, wie er schrieb, „daß man schon Feinde genug auf Erden hat".(3)

Die Ereignisse in Nordamerika selbst betrachtete er durch die Brille des „aufgeklärten" Herrschers, dessen Innenpolitik erklärtermaßen darauf ausgerichtet war, offene Empörungen zu vermeiden. Die willkürliche Ausschreibung von Steuern in Amerika, die der Preußenkönig als „Akt der Despotie" bezeichnete, hielt er für die Ursache des Unabhängigkeitskrieges. „Eine weise Regierung hätte die Unruhen im Keime erstickt", stellte er fest.(4) Den englischen Machthabern warf er „Ungeschicklichkeit" vor. Hinter all diesen Wertungen stand die Meinung, daß sich solche – wie wir heute wissen – revolutionären Ereignisse bei „geschickter" Politik vermeiden lassen. Friedrichs Reaktion zeigt, wie unterschiedlich historische Ereignisse von großer Tragweite aufgenommen werden können. Während die fortschrittliche Intelligenz das in die Zukunft weisende Neue in Ansätzen erfaßte, dachte der Monarch darüber nach, wie sich solche Empörungen verhindern ließen. Der Klassenstandpunkt des Betrachters war ausschlaggebend für die Sicht auf den Amerikanischen Unabhängigkeitskrieg.

Daß die Kämpfe hier gleichzeitig eine neue gesellschaftliche Ordnung konstituierten, vermochte Friedrich II. nicht zu sehen. Immer, wenn er über die Ereignisse dort schrieb oder sprach, ging es ihm um die militärische Seite. Der „Krieg" interessierte ihn, die Niederlage der Engländer und die Auswirkungen auf Europa. Zusammenhänge zwischen dieser Niederlage und der Tatsache, daß hier ein Volk um seine Befreiung kämpfte, sah er nicht. Eine solche Betrachtungsweise lag außerhalb seiner Erfahrungen und Denkstrukturen. Dagegen stößt man in seinen Schriften wiederholt auf Befürchtungen über mögliche kriegerische Auswirkungen auf Europa. Der König glaubte, Frankreich werde die Schwierigkeiten Englands nutzen, um es in Europa anzugreifen. Die französische Regierung suchte nach seiner Meinung nur „eine Gelegenheit, um wie ein Falke auf" ihre Beute herabzustoßen und sich „an England für die Unbill zu rächen", die es ihr während des letzten Krieges zugefügt hatte.(5)

Es ist erstaunlich, wie wenig der auf die Außenpolitik fixierte Preußenkönig in der Lage war, innere Entwicklungen in anderen Ländern auch nur annähernd richtig zu erfassen. Zwar sah er beispielsweise den zerrütteten Zustand der französischen Finanzen, daß das französische Volk in Gärung geriet und in Frankreich, wie wir heute sagen würden, eine revolutionäre Krise heranreifte, erfaßte er nicht. Noch 1784/85, also kurz vor der Französischen Revolution, betonte er in Gesprächen mit dem französischen General François Amour Marquis de Boillé mehrfach, „daß er das französische Volk für unfähig zu einer freien Regierungsform hielte".(6)

Mit dieser Blindheit gegenüber inneren Veränderungen mag es unter anderem zusammenhängen, daß der Monarch solche radikalen Äußerungen über die Ereignisse in Nordamerika, wie sie die „Berlinische Monatsschrift" abdruckte, nicht verbot. Für ihn gehörten Meinungen dieser Art ins Reich „philosophischer Spekulationen", ohne unmittelbare Rückwirkungen auf den Staat und die eigene Herrschaft. Friedrichs Zensoren ließen sie durchgehen. Sie schritten erst dann ein, wenn direkte Angriffe auf die Politik des preußischen Staates erfolgten. Da das bekannt war, hielt sich die in ihrer Mehrheit nicht zu den Radikalen gehörende Berliner Aufklärung zurück, kritisierte nicht direkt, sondern – wenn überhaupt – verschlüsselt, indem sie den Hund prügelte, den Herrn aber meinte. Dabei kam es in den achtziger Jahren durchaus zu Konflikten zwischen den Intellektuellen und den Zensurbehörden.

Die Bestimmungen über die Zensur waren schon im Jahre 1772 verschärft worden. Pressefreiheit gab es in Preußen nie, obwohl sich die Legende darüber hartnäckig hielt. „Der Gedanke ist frei, aber Geschriebenes wird zensuriert." Dieser Satz, ausgesprochen im „Hofmeister" des Dichters Jakob Michael Reinhold Lenz, könnte als Motto für die gesamte preußische Zensurpolitik dienen. Halten konnte sich die Legende einer angeblichen Pressefreiheit, weil eine merkwürdige Arbeitsteilung zwischen dem Monarchen und seinen Zensoren bestand. Während letztere streng über die Bestimmungen wachten, verhielt sich der König tolerant und gestattete Ausnahmeregelungen, wenn die kritisierten und vom Zensor abgelehnten Publikationen in den Bereich der Philosophie oder Religion gehörten. Sobald jedoch die Politik des Staates ins Spiel kam, hörte Friedrichs Toleranz auf. Das bekam der Herausgeber einer 1779 in Berlin gegründeten Zeitschrift, der „Berlinischen Correspondenz", zu spüren. Deren anfängliche Zensurbefreiung wurde 1782 aufgehoben, weil sie angeblich mißbraucht worden war. Der Herausgeber Crantz hatte nämlich einen außerordentlich scharfen Angriff auf die preußische Zensur veröffentlicht sowie einen Artikel über die Reformpolitik Josephs II. abgedruckt, in welchem Crantz auf die Widersprüche zwischen aufgeklärter Theorie und Praxis in Österreich aufmerksam machte. Schon das genügte, um ihn zu verhaften. Solange vom Druck bestimmter Werke keine direkten Wirkungen auf den preußischen Staat zu erwarten waren, solange ließ Friedrich den Autoren relativ freie Hand und schützte sie selbst vor den eigenen Zensoren. Jede Kritik aber an den Verhältnissen im preußischen Staat wurde mit Zustimmung des Königs unterdrückt. Das mußten auch die Herausgeber der „Berlinischen Monatsschrift" erfahren, als sie 1783 eine Artikelserie veröffentlichten, in der der Ausdruck „durchlauchtiger Pöbel" fiel. Diese im übrigen äußerst wohlwollende Artikelserie, die die Beleuchtung und die Straßenverhältnisse in Berlin kritisierte, die Regierungsweise Friedrichs II. aber in den höchsten Tönen pries, hatte in einem Artikel, der sich mit der Aufklärung in Berlin beschäftigte, darauf verwiesen, daß es hier noch viel Aberglauben gäbe. In diesem Zusammenhang fiel der Begriff vom „durchlauchtigen Pöbel". Er genügte, um den Herausgebern eine Rüge einzubringen. Sie müßten begreifen, „daß die in dem hiesigen Staat erlaubte Freiheit zu schreiben und die Freimütigkeit in Urteilen aller Art nicht bis zu Anzüglichkeiten herabsinken ... dürfe und daß dergleichen Mißbrauch um so weniger geduldet werden könne, wenn ... ein so unschicklicher Angriff nicht anders als auf Glieder des Königlichen Hauses oder mit demselben verwandte Personen" bezogen werden müsse.(7) Urteile über staatliche Einrichtungen in Preußen waren nicht erlaubt. Dagegen konnten Schriftsteller und Publizisten über die Künste, die Philosophie, die Religion soviel räsonnieren, wie sie nur wollten. Nur eine Einschränkung gab es da. Die publizierten Gedanken bzw. die Publikationsorgane mußten so exklusiv sein, daß sie das Volk nicht erreichten.

So entstand in den achtziger Jahren eine offenbar nicht nur für Preußen typische Konstellation: Weil der Herrscher mit „Blindheit" geschlagen war und die sich ankündigenden Umwälzungen nicht erkannte, ließ er auch Meinungsäußerungen zu, die, im philosophischen Gewande auftretend, einen „Vorgriff" auf künftige bürgerliche Verhältnisse darstellten. Die bürgerlichen Intellektuellen wiederum, die in Preußen zum überwiegenden Teil im Staatsdienst standen, enthielten sich in der Regel jeder direkten Kritik, verblieben im Bereich allgemeiner philosophischer Erörterungen und gerieten so nicht in Konfliktsituationen mit dem Staat. Das „Bündnis" zwischen ihnen und dem aufgeklärten Absolutismus friderizianischer Prägung blieb bis zum Tode des Monarchen intakt.

Die zweite Etappe der Justizreform

Das zeigte sich auch bei der Wiederaufnahme der Justizreform, die eigentlich mit einem Willkürakt des Monarchen und einer Vertrauenskrise zwischen ihm und seinen Justizbeamten begann. Die Justizreform war seit langem ins Stocken geraten, viele Probleme blieben ungelöst. Der 1754 verstorbene Chefjustizminister Cocceji hatte, wie wir sahen, nicht mehr als eine gewisse Vereinheitlichung erreichen können. Die von den Aufklärern geforderte Gleichheit aller Staatsbürger vor dem Gesetz, zu der sich in Worten auch Friedrich bekannte, ließ sich nicht durchsetzen. Das lag nicht nur an der hier wie anderswo herrschenden sozialen Ungleichheit und der vom König konservierten ständischen Struktur der Gesellschaft, die eine Rechtsungleichheit geradezu voraussetzte und zum bestimmenden Prinzip erhob, sondern auch am System der Rechtsprechung selbst. In Preußen existierten noch in den achtziger Jahren die sogenannten Patrimonialgerichte unangefochten fort. Mit ihnen hatten es die feudalabhängigen Bauern in erster Instanz zu tun. Sie waren – da die feudalen Grundeigentümer Gerichts- und Polizeibefugnisse besaßen – Gerichte der Gutsherren. Man kann sich sicher vorstellen, wie es um die Rechtsgleichheit in Preußen bestellt sein mußte, wenn der Gutsherr oder sein Beauftragter selbst über die Bauern zu Gericht saß. Ein nicht minder großes Übel begegnet uns in der Kammerjustiz. Die in den Provinzialbehörden, eben den Kammern, bestehenden Justiz-Kommissariate waren unter Friedrich Wilhelm I. gegründet worden, der mit ihrer Hilfe den an den Landesgerichten dominierenden Einfluß der Ständevertretungen zurückdrängen wollte. Faktisch existierten so auf der Ebene der Provinzen zwei verschiedene zur Rechtsprechung befugte Körperschaften, die Kammern als staatliche und die sogenannten Regierungen als weitgehend von den Ständen beeinflußte Institutionen. Cocceji hatte nicht mehr als eine gewisse Abgrenzung ihrer Befugnisse erreicht. Die Kammern waren zuständig bei Auseinandersetzungen der Domänenämter mit den Städten, bei Differenzen wegen der Verpachtung der Domänen, bei Streitigkeiten zwischen Domänenpächtern und Bauern sowie bei der Besteuerung. Wieder haben wir es mit der gleichen Erscheinung wie bei den Patrimonialgerichten zu tun. Die Justizkollegien der Kammern sprachen über Angelegenheiten Recht, die zum unmittelbaren Aufgabenkreis der Verwaltung gehörten. Führten die Domänenpächter Klage, gab es Streitigkeiten zwischen ihnen und den ausgebeuteten Bauern, die Kammern waren eigentlich immer „Partei", denn sie hatten die Interessen des Staates zu wahren und für eine einträgliche Domänenwirtschaft zu sorgen. Die Gerichte der Kammern waren in solchen Fällen Beklagter und Richter zugleich.

Daß hier einiges im argen lag, konnten selbst einsichtige Beamte nicht übersehen. Wenn das Generaldirektorium 1774 ein Rundschreiben an die Kammern herausgab, in dem es den nicht ausreichenden Rechtsschutz der Untertanen gegenüber den Kammern monierte, so spricht das schon für sich. Die beschwerdeführenden Untertanen würden nicht hinlänglich gehört, so hieß es in diesem Schriftstück, die Beamten hingegen sehr protegiert. In Friedrich, der in den siebziger und achtziger Jahren von Mißtrauen gegen jedermann zerfressen war, sammelte sich Unmut. Es ging ihm im Justizwesen zu langsam voran. Mitunter glaubte er – wohl mit Recht – rückläufige Tendenzen zu bemerken. Allerdings waren seine Vorstellungen von der Justiz des Landes sehr begrenzt. Er wollte ein überschaubares System der Rechtsprechung, Ordnung und, wie er sich wiederholt ausdrückte, „prompte Justiz". An den Übeln der Patrimonialgerichtsbarkeit und der Kammerjustiz gedachte er nichts zu ändern.

Die latente Unzufriedenheit mit den Justizbeamten löste schließlich im Jahre 1779 eine Vertrauenskrise aus. Ausgangspunkt war der bekannte und oftmals geschilderte Rechtsstreit zwischen dem Müller Johannes Arnold aus Züllichau und dem dortigen Landrat. Arnold, der eine Mühle des Grafen Gottfried Heinrich Leopold von Schmettau in Erbpacht besaß, hatte wiederholt seinen Pachtzins nicht bezahlt. Die Mühle war daraufhin versteigert worden. Arnold wandte sich an die Gerichte. Er verklagte den Landrat, der oberhalb seiner Mühle einen Karpfenteich angelegt und ihm so – nach Darstellung Arnolds – das notwendige Wasser entzogen hatte. Nachdem der Müller von zwei Instanzen abgewiesen worden war, sandte er eine Bittschrift an den König, der, mißtrauisch gegenüber seinen Beamten, setzte eine Kommission ein, die in ihrer Mehrheit für Arnold entschied, deren Gutachten vom Küstriner Gericht aber nicht anerkannt wurde. Erzürnt verwies der Monarch die Sache an das Kammergericht in Berlin, das sich ebenfalls gegen Arnold aussprach. Offenbar befand sich der Müller „rein" juristisch gesehen im Unrecht. Seine Argumente wurden nicht akzeptiert, weil trotz des neuangelegten Karpfenteiches die Wassermenge ausreichte, um eine weitere Mühle, die zwischen der seinen und dem Teich lag, zu betreiben. Vermutlich haben wir es hier mit einer jener zahlreichen Auseinandersetzungen zwischen feudalabhängigen Bauern und Gutsherren zu tun, in denen erstere selbst mit Hilfe der Gerichte bessere Bedingungen zu erkämpfen trachteten. Der König aber vermutete ein gerichtliches Fehlurteil und griff hart zu. Er beorderte den Justizminister und drei Kammergerichtsräte zu sich. Die Szene, die sich daraufhin abspielte, ist von einem Beamten anschaulich geschildert worden. Friedrich II. examinierte die Kammergerichtsräte und ließ deren Aussagen protokollieren. Als der Minister in einer Formsache eingriff, fuhr der Monarch ihn mit harten Ausdrücken an. Zugleich befahl er ihm zu gehen, da seine Stelle bereits neu besetzt sei. Die drei Kammergerichtsräte wurden verhaftet und ins Stadtgefängnis gebracht. Das Protokoll der Vergatterung enthielt bemerkenswerte Feststellungen, die, wären sie verwirklicht worden, Preußen und dem preußischen König nur zur Ehre gereicht hätten. Friedrich II. deklarierte, an den ungerechten Richtern ein Exempel statuieren zu wollen. „Denn sie müssen nur wissen, daß der geringste Bauer, ja was noch mehr ist, der Bettler eben sowohl ein Mensch ist, wie Se. Maj. sind, ...es mag sein ein Prinz, der wider einen Bauer klagt, oder auch umgekehrt, so ist der Prinz vor der Justiz dem Bauer gleich."(8)

Die Absicht, so ehrenvoll sie war, ließ sich im ständisch gegliederten Preußen nicht durchsetzen. Solange es einen bevorrechtigten Adel gab, solange ließ sich auch die formale Gleichheit des Bürgers vor dem Gesetz nicht verwirklichen. Der Adel besaß auch rein juristisch gesehen Sonderrechte. Er konnte nicht vor jedes Gericht gestellt werden; ihm drohten im Falle einer Verurteilung andere oder geringere Strafen. Noch das Allgemeine Landrecht, von dem später die Rede sein wird, ahndete beispielsweise Beleidigungen nach Klassen und Schichten unterschiedlich. Die Gleichheit vor dem Gesetz setzte – wenn auch nicht die soziale, so doch die politische Gleichheit der Staatsbürger voraus. Im Grunde genommen reduzierten sich die so radikal klingenden Tiraden des Königs auf das subjektive Bemühen, im Einzelfall dem Nichtadligen zu seinem Recht zu verhelfen. Die Forderung nach Gleichheit vor dem Gesetz war nicht mehr als ein schönes Postulat.

Im beschriebenen Falle wollte Friedrich II. zudem einen „aufgeklärten" Grundsatz durchsetzen, indem er gegen einen anderen verstieß. Bürgerliche Rechtstheoretiker wandten sich nämlich auch gegen die sogenannten Machtansprüche absoluter Herrscher, das heißt gegen die Revision eines Urteils durch höchste Entscheidung. Sie verlangten die Unabhängigkeit der Justiz. Der preußische König selbst hatte diesen Grundsatz schon in den fünfziger Jahren akzeptiert und Machtsprüche abgelehnt. Nun aber statuierte er ein Exempel, indem er – ob zu Recht oder Unrecht – richterliche Entscheidungen widerrief, die Richter ins Gefängnis brachte und selbst Recht sprach.

So widersprüchlich wie der Fall des Müllers Arnold und die Reaktion des Königs auf ihn, so widersprüchlich war sein Echo in der Öffentlichkeit. Während vor dem Hause des gestürzten Ministers die hohen Beamten in ihren Kutschen vorfuhren, um Mitleidsbekundungen auszusprechen, illuminierten Bürger Berlins ihre Häuser, und vor dem Schloßportal sammelten sich Bauern, um dem König ihre Bittschriften zu überreichen. Das Eingreifen Friedrichs II. in den Prozeß des Müllers Arnold nährte die Illusion von einem gerechten, über den Klassen und Schichten thronenden, das Volk schützenden König. Es war andererseits Ausdruck der Spannungen, die es seit Kriegsende zwischen vielen Beamten und dem Monarchen gab.

Friedrichs Machtspruch brachte die Anstrengungen um eine Justizreform wieder in Gang. Der neu ernannte Minister, Johann Heinrich Casimir von Carmer, der bis zu diesem Zeitpunkt das schlesische Justizministerium geleitet hatte, war von anderem Format als sein Vorgänger. Carmer war kein Mann des aufstrebenden Bürgertums, sondern eher ein Verfechter der Adelsinteressen. Unter seiner aktiven Mitwirkung entstand in Schlesien beispielsweise das schon erwähnte Kreditinstitut, das der Sanierung des stark verschuldeten Adels diente. Carmer war auch kein unbedingter Anhänger der Aufklärung. Auseinandersetzungen um die Handhabung der Zensur zeigen, wie eng er die Grenzen der „Meinungsfreiheit" ziehen wollte. „Religion und Gesetze" betrachtete er als Unterpfand für Ruhe und Ordnung im Staate. Aber Carmer sah die Reformbedürftigkeit des Staates und des Justizwesens im besonderen. Der neue Minister gehörte zu denjenigen Kräften des Adels, die den staatlichen Machtapparat den Bedürfnissen der Zeit anzupassen suchten. In seinem Gefolge kamen Beamte bürgerlicher Herkunft nach Berlin, die wirklich unter dem Einfluß aufklärerischer Ideen standen und sich in der Folgezeit darum bemühten, diese in eine Reform einzubringen. Carmer legte dem König kurz nach seiner Amtsübernahme den Plan für die Reform vor, dessen wichtigster Punkt in dem Vorschlag zur Ausarbeitung eines allgemeinen Gesetzbuches bestand. Der Minister verfaßte denn auch die entscheidende Kabinettsorder vom 14. April 1780, in der Friedrich durch den Mund Carmers die neuen

Aufgaben formulierte. Die Vorgaben für die Ausarbeitung des Allgemeinen Landrechts waren sehr allgemein gehalten. Das Gesetzbuch sollte in deutscher Sprache abgefaßt werden und auf dem Naturrecht, dem römischen Recht und den Landesgesetzen basieren. Im wesentlichen ging es nicht um neues Recht, sondern um die Sammlung und Aufzeichnung des bestehenden, damit aber um die rechtliche Sanktion der herrschenden Verhältnisse. Die mit der Kodifikation beauftragten Juristen, unter ihnen Carl Gottlieb Suarez und Ernst Ferdinand Klein, waren weit eher der Aufklärung zuzurechnen als der Minister. Beide gehörten der sogenannten Mittwoch-Gesellschaft, einer Geheimorganisation in Berlin an, die wöchentlich einmal zusammentraf, um über wichtige Fragen der gesellschaftlichen Entwicklung zu diskutieren. Die Mitglieder der Gesellschaft rekrutierten sich vorwiegend aus höheren Beamten – besser ausgedrückt –, aus Intellektuellen, die im Dienste des Staates oder der Kirche standen. Zu ihr gehörten auch der Publizist, Aufklärer und Verleger Friedrich Nicolai, der Philosoph Moses Mendelssohn und die schon erwähnten Herausgeber der „Berlinischen Monatsschrift". Sie alle waren keine bürgerlichen Revolutionäre; die meisten von ihnen verharrten auf den Positionen des aufgeklärten Absolutismus; aber sie erkannten mehr oder weniger klar die Notwendigkeit von Sicherungen gegenüber dem absolutistischen Staat. Wenn dabei auch an keine „Nationalversammlung" gedacht war, wie sie wenig später als Ergebnis der Revolution in Frankreich entstand, so doch an eine Beschränkung der absoluten Gewalt durch ein großes Gesetzeswerk. Klein und Suarez plädierten in diesem Zusammenhang für die Unabhängigkeit der Justiz. 1787 schrieb Klein in einem Aufsatz über das Justizwesen in Österreich: „Es ist in der Tat etwas niederschlagendes für ein Volk, wenn es bemerkt, daß Leben, Freiheit und Vermögen von der Laune eines Einzigen abhängt, die oft von andern vorsetzlich gestimmt sein kann."(9) Die Rechtsprechung von direkten Eingriffen des Monarchen zu befreien, denselben selbst zur Wahrung der Gesetze zu veranlassen, ihn überhaupt nach Möglichkeit an der „Selbstherrschaft" zu hindern, das war das erklärte Ziel solcher Männer wie Klein und Suarez. Klein schrieb: „Man hat, meiner Meinung nach, nicht wohl getan, daß man den Großen das Selbstherrschen gar zu sehr angepriesen hat. Die berühmtesten Selbstherrscher waren nicht immer die vorzüglichsten Regenten."(10) Diese nach dem Tode Friedrichs II. geschriebenen Sätze galten ohne Zweifel ihm. Im Gegensatz zum Preußenkönig faßten Klein und Suarez auch die Aufgaben des Staates anders. Nach Friedrich war Staatszweck, für die „Wohlfahrt" der Untertanen zu sorgen. Hinter dieser Formulierung stand unausgesprochen das Streben nach obrigkeitlicher Bevormundung des Volkes. Sie schied die Gesellschaft in das Volk, das „glücklich gemacht" wurde, und in den Herrscher, der glücklich – viel häufiger aber unglücklich machte. Klein und Suarez betrachteten hingegen die Sicherung des Eigentums und des Staatsbürgers als Staatszweck und entsprachen damit einem Bedürfnis der sich entwickelnden Manufakturbourgeoisie, für die Sicherheit des Eigentums und der Person Existenzgrundlagen darstellten. Diese, über den Preußenkönig und den aufgeklärten Absolutismus friderizianischer Prägung hinausgehenden, reformbereiten, wenn auch im Ganzen gemäßigten Männer machten sich an die Kodifikation des Rechts. Sie glaubten damit, dem preußischen Staat die nicht vorhandene Verfassung zu geben und zur Begrenzung des Absolutismus beizutragen.

Die Arbeit am Gesetzbuch ging in den letzten Lebensjahren Friedrichs II. zügig voran. Vom Frühjahr 1784 an wurden die einzelnen Teile des Entwurfs zur Diskussion gestellt. „Philosophische Rechtsgelehrte", praktizierende Juristen und solche Leute, die, ohne Rechtsgelehrte zu sein, sich dem Studium der Weltweisheit gewidmet hätten, wurden zur Meinungsäußerung aufgefordert. Damit stand das wichtigste Rechtsdokument des preußischen Staates in einer – wenn auch begrenzten – Öffentlichkeit zur Diskussion. Der Monarch konnte einen solchen Schritt wagen, weil die meisten preußischen Aufklärer weiterhin auf die Reform von oben hofften.

Der Entwurf des Allgemeinen Landrechts war nämlich ein widersprüchliches Dokument. Er enthielt in der Einleitung einige Passagen, die, auf dem Naturrecht basierend, Vorstellungen der Aufklärer über Staat und Gesellschaft zum Ausdruck brachten und dem Verlangen des Bürgertums nach Gesetzlichkeit entsprachen. Andererseits widerspiegelten die einzelnen Teile und Paragraphen nur zu genau die in Preußen herrschenden sozialen und politischen Verhältnisse; sie schrieben sie fest, ohne Raum für eine wirkliche Reform der Gesellschaft und des Staates zu lassen. Der Entwurf des Allgemeinen Landrechts rührte nicht an den ständischen Vorrechten des Adels und der Ausbeutung der Bauern. Selbst die Leibeigenschaft wurde ausdrücklich rechtlich fixiert, denn alle gängigen und mit ihr verbundenen Praktiken fanden Aufnahme im Gesetzbuch, die Verfolgung Leibeigener ebenso wie die Patrimonialgerichtsbarkeit und die Möglichkeit der körperlichen Züchtigung des „aufsässigen" Gesindes. Carmer verlangte sogar, daß den Bauern, die große Hoffnungen in das Gesetzbuch setzten und irrtümlich glaubten, es bezwecke eine Verbesserung ihrer Lage, zu verstehen gegeben werde, daß sich an ihren bisherigen Verhältnissen, Pflichten und Leistungen gegen ihre Gutsherrschaften durch das Allgemeine Gesetzbuch nicht das geringste ändere.

Das Allgemeine Landrecht war ein konservatives Dokument. Es war so konservativ wie die Politik des Monarchen. Wo dieser alles tat, um den sozialen Status quo im Innern zu erhalten und die Macht des Adels zu sichern, da fixierte das Allgemeine Landrecht die bestehende Ordnung. Der widersprüchliche Charakter des Gesetzeswerkes rief widersprüchliche Meinungen hervor. Während die reaktionären Kräfte an der Tatsache der Kodifikation selbst und der Diskussion des Entwurfs Anstoß nahmen, monierten progressive Vertreter der bürgerlichen Intelligenz den konservativen Charakter des Allgemeinen Landrechts. Insgesamt gingen 62 Veränderungsvorschläge zum Gesetzbuch ein. Einige von ihnen kritisierten die mangelnde Reformbereitschaft vor allem in Fragen der Leibeigenschaft und der Begrenzung des Absolutismus.

Friedrich selbst kümmerte sich in seinen letzten Lebensjahren denkbar wenig um das Projekt. Er ließ seinen Beamten – was selten genug war – relativ freie Hand. Als er den Entwurf des Gesetzbuches in die Hand bekam, äußerte er lediglich, daß es aber sehr „dicke" sei. Er starb, noch bevor es angenommen werden konnte. Die Tatsache der Rechtskodifikation und die Möglichkeit ihrer Diskussion aber brachten ihm erneut die Sympathien bürgerlicher Intellektueller ein. Die ohnehin vorhandenen Illusionen über das Wesen des friderizianischen Staates erhielten neue Nahrung. Selbst Immanuel Kant, der an der Königsberger Universität lehrte, ging in seinem vielbeachteten Aufsatz „Was ist Aufklärung" auf den zur Diskussion gestellten Entwurf des Allgemeinen Landrechts ein. Die Debatte galt ihm als Beweis für die aufgeklärte Denkungsart des preußischen Königs, der gesehen habe, „daß selbst in Ansehung der Gesetzgebung es ohne Gefahr sei, seinen Untertanen zu erlauben, von ihrer eigenen Vernunft öffentlich Gebrauch zu machen, und ihre Gedanken über eine bessere Abfassung derselben, sogar mit einer freimütigen Kritik der schon gegebenen, der Welt öffentlich vorzulegen."(11)

Friedrich und die deutsche Literatur

Wer aus dem Gesagten schließt, daß Friedrich II. auf ungeteilte Zustimmung unter der deutschen progressiven Intelligenz stieß, der irrt. In Preußen selbst wurde von radikalen Aufklärern Kritik am friderizianischen Staatswesen geübt. Erst recht kritisch verhielten sich einige Große der deutschen Literatur zum preußischen Staat und seinem Monarchen. Zu ihnen gehörten Gotthold Ephraim Lessing, Friedrich Gottlieb Klopstock und Johann Gottfried Herder, die zeitweilig hier gelebt hatten. Ein Punkt, über den sie in Widerstreit mit Friedrich gerieten, war dessen totale Ignoranz des deutschen Geisteslebens. Nahezu unbemerkt vom Preußenkönig und den Fürsten anderer Höfe entstand in der zweiten Hälfte des 18. Jh. eine große deutsche bürgerliche Literatur, deren Leistungen selbst im tonangebenden Frankreich hochgeschätzt wurden. Friedrich II. hatte seine bleibenden literarischen Eindrücke als junger Mann erhalten. Der deutschen Sprache nur unzureichend mächtig und vom höfischen Geschmack seiner Zeit beeinflußt, zog ihn vor allem die französische Klassik in ihren Bann. Der Kronprinz, der selbst gerne unter die Dichter gegangen wäre, begeisterte sich für die strenge Formensprache der französischen Klassiker, die Eleganz ihres Stils und die Leidenschaft ihres Ausdrucks. Sein ausgesprochener Lieblingsautor war Jean Racine. Noch als gereifter Mann, während des Siebenjährigen Krieges, identifizierte er sich mit den Gestalten Racines so sehr, daß er ihnen seinen eigenen Namen und den Maria Theresias gab. Diese Leidenschaft entstand nicht zufällig. Der strenge, an antiken Tragödien geschulte, von der Einheit des Ortes, der Zeit und der Handlung ausgehende Aufbau Racine'scher Dramen kam friderizianischem Denken entgegen. Die Unvermeidlichkeit, mit der die Figuren ihrem Schicksal ausgeliefert waren, entsprach Friedrichs Vorstellungen über die Prädestination und die Willensfreiheit. Der von Racine behandelte, in der Königsebene angesiedelte Stoff schließlich bot dem Monarchen die Möglichkeit der Identifikation. Die französischen Klassiker, in deren Werken sich die gesellschaftlichen Erfahrungen des französischen Absolutismus niederschlugen, waren die gegebene Lektüre für einen absoluten Herrscher vom Schlage Friedrichs. Die deutsche Literatur hatte nichts Vergleichbares zu bieten. Sie befand sich während der Jugendjahre Friedrichs auf einem niedrigen Niveau.

Seit dieser Zeit aber waren entscheidende Veränderungen vor sich gegangen. Mit Lessing, Klopstock und Wieland, den Sturm-und-Drang-Dramen der neuen Generation eines Goethe und Schiller, Lenz und Klinger, der patriotischen Muse eines Schubart – um nur einige wenige Namen zu nennen – erreichte die deutsche Literatur einen Höhepunkt ihrer Entwicklung. Als Teil der allgemeinen Emanzipationsbewegung des deutschen Bürgertums eroberte sie sich den großen nationalen Gegenstand, brach sie mit dem strengen Regeldenken der französischen Klassik, stellte sie sich in bewußten Gegensatz zur höfischen Literatur und zur Enge deutscher Duodezfürstentümer überhaupt.

Der Preußenkönig bemerkte diese Entwicklung nicht, obwohl ihm die Namen Lessings, Klopstocks und Goethes bekannt geworden waren. Für die deutsche werdende Nationalliteratur fand sich in Preußen keine Heimstatt. Lessing verließ nach mehrmaligem Aufenthalt Preußen, das „sklavischste Land Europas". Er erhielt hier keine Anstellung. Und in die Preußische Akademie der Wissenschaften wurde er 1760 nur gewählt, weil der sonst allgegenwärtige König mit „Kriegsgeschäften" überlastet war. Dafür reagierte er auf die Wahl Lessings auch höchst ungnädig. Die Distanz zwischen Friedrich II. und der neuen Schriftstellergeneration hatte ihre Ursache aber nicht nur in seiner Bevorzugung der französischen Kultur. Aufkeimendes bürgerliches Selbstbewußtsein veranlaßte einige der hier genannten Dichter, sich „von dem großen Geschmeiß", dem „Hofpöbel", wie Lessing sich ausdrückte, fernzuhalten. Das Treiben an den Fürstenhöfen war ihnen zutiefst zuwider, wenn die Not der freien Schriftstellerei unter den damaligen Bedingungen auch viele zwang, sich einen „Mäzen" zu suchen.

> Dort, der Regent, ernährt eine Menge schöner Geister und braucht sie des Abends, wenn er sich von den Sorgen des Staates durch Schwänke erholen will, zu seinen lustigen Räten, Wieviel fehlt ihm, ein Mäzen zu sein.
> Nimmermehr werde ich mich fähig fühlen, eine so niedrige Rolle zu spielen, und wenn auch Ordensbänder zu gewinnen stünden.
> Ein König mag immerhin über mich herrschen; er sei mächtiger, aber besser dünke er sich nicht.
> Er kann mir keine so starken Gnadengelder geben, daß ich sie für wert halten sollte, Niederträchtigkeiten darum zu begehen.

So schrieb Lessing in seiner auf Friedrich II. gemünzten „Mäzen-Ode". Nicht zur Unterhaltung erlauchter Hochwohlgeborener fühlte er sich berufen; er wollte – wie andere – einer neuen Menschlichkeit den Weg bereiten, die „Nation" bilden.

Unverkennbar war die nationale Gesinnung der neuen deutschen Literatur. Sie äußerte sich in der Diskussion um den „Nationalgeist", in der vor allem durch Klopstock und Herder veranlaßten Ablehnung der höfischen französisierenden Kultur und in der Forderung an die Herrschenden der deutschen Staaten, Kunst und Wissenschaft wirklich zu fördern. Die „Frankophobie" deutscher bürgerlicher Schriftsteller war eine Antwort auf die „frankophilen" Tendenzen an deutschen Fürstenhöfen. Dem französisch sprechenden „Hofpöbel" setzten sie die bewußte Förderung der deutschen Sprache entgegen. In dieser Betonung des Nationalen äußerte sich entstehendes bürgerliches Klassenbewußtsein.

Diese Ausgangssituation muß man kennen, um zu verstehen, warum die von Friedrich II. im Jahre 1780 in französischer Sprache verfaßte, von seinem Minister Ewald Friedrich von Hertzberg ins Deutsche übersetzte Schrift „Über die deutsche Literatur" ein so großes Aufsehen erregte. Das Pamphlet zeugte von der totalen Unkenntnis der neuen deutschen Literatur. Es war im Grunde genommen eine Blamage für den König, der sich selbst als Förderer von Kunst und Wissenschaft sah.

Friedrich beschäftigte sich in jenen Jahren ständig mit der neuen Kunstentwicklung. Wir wissen dies aus Gesprächen, die er mit dem Marchese Girolamo Lucchesini aus Lucca, seit 1780 sein ständiger Gesellschafter, führte. Sein konservativer Geschmack ließ ihn alles Neue ablehnen. Er schalt auf die „moderne" Musik, namentlich auf Gluck. Das deutsche Theater fand er dürftig, obwohl er sich nie mit ihm beschäftigt hatte. Und immer wieder war es die deutsche Sprache und die deutsche Literatur, über die er sich mokierte. Lucchesini selbst, sein Minister Hertzberg und seine Schwestern stritten mit ihm. Folgen wir den vom Marchese Lucchesini aufgezeichneten Gesprächen, so äußerte er sich über die deutsche Literatur mit Verachtung. Er sagte, „solange sie keine klassischen Schriftsteller besäße, die die Sprache veredelten, würde sie wenig Fortschritte machen."(12) Damit offenbarte sich eigentlich schon der wichtigste Gegenstand der friderizianischen Schrift. Es ging ihm um die Frage, warum die Deutschen noch keine klassischen Nationalautoren besitzen. Er beantwortete sie, indem er Vergleiche mit anderen Ländern zog. Die Griechen und Römer, Italiener, Franzosen und Engländer hätten erst nach Jahrzehnten oder Jahrhunderten kriegerischer Auseinandersetzungen und innerer Wirren einen für die Entstehung von Kunst und Literatur günstigen Zustand erreicht. Am Beispiel Roms legte er dar: „Die römische Republik entsteht; sie kämpft um die Eroberung von Ländern und kultiviert sie. Sobald sie nach den Punischen Kriegen feste Gestalt gewonnen hat, stellt sich der Geschmack an den Künsten ein."(13) Kriege sind den Musen feindlich, konstatierte der Mann, der bis dahin vier Kriege führte. Diese verlangten nach seiner Meinung „ruhige Heimstätten". Auf den Dreißigjährigen Krieg, seine Zerstörungen und die nachfolgenden Wirren verweisend, sah er in den fehlenden materiellen Voraussetzungen eine Ursache für den kulturellen „Rückstand" der Deutschen.

Das war zwar nur eine Teilantwort auf die Frage, die Goethe in den neunziger Jahren wieder aufgriff, um auf sie weit umfassender einzugehen, doch hatte er mit ihr so Unrecht nicht. Den Zorn der Öffentlichkeit erregte aber die Überheblichkeit, mit der der Preußenkönig über den gegenwärtigen Zustand der deutschen Sprache und Literatur urteilte. Die deutsche Sprache fand Friedrich „halbbarbarisch", in ebensoviele Mundarten zerfallen, wie es in Deutschland Provinzen gäbe. Sie war nach seiner Meinung ein „Kauderwelsch", dem jede Anmut fehlte. Die deutsche Literatur bezeichnete er als „arm" und vom Theater wollte er lieber gar nicht reden. Dem Urteil des königlichen Literaturkritikers hielten nur drei Autoren einigermaßen stand: Christian Fürchtegott Gellert, den er während des Siebenjährigen Krieges in Leipzig kennengelernt und der ihm damals eine seiner Fabeln zu Gehör gebracht hatte, Friedrich Rudolf von Canitz, ein gegen Ende des 17. Jh. am preußischen Hof lebender „Poet", von dem Goethe sagte, daß er ihm als Knaben und Jüngling zusammen mit anderen „wie ein Alp beschwerlich" aufgelegen habe, und Salomon Geßner, den Verfasser von Schäferidyllen. Friedrich II. nannte weder Lessing noch Klopstock, deren Namen er kannte; er ignorierte die gesamte zeitgenössische Literatur mit einer Ausnahme: Als er sich über die „abscheulichen Stücke von Shakespeare" ausließ, kam er nicht umhin, auch auf Goethes „Götz von Berlichingen" zu verweisen.

Shakespeare fand er „abscheulich", weil er sich nicht an die drei Einheiten des Aristoteles gehalten hatte. In den englischen Stücken umspanne die Handlung den Zeitraum von Jahren. „Wo bleibt da die Wahrscheinlichkeit?" so fragte der Preußenkönig. „Da treten

Lastträger und Totengräber auf und halten Reden, die ihrer würdig sind; dann kommen Fürsten und Königinnen. Wie kann dies wunderliche Gemisch von Hohem und Niedrigem, von Hanswurstereien und Tragik gefallen und rühren? Man mag Shakespeare solche wunderlichen Verwirrungen verzeihen; denn die Geburt der Künste ist niemals die Zeit ihrer Reife. Aber nun erscheint noch ein ‚Götz von Berlichingen' auf der Bühne, eine scheußliche Nachahmung der schlechten englischen Stücke, und das Publikum klatscht Beifall und verlangt mit Begeisterung die Wiederholung der abgeschmackten Plattheiten."(14) Nichts drückt treffender das epigonale Verhältnis Friedrichs II. zur Literatur aus, als dieser Passus, der die zeitgenössische Richtung an den Regeln des Aristoteles maß und verwarf.

Ebenso anmaßend wie seine Literaturkritik waren die Rezepte, die er ausstellte, um Kunst und Wissenschaft zu fördern. Als absoluter, „unfehlbarer" Herrscher wußte er auch auf diesem Gebiet genau, was noch zu tun blieb. Er empfahl die Übersetzung antiker Schriftsteller, was längst geschehen war. Die rauhen Töne der deutschen Sprache wollte er mildern, indem er vorschlug, solchen auf „n" endenden Wörtern wie „sagen", „geben", „nehmen" ein „a" hinzuzufügen, also künftig „sagena", „nehmena", „gebena" zu sprechen. Den Schullehrern und Universitätsprofessoren entwickelte er gar ein ganzes Programm, das selbstverständlich seinem Bildungsideal entsprach. Nun waren die deutschen Schulen und Universitäten tatsächlich reformbedürftig, aber, so fragten sich die Leser der Schrift, warum hatte der Monarch in seinen Staaten nicht mehr zu ihrer Blüte getan?

Friedrich II. beendete seine „Abrechnung" mit der deutschen Literatur, indem er „ihre schönen Tage" ankündigte. „Ich bin wie Moses: ich sehe das gelobte Land von ferne, aber ich werde es nicht betreten." Er schloß mit der Prophezeiung: „Wir werden unsre Klassiker haben."(15) Daß diese Klassiker die literarische Szene schon betreten hatten, ahnte er nicht. In echter Selbstüberhebung und voller Herrscherdünkel glaubte er, das deutsche Volk brauche einen Augustus, um einen Virgil hervorzubringen. „... sobald die Herrscher Geschmack an der Literatur finden, sobald sie Die ermuntern, die sich ihr widmen, und Die loben und belohnen, die am meisten geleistet haben", würde sich nach Meinung des Monarchen die deutsche Literatur zur klassischen Höhe erheben.(16)

Die gründlichste Abrechnung mit der Schrift des Preußenkönigs stammte von Justus Möser. Auf Friedrichs Frage nach den Bedingungen für das Entstehen einer klassischen Literatur antwortete

Möser mit einer Kritik an der deutschen Wirklichkeit. Große Empfindungen – eine Voraussetzung für große Literatur – könnten nach seiner Meinung allein eine Folge großer Begebenheiten sein. Dergleichen große Begebenheiten fänden sich aber bei den Deutschen nicht. Der Staat gehe unter der Wache stehender Heere maschinenmäßig seinen Gang. Der Mißachtung der gegenwärtigen deutschen Literatur durch Friedrich II. stellte Möser die These gegenüber, daß durch Klopstock, Goethe und Bürger eine „deutsche Renaissance" begonnen habe. Dieser Einschätzung lagen andere ästhetische Prinzipien als die vom preußischen König entwickelten zugrunde. Die französische Klassik glich nach Mösers Worten einem französischen Garten, einem ärmlichen, korrekt beschnittenen Überrest wilder und reicher Natur. Ihre Nachahmung, von Friedrich gefordert, würde zur Einförmigkeit und Armut in der Kunst führen.

Außer Möser ergriffen viele andere das Wort, unter ihnen – wie sollte es anders sein – auch Apologeten des Königs. Oft deutlicher als in der Öffentlichkeit taten die Gegner der friderizianischen Schrift ihre Ablehnung in Briefen kund. Johann Georg Hamann bezeichnete Friedrichs Pamphlet als eine „allen Verstand übersteigende Schrift". „Er wird, Gott weiß, noch ein Narr, wenn ers nicht schon ist", schrieb er an Goethe.[17] Herder bezeichnete die Schrift als ein „comisches Meisterstück". Karl Friedrich von Moser konstatierte mit Ironie, daß Könige und Fürsten oft alles eher tun, „als just das, was sie könnten und resp. sollten."[18] Klopstock dichtete seine Ode „Die Rache", in der es hieß:

Du erniederst dich, Ausländertöne
Nachzustammeln, dafür den Hohn zu hören:
Selbst nach Arnets (Voltaires) Säubrung
Bleibt dein Lied noch tüdesk.[19]

Sogar Prinz August von Gotha stellte fest: „Großer Mann, schweige! Du weißt nicht wovon Du redest; Du machst Dich . . . lächerlich."[20] Goethe plante eine Erwiderung; es existierten bereits Entwürfe, die er seinen Freunden zu lesen gab. Aber er entschloß sich dann doch, sie nicht zu publizieren. 1795, lange nach dem Tode Friedrichs II., veröffentlichte er jedoch unter dem Titel „Literarischer Sansculottismus" einen Aufsatz, der, wenn auch nicht direkt, auf die Fragestellung des Preußenkönigs Bezug nahm, indem er mit einem im „Berlinischen Archiv" erschienenen Aufsatz polemisierte. „Wo und

wann entsteht ein klassischer Nationalautor?" fragte Goethe und antwortete: „Wenn er in der Geschichte einer Nation große Begebenheiten und ihre Folgen in einer glücklichen und bedeutenden
Einheit vorfindet; ... wenn er selbst, vom Nationalgeiste durchdrungen, durch ein einwohnendes Genie sich fähig fühlt, mit dem Vergangenen wie mit dem Gegenwärtigen zu sympathisieren; wenn er
seine Nation auf einem hohen Grade der Kultur findet, so daß ihm
seine eigene Bildung leicht wird; wenn er viele Materialien gesammelt, vollkommene und unvollkommene Versuche seiner Vorgänger
vor sich sieht, und so viel äußere und innere Umstände zusammentreffen, daß er kein schweres Lehrgeld zu zahlen braucht, daß er in
den besten Jahren seines Lebens ein großes Werk zu übersehen, zu
ordnen und in Einem Sinne auszuführen fähig ist. Man halte diese
Bedingungen, unter denen allein ein klassischer Schriftsteller, besonders ein prosaischer, möglich wird, gegen die Umstände, unter denen die besten Deutschen dieses Jahrhunderts gearbeitet haben, so
wird, wer klar sieht und billig denkt, dasjenige, was ihnen gelungen
ist, mit Ehrfurcht bewundern, und das was ihnen mißlang, anständig
bedauern." Und Goethe fuhr fort: „Man sehe unsere Lage, wie sie
war und ist, man betrachte die individuellen Verhältnisse, in denen
sich deutsche Schriftsteller bildeten, so wird man auch den Standpunkt, aus dem sie zu beurteilen sind, leicht finden. Nirgends in
Deutschland ist ein Mittelpunkt gesellschaftlicher Lebensbildung,
wo sich Schriftsteller zusammenfänden und nach Einer Art, in
Einem Sinne, jeder in seinem Fache sich ausbilden könnten!"(21)

Wo Friedrich II. in klassenmäßiger Beschränktheit auf den fürstlichen Förderer klassischer Literatur hoffte, postulierte Goethe die
Einheit von Nation und Nationalliteratur. Er beklagte den Zustand
der deutschen Nation, wenngleich er mit dem Blick auf die Französische Revolution, insbesondere die Jakobinerherrschaft, die Umwälzungen fürchtete, die auch in Deutschland klassische Werke vorberei-
ten konnten.

Die Reaktion auf Friedrichs Schrift zeigte, daß sich eine bürgerliche Intelligenz entwickelt hatte, der die Grenzen deutscher Territo-
rialstaatlichkeit zu eng geworden waren, die sich mit bürgerlichem
Selbstbewußtsein zum Sprecher der Nation machte. Ihren Ansprüchen konnte das Staatswesen Friedrichs II. selbst dann nicht entsprechen, wenn die Person des Monarchen noch akzeptiert wurde und
eine – wenn auch kritische – Bewunderung weckte. Für die deutsche Literatur war ein Glück, was der preußische König, allerdings

in anderem Sinne, in seinem Todesjahr in einem Gespräch mit dem französischen Aufklärer, dem Grafen von Mirabeau, geäußert haben soll. Auf Mirabeaus Frage, warum er sich der ruhmvollen literarischen Umwälzung in Deutschland nicht angeschlossen habe, entgegnete Friedrich: „Aber, was hätte ich für die deutschen Schriftsteller mehr tun können, als ich für sie tat, indem ich mich nicht mit ihnen abgab und ihre Bücher nicht las?"(22) In der Tat, Besseres hätte er nicht tun können.

Der Tod

In den letzten Lebensjahren ging es Friedrich II. sehr schlecht. Er ahnte, daß seine Tage gezählt waren, und schickte sich an, die Welt „ohne Bedauern zu verlassen". Der Preußenkönig lebte einsam als ein alter und kranker Mann, dessen Menschenverachtung in offenem Zynismus gipfelte, fern von seinem Volk, das er hatte „glücklich" machen wollen, ohne echte Freunde, umgeben von Höflingen. Bisweilen empfing er noch immer berühmte Männer, entwickelte Beredsamkeit und Charme. Er vermochte, wenn er wollte, jeden zu fesseln. Selbst der Graf Mirabeau, der bald darauf seine kritische Auseinandersetzung mit der preußischen Monarchie verfaßte, äußerte im April 1786: „Man kann sich keinen frischeren Geist, keine liebenswürdigere Unterhaltung denken."(23) Meist aber beschäftigte sich Friedrich II. mit seinen Hunden und mit Büchern. Von der Gicht geplagt, lenkte er sich durch Lesen von seinen Schmerzen ab.

1785, während der Revue in Schlesien, die er immer noch – wenn auch nicht mehr zu Pferde – abnahm, erkrankte er schwer. Er sollte sich nie mehr richtig erholen. Im Frühjahr 1786 schrieb er über seinen Zustand: „... meine Leiden (haben) sich sehr verschlimmert. Ich kann nicht mehr schlafen und verbringe die Nächte unter fortwährenden Beängstigungen. Ich schleppe mich von einem Fleck zum andern und finde doch nirgends Ruhe. Mein Asthma hat sehr zugenommen, meine Kräfte schwinden; kurz, offen gesagt, rechne ich nur noch mit Tagen."(24) Am 17. August 1786 starb er. Sein Tod wurde von vielen mit derselben Erleichterung empfunden, wie vor Jahrzehnten der seines Vaters. Mirabeau stellte fest: „Alles ist düster, niemand ist traurig, alles ist geschäftig, niemand betrübt. Kein Gesicht, das nicht Aufatmen und Hoffnung verrät, kein Bedauern, kein Seufzer, kein Wort des Lobes. Damit also enden so viele gewonnene Schlachten, so viel Ruhm, eine Regierung von fast einem halben Jahrhundert, erfüllt von so vielen Großtaten! Jedermann wünschte ihr Ende herbei, jedermann ist froh darüber."(25)

Friedrich II. starb am Vorabend revolutionärer Umwälzungen in Europa. Die drei Jahre nach seinem Tode in Frankreich beginnende große Revolution der Franzosen leitete die weltgeschichtliche Epoche des Kapitalismus ein. Das Preußen Friedrichs II. aber war ein hoffnungslos „überaltertes" Staatswesen. Der König hatte während seiner langen Regierungszeit alles getan, um die Herrschaft der feudalen Klasse zu sichern. Daß das auf die Dauer nicht ging, lag nicht an ihm. Auch in Preußen entwickelten sich seit den siebziger Jahren die manufakturkapitalistischen Verhältnisse beschleunigt; nicht dank, sondern trotz der rückständigen Wirtschaftspolitik des Königs. Die neuen Produktionsverhältnisse stießen allerorts auf die Schranken der feudalen Basis. Solange die Gutsherrschaft auf dem Lande vorherrschte, das Eigentum an Grund und Boden ein feudales Privileg blieb und der Bauer an den Boden gefesselt war, konnten sich die kapitalistischen Verhältnisse nicht allseitig ausbreiten und endgültig über die feudale Struktur des Landes siegen. In Preußen reiften zwar objektive Bedingungen für soziale Veränderungen heran. Noch aber gab es keine Klasse oder Schicht, die diese Umwälzungen ähnlich wie in Frankreich durch eine Revolution von unten hätte durchsetzen können. Die Manufakturkapitalisten – zahlenmäßig schwach – blieben eine in sich zersplitterte, uneinheitliche und von provinziellen Interessen geprägte soziale Gruppe, während die bürgerliche Intelligenz in ihrer Mehrheit zwar Veränderungen erhoffte, diese aber nicht zuletzt dank der Politik Friedrichs II. von „oben" erwartete. Das Volk indes, Bauern, Handwerker und Manufakturarbeiter, ausgebeutet und niedergedrückt, jeder wirklichen politischen Einflußnahme beraubt, widersetzte sich spontan, in Streikkämpfen und lokalen Erhebungen, der steigenden Ausbeutung; das Land ernstlich erschüttern konnten diese Aktionen freilich nicht. Dazu fehlte es ihnen an Geschlossenheit, revolutionärer Kraft und der Führung durch eine nicht vorhandene revolutionäre Bourgeoisie.

Es bedurfte der Erschütterungen der Französischen Revolution und des Zusammenbruchs des altpreußischen Staates friderizianischer Prägung in den Jahren 1806/1807, ehe in Preußen gesellschaftliche Umgestaltungen, eingeleitet durch die Stein-Hardenbergschen Reformen, beginnen konnten.

Schlußbetrachtungen:
Friedrich II. und die Nachwelt

Wer war Friedrich II.?

Ein Mann, der in einer Zeit des Umbruchs die Ideen der neuen, im Aufstieg begriffenen und in Frankreich zur Macht strebenden Klasse in sich aufnahm, um sie – was die wenigsten Zeitgenossen sahen und verstanden – zur Stabilisierung der feudalen Gesellschaft zu benutzen.

Ein Mann, dessen Denken und Handeln um Großmachtpolitik kreiste, ein „Politiker der Stärke", wie wir Heutigen sagen würden, bar jeden, zu dieser Zeit aufkommenden Nationalgefühls, dessen außenpolitische Linie dynastischen Interessen dienende skrupellose Aggressionen verfolgte und die Ideologie des Präventivschlags, des „Not kennt kein Gebot" in die Geschichte einbrachte.

Ein Politiker, der den weiteren Verlauf deutscher Geschichte mit dem preußisch-österreichischen Dualismus belastete.

Ein begabter Feldherr, ein Krieger, der seinem Vater folgend, das ganze Land als Feldlager nutzte und ihm im Interesse seiner Großmachtpolitik ungeheure Opfer abverlangte.

Ein intelligenter, vielseitiger und musisch begabter Herrscher, der auf Etikette nichts hielt und brillant zu unterhalten verstand, der – wenn er wollte – „die ganze Welt" durch Bescheidenheit bezauberte und ... täuschte.

Ein Menschenverächter, der mit zunehmendem Alter immer weniger von der menschlichen „Rasse" und ihren Fähigkeiten hielt und der das Volk verachtete.

Ein Mann des Adels, der kurz vor der Zeitenwende der Französischen Revolution starb, der zwar Impulse des neu heraufkommenden Zeitalters empfing und auf sie reagierte, indem er sein zurückgebliebenes Land den neuen Verhältnissen anzupassen suchte, der aber gleichzeitig – an die Bedingungen seiner Klasse und seines Landes gekettet – Dämme gegen die neue Gesellschaft errichtete.

Ein absoluter Herrscher, der, als er starb, ein Land hinterließ, das sich trotz erstarkender Wirtschaft und geordneter Verwaltung in einer Systemkrise befand, das nach einer Befreiung von feudalen Fesseln und nach Überwindung der ständischen Struktur verlangte. Ein „aufgeklärter" Konservativer.

Woran lag es, daß von diesem widersprüchlichen, begabten, die Interessen der Adelsklasse wahrenden Mann so langanhaltende Wirkungen ausgingen? Warum beriefen sich anfangs bürgerliche Liberale und später Reaktionäre aller Schattierungen auf ihn? Bei der Antwort auf diese Frage geht es nicht um Geschichtsschreibung, nicht um die Widerspiegelung historischer Realität in den Köpfen liberaler oder konservativer bürgerlicher Historiker, sondern um den nicht zu übersehenden Fakt, daß Friedrich II. Linien absteckte, Trassen schlug, die die Herrschenden weiterverfolgten und die eingefleischten Reaktionäre noch heute weiterführen möchten.

Friedrichs Nachwirkung war zunächst eine Folge der Französischen Revolution. Auf die Umwälzungen, die sie auch auf deutschem Boden hervorrief, antworteten die Herrschenden mit verstärktem Druck auf die bürgerlichen Kräfte, vor allem auf ihre Ideologen. Da der Preußenkönig den Aufklärern einen gewissen Spielraum gewährt hatte, erschien ihnen seine Zeit im nachhinein als Idylle. Sie kritisierten die neuen Machthaber, indem sie um den alten Legenden woben. Aber auch der Adel, vom Umsturz in Frankreich und dem Zusammenbruch des altpreußischen Staates unter den Schlägen der französischen Armee 1806/07 verschreckt, in Unruhe über die eigene Existenz, betrachtete die Regierungszeit Friedrichs II. als das goldene Zeitalter, als eine Ära der Ruhe und Ordnung.

Und es waren weiter die konkreten Bedingungen des Übergangs vom Feudalismus zum Kapitalismus, die das Andenken des toten Friedrich beschworen. Die mit den Stein-Hardenbergschen Reformen beginnende „Revolution von oben", deren Grundlage der Klassenkompromiß zwischen Bourgeoisie und Adel sowie die allmähliche Verbürgerlichung des Adels waren, fußte zwar nicht – wie manche bürgerliche Historiker noch heute behaupten – auf Friedrich II., die Voraussetzungen für eine solche Klassenkonstellation aber reiften unter seiner Herrschaft heran. Das Bürgertum hatte sich daran gewöhnt, mit der Monarchie zusammenzuarbeiten, der Adel – wenn auch erst vereinzelt – den Weg beschritten, der zur kapitalistischen Agrarentwicklung führen sollte. Was wunder, daß vielen hier eine „ungebrochene" Kontinuität zu walten schien, daß man die eigene

Entwicklung aus den Tagen Friedrichs II. herleitete. Selbst anti-revolutionär und seit der beginnenden Arbeiterbewegung von Furcht vor dem revolutionären Aufbruch der neuen Klasse erfüllt, vergaß man nur zu gern, daß es erst des gewaltigen Beschleunigers der Französischen Revolution bedurft hatte, ehe sich die stagnierende alt-preußische Gesellschaft in eine bürgerliche mausern konnte. So kam es, daß die auf Reformen von oben hoffende deutsche – nicht nur preußische – Großbourgeoisie, als sie im Vormärz endlich um eine Beteiligung an der politischen Macht zu ringen begann, sich auf den Reformer von oben, Friedrich II., besann, dessen Staat keine großen Volksaufstände kannte.

Trotzdem wäre die Gestalt des Preußenkönigs sicher früher oder später im Sog der Jahrzehnte versunken, hätte es nicht Ideologen und Politiker gegeben, die seiner bedurften. Was ursprünglich ein spontanes Erinnern an die Vergangenheit war, wuchs sich mit zunehmendem Abstand zu regelrechten Geschichtslegenden aus. Die Herrschenden brauchten wie stets zur Bewältigung gegenwärtiger Aufgaben eine historische Legitimation. Der widersprüchliche Friedrich bot sie in denkbar reichem Maße. War es anfangs die „Revolution von oben", für die er als Ahnherr in Anspruch genommen wurde, so besann sich die um nationalstaatliche Einigung ringende deutsche Bourgeoisie bald auch auf Friedrichs Auseinandersetzung mit Österreich. Als nach der Niederlage der bürgerlich-demokratischen Revolution von 1848/49 die Frage stand, auf welchem Wege die bürgerliche Umwälzung zu Ende geführt und die nationalstaatliche Einigung vollzogen werden kann, da schälten sich zwei gegensätzliche Tendenzen heraus. Während Karl Marx und Friedrich Engels die revolutionäre Arbeiterbewegung auf die Beendigung der bürgerlichen Umwälzung durch Vernichtung Preußens und Österreichs und die Schaffung einer demokratischen Republik orientierten, spalteten sich bourgeoise und junkerliche Kräfte nach einem „liberalen Zwischenspiel" in Großdeutsche, die die Einigung unter Mitwirkung Österreichs, und in Kleindeutsche, die sie unter Führung Preußens vollziehen wollten. Mit Otto von Bismarck betrat eine Gestalt die politische Szene, die diese Frage zugunsten einer Verpreußung Deutschlands löste. Preußen erhielt plötzlich einen „deutschen Beruf". Man begann seine Vergangenheit unter diesem Blickwinkel zu durchforschen und – siehe da – fand in den Kriegen Friedrichs II., seiner aggressiven Annexionspolitik, seinem Kampf um die Vergrößerung und Abrundung des preußischen Staates den Beginn eines

Aufführung des „Hamlet"
im Jahre
1778 in Berlin.
Radierung
von D. Chodowiecki

Friedrich II. (1758). Radierung von D. Chodowiecki

Friedrich II. (um 1763). Gemälde von J. G. Ziesenis

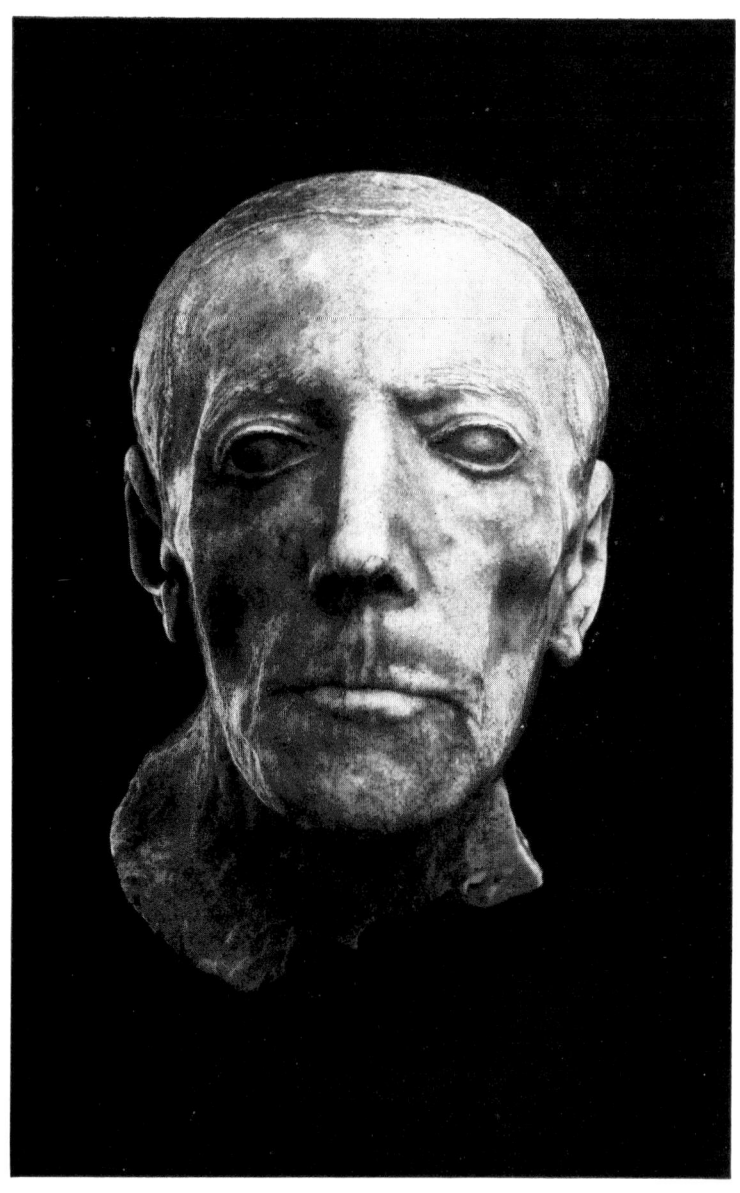

Totenmaske Friedrichs II., abgenommen von J. Eckstein

nationalen Prozesses, als dessen Vollender Bismarck erschien. Friedrich II. hat nie nationale Ziele verfolgt. Das ist seit langem erwiesen. Insofern gab es auch keine einfache Fortführung friderizianischer Politik durch den Junker Bismarck und keine einfache Linie, die von Friedrich II. über Bismarck später zu Hitler führte, wie nach dem zweiten Weltkrieg mitunter festgestellt wurde. Aber eine gebrochene Kontinuität gab es doch. Mit Friedrich hatte der österreichisch-preußische Dualismus begonnen, der unter Bismarck im Sinne einer Verdrängung Österreichs aus dem bürgerlichen deutschen Nationalstaat gelöst wurde.

Bismarck selbst bediente sich schließlich auch in einer anderen Frage der friderizianischen Legende. Das Anwachsen der Arbeiterbewegung, ihre Revolutionierung, deren sichtbarster Ausdruck in Europa die Pariser Kommune war, rückte nach der Lösung der nationalen Frage die soziale stärker in das Blickfeld der Bourgeoisie. Die Arbeiterklasse in den Staat zu integrieren und sie damit ihrer revolutionären Sprengkraft zu berauben, war erklärtes Ziel einiger Ideologen der herrschenden Klasse. Noch bevor diese mit der These vom „sozialen Königtum" der Hohenzollern die historische Legitimation für eine derartige Politik schufen, erklärte der „Zuckerbrot und Peitsche" gleichermaßen handhabende Kanzler Bismarck Friedrich II. zum „König der Geusen", der sich des Schutzes der Armut angenommen habe. „Unsere Könige haben die Emanzipation der Leibeigenen herbeigeführt", erklärte er, „sie haben einen blühenden Bauernstand geschaffen; es ist möglich, daß es ihnen auch gelingen werde – das ernste Bestreben ist vorhanden – zur Verbesserung der Lage der Arbeiter beizutragen."(1)

Auch in der sozialen Frage gab es jedoch keine einfache Kontinuität zwischen Friedrich und Bismarck, selbst in dem erwähnten Sinne nicht. Das verhinderten die gründlich veränderten Klassenverhältnisse ebenso wie die anders gearteten historischen Aufgaben. Wo Friedrich II. unter teilweiser Anpassung an das Neue Altes konservieren wollte, vollendeten Großindustrielle und Junker unter Bismarck bei Wahrung des Alten, der feudal-reaktionären Überreste, die „Revolution von oben" und begründeten den preußisch-deutschen Militärstaat.

Reformbereitschaft, nationale und soziale Aufgaben, Großmachtpolitik und Chauvinismus, Aggressionsbereitschaft und Durchhalteparolen, alles ließ sich mit Friedrich II. legitimieren. Sein widersprüchliches Wesen, seine stabilisierende Innen- und seine aggressive

Außenpolitik boten Politikern und Ideologen der herrschenden Klasse immer neue Möglichkeiten historischer Rechtfertigung.

Die Hohenzollern-Legende, die in wesentlichen Punkten eine Friedrich-Legende war, wurde in einem solchen Maße zur ideologischen Verklärung damaliger Zustände eingesetzt, diente derart der Verdummung des Volkes und der Aktivierung pseudopatriotischer und antidemokratischer Gefühle, daß die revolutionäre Arbeiterklasse gegen den preußisch-deutschen Militärstaat nur ankämpfen konnte, indem sie sie zerschlug. „Und die Zerstörung der preußischen Legende ist absolut nötig, ehe Preußen in Deutschland verschwinden kann", schrieb Engels 1892 anläßlich des Erscheinens von Franz Mehrings „Lessing-Legende". Und er wiederholte ein Jahr später, in einem an Mehring selbst gerichteten Brief: „... die Auflösung der monarchisch-patriotischen Legenden ist, wenn auch nicht gerade eine notwendige Voraussetzung der Beseitigung der die Klassenherrschaft deckenden Monarchie..., aber doch einer der wirksamsten Hebel dazu."(2) Der Kampf gegen die reaktionären preußischen Legenden, von Marx und Engels begonnen, Mehring und Karl Liebknecht weitergeführt, gehört seit dieser Zeit ebenso zum Wesen der revolutionären Arbeiterbewegung wie die Ausnutzung Preußens und Friedrichs II. zum klassenkämpferischen Arsenal der Reaktion.

Die „Riesenarbeit der Idealisierung", die Friedrich Schiller an Friedrich II. nicht vollziehen wollte, die später von Generationen borussischer Historiker vollzogen wurde, blieb nicht ohne Wirkung. Die Vatergestalt des „alten Fritzen", des gerechten, das Volk schützenden, gegen eine Welt von Feinden kämpfenden und Opfer bringenden Helden begegnete dem Kind im Lesebuch, dem Erwachsenen in Anekdotensammlungen und monströsen, aber geschickt gemachten Filmen und sogar in ernstzunehmenden Publikationen geachteter Dichter. Der tote Held war nicht totzukriegen, ehe nicht die Bedingungen beseitigt waren, die die Legendenbildung begünstigten und „erforderlich" machten. So tief verwurzelt war das Andenken an den „großen" König, daß sich selbst Faschisten vom Schlage eines Hitler und Goebbels gegen Ende des zweiten Weltkrieges, kurz vor der vernichtenden Niederlage des faschistischen Deutschland, als Nutznießer dieser Legende auf die Durchhaltestrategie eines Friedrich beriefen. Im März 1945 hoffte Goebbels nach der Lektüre von Thomas Carlyles Friedrich-Biographie allen Ernstes noch, daß sich das „Mirakel des Hauses Brandenburg" wiederholt. Er schrieb in seinem Tagebuch: „Aus dieser Schilderung kann man wieder ersehen, in welch kritischen Lagen der grosse preussische König manchmal gesteckt hat und mit welch einer souveränen inneren Gelassenheit und welch einem bewundernswerten Stoizismus er sie immer gemeistert hat. Auch er glaubte manchmal an seinem guten Stern verzweifeln zu sollen; aber wie es meistens in der Geschichte so geht, so ging auch ihm in der dunkelsten Stunde ein heller Stern auf, und Preussen wurde gerettet in einer Situation, in der er schon fast alle Hoffnung aufgegeben hatte. Aus welchem Grunde sollten wir nicht auf eine ähnliche wunderbare Wandlung der Dinge hoffen können!"(3) Das faschistische Deutsche Reich mußte untergehen und in seinem Sog die Reste jenes alten Preußen mitziehen, ehe – zumindest in einem Teil des ehemaligen Deutschland – Friedrich II. auf die normale Größe eines Herrschers aus dem 18. Jh. zurückgeführt werden konnte; normal nicht in dem Sinne, daß er das Niveau deutscher Fürstenherrlichkeit nicht überschritten hätte – das tat er –, sondern in seiner Gebundenheit an die Zeit und die Klasse, deren Repräsentant er war.

Die Friedrich-Legenden sind nicht tot. Sie feiern heute in der BRD, nachdem es Ende der sechziger Jahre auch in der offiziellen Geschichtsschreibung eine gewisse Distanz gegenüber dem autoritären, aggressiven und das Volk verachtenden König gegeben hatte, fröhliche Urständ. Anfangs waren es die „preußischen Tugenden", die man bei der demokratischen Jugend der BRD so sehr vermißte, auf die die Aufmerksamkeit der Öffentlichkeit gelenkt wurde; jene Tugenden, die – warum bemerkte das niemand? – eigentlich die Untugenden typischer Untertanen waren. Wer den „Dienst um des Dienstes willen" pries, die „Pflichterfüllung um der Verpflichtung willen", wer die „Unterordnung unter das Ganze" und strenge Disziplin für notwendig fand, ohne zugleich zu fragen, von was für einer „Pflicht" da die Rede war, welcher Sache man diente und wofür das „Ganze" stand, der wollte keine verantwortungsbewußt handelnde und selbständig denkende Jugend, sondern willfährige Untertanen. Es hängt sicher mit dem gegenwärtig allgemein zu beobachtenden Rechtsruck in der BRD zusammen, wenn nach den Studentenunruhen der sechziger Jahre jene imaginären preußischen Tugenden wieder stärker betont werden, wenn man die Gestalt des Preußenkönigs von allzu kritischer Betrachtung reinigt und erneut auf den Sockel hebt. Nach den vielen Legenden, die die deutsche Reaktion um Friedrich II. wob, bescheren uns bundesrepublikanische Publizisten nun die neueste Variante. Sie entdeckten den

„linken" Friedrich, der, wie sollte es anders sein, trotzdem auf Ordnung und Disziplin in seinem Staate hielt. Solange es solche „Entdeckungen" gibt, solange gehört Preußen nicht der Vergangenheit an, solange wird man sich bei der historischen Beschäftigung mit Friedrich II. auch Aufgaben der Gegenwart stellen müssen.

Preußen ist Teil unserer Vergangenheit. Geht man durch einige Städte der DDR, vor allem durch Berlin oder Potsdam, kann man auf Schritt und Tritt steinernen Zeugen preußischer Geschichte begegnen. Sie sind nur ein Zeichen dafür, daß uns unsichtbare Fäden mit dem Gestern verbinden. Freilich wird man sich diesem Teil unserer Geschichte immer kritisch nähern müssen. Die revolutionäre deutsche Arbeiterklasse ist groß geworden und hat ihre unverwechselbaren Züge im Kampf gegen die reaktionären junkerlich-bourgeoisen Kräfte des preußisch-deutschen Militärstaates angenommen. Darüber aber sollte man nicht vergessen, daß Preußen zu keiner Zeit mit der herrschenden Klasse identisch war. Und selbst die Herrschenden gilt es differenziert zu werten. Für sie und die Beurteilung ihrer Leistungen kann es nur einen Maßstab geben: nämlich den ihres Anteils an der Durchsetzung des gesellschaftlichen Fortschritts. Hat Friedrich II. ihn gehemmt oder befördert? Die Antwort auf diese Frage fiel eindeutig aus. Als Politiker, der in einer Zeit des Übergangs Bestehendes konservieren wollte, errichtete er Barrieren gegen das neue Zeitalter. Aber die Dialektik der Geschichte bewirkte, daß sich Bestehendes nicht mehr ohne Anpassungsfähigkeit und Flexibilität konservieren ließ.

Eine Persönlichkeit, auch eine solche vom Schlage Friedrichs II., ist vielfältigen Kräften unterworfen: der Geschichte und Tradition, den Möglichkeiten und Bedürfnissen der eigenen Klasse, den Ressourcen des Landes, seiner Stellung im Kräftespiel der Mächte, vor allem – wenngleich nicht immer bewußt wahrgenommen – den Kämpfen der Unterdrückten und Ausgebeuteten. Letztere bildeten den manchmal nicht auf den ersten Blick erkennbaren Hintergrund für Reaktion auf der einen und Reformbereitschaft auf der anderen Seite. Wenn man von Preußen in der zweiten Hälfte des 18. Jh. und seinem Herrscher spricht, dann ist an all dies mitzudenken. Nur so nämlich wird verständlich, warum sich hier trotz aller Bemühungen des Königs, die alten Verhältnisse zu konservieren, nach den Erschütterungen durch die Französische Revolution bürgerliche Umwälzungen relativ rasch vollzogen.

Anmerkungen:

Der Kronprinz

1 Hein, Max, Friedrich der Große. Ein Bild seines Lebens und Schaffens, 2. Aufl., Berlin 1916, S. 9.

2 Friedrich der Große. Gespräche mit Catt. Hrsg. von Wilhelm Schüßler, Leipzig 1940, S. 47.

3 Friedrich der Große und Wilhelmine von Bayreuth. Ihr Briefwechsel. Hrsg. von Gustav Berthold Volz, Bd. 1, Berlin 1924, S. 68.

4 Hinrichs, Carl, Der Kronprinzenprozeß. Friedrich und Katte, Hamburg 1936, S. 98.

5 Ebenda, S. 94.

6 Ebenda, S. 79.

7 Ebenda, S. 144.

8 Friedrich der Große im Spiegel seiner Zeit. Hrsg. von Gustav Berthold Volz, Bd. 1, Berlin o. J., S. 14.

9 Ebenda, S. 18.

10 Briefe Friedrichs des Großen. In deutscher Übersetzung. Hrsg. von Max Hein, deutsch von Friedrich von Oppeln-Bronikowski und Eberhard König, Bd. 1, Berlin 1914, S. 28.

11 Ebenda, S. 31.

12 Ebenda, S. 33.

13 Ebenda, S. 34.

14 Ebenda, S. 35.

15 Friedrich der Große im Spiegel seiner Zeit, Bd. 1, S. 57.

16 Ebenda, S. 32.

17 Briefe, Bd. 1, S. 55.

18 Die Werke Friedrichs des Großen. In deutscher Übersetzung. Hrsg. von Gustav Berthold Volz, Bd. 7, Berlin 1913, S. 198.

19 Ebenda.

20 Ebenda, S. 199.

21 Friedrich der Große im Spiegel seiner Zeit, Bd. 1, S. 62.

22 Friedrich der Große und Wilhelmine von Bayreuth, Bd. 1, S. 238.

23 Ebenda, S. 273.

24 Werke, Bd. 7, S. 92.

25 Ebenda, S. 8.

Das Jahr 1740

1 Friedrich der Große im Spiegel seiner Zeit, Bd. 1, S. 151.
2 Briefwechsel Friedrichs des Großen mit Voltaire. Hrsg. von Reinhold Koser und Hans Droysen, Bd. 2, Leipzig 1909, S. 5.
3 Friedrich der Große im Spiegel seiner Zeit, Bd. 1, S. 129.
4 Ebenda, S. 152.
5 Briefwechsel Friedrichs des Großen mit Voltaire, Bd. 2, S. 9 f.
6 Acta Borussica. Denkmäler der Preußischen Staatsverwaltung im 18. Jh. Hrsg. von der Königlichen Akademie der Wissenschaften. Die Behördenorganisation und die allgemeine Staatsverwaltung Preußens im 18. Jh., Bd. 6/2, Berlin 1901, S. 8.
7 ZSTA Merseburg, Hist. Abt. II, Rep. 9 F 2 a l, Fasz. 3, fol. 8.
8 Briefwechsel Friedrichs des Großen mit Voltaire, Bd. 1, Leipzig 1908, S. 5.
9 Ebenda, S. 48.
10 Werke, Bd. 7, S. 90.
11 Acta Borussica. Behördenorganisation, Bd. 6/2, S. 162.
12 Werke, Bd. 2, Berlin 1912, S. 5.
13 Ebenda, Bd. 5, Berlin 1913, S. 165.
14 Briefe, Bd. 1, S. 181.
15 Ebenda, S. 182.
16 Ebenda, S. 183.
17 Friedrich der Große im Spiegel seiner Zeit, Bd. 1, S. 147.
18 Ebenda, S. 145.
19 Briefe, Bd. 1, S. 184.
20 Friedrich der Große im Spiegel seiner Zeit, Bd. 1, S. 153.
21 Werke, Bd. 7, S. 111 f.

Die Eroberung Schlesiens

1 Werke, Bd. 2, S. 59.
2 Ebenda, S. 60.
3 Briefe, Bd. 1, S. 185.
4 Ebenda, S. 186.
5 Ebenda, S. 187.
6 Ebenda, S. 207.
7 Ebenda, S. 201.
8 Werke, Bd. 7, S. 110.
9 Briefe, Bd. 1, S. 185.
10 Potsdamer Tagebücher, in: Urkundliche Beiträge und Forschungen zur Geschichte des Preußischen Heeres. Hrsg. vom Großen Generalstab, Kriegsgeschichtliche Abt. II, Heft 10, Berlin 1906, S. 23.

11 Briefe, Bd. 1, S. 189.
12 Werke, Bd. 2, S. 91.
13 Ebenda, S. 92.
14 Ebenda, S. 98 f.
15 Briefwechsel Friedrichs des Großen mit seinem Bruder Prinz August Wilhelm, Leipzig 1927, S. 50.
16 Briefe, Bd. 1, S. 206.
17 Werke, Bd. 2, S. 131.
18 Briefwechsel Friedrichs des Großen mit Voltaire, Bd. 2, S. 138.
19 Briefe, Bd. 1, S. 212.
20 Ebenda, S. 213.
21 Acta Borussica. Behördenorganisation, Bd. 6/2, S. 618.
22 Werke, Bd. 2, S. 136.
23 Politische Korrespondenz Friedrichs des Großen. Hrsg. von der Preußischen Akademie der Wissenschaften, Bd. 2, Berlin 1879, S. 408.
24 Ebenda, S. 409.
25 Werke, Bd. 2, S. 152.
26 Ebenda, S. 177.
27 Briefe, Bd. 1, S. 221.
28 Ebenda, S. 222.
29 Werke, Bd. 2, S. 221.
30 Briefe, Bd. 1, S. 227.
31 Werke, Bd. 2, S. 253.
32 Ebenda.
33 Ebenda, S. 268 f.

Zwischen den Kriegen

1 Gespräche Friedrichs des Großen. Hrsg. von Gustav Berthold Volz und Friedrich von Oppeln-Bronikowski, Berlin 1919, S. 41.
2 Werke, Bd. 7, S. 215.
3 Stadelmann, Rudolph, Preußens Könige in ihrer Tätigkeit für die Landeskultur, Bd. 2, Leipzig 1882, S. 275.
4 Ebenda.
5 Ebenda, S. 297.
6 Acta Borussica. Behördenorganisation, Bd. 7, S. 555.
7 Stadelmann, Rudolph, Bd. 2, S. 327.
8 Acta Borussica. Behördenorganisation, Bd. 8, S. 283.
9 Werke, Bd. 7, S. 147.
10 Stadelmann, Rudolph, Bd. 2, S. 296.
11 Ebenda.
12 Acta Borussica. Behördenorganisation, Bd. 7, S. 601.

13 Ebenda, Bd. 6/2, S. 841.

14 Krauss, Werner, Studien zur deutschen und französischen Aufklärung, Berlin 1963, S. 271.

15 Das Leben und die Abentheuer des Armen Mannes im Tockenburg. Von ihm selbst erzählt, Berlin 1910, S. 122.

16 Hegemann, Werner, Friedericus oder das Königsopfer, Hellerau 1924, S. 409.

17 Die Politischen Testamente Friedrichs des Großen. Übersetzt von Friedrich von Oppeln-Bronikowski, mit einer Einführung von Gustav Berthold Volz, Berlin 1922, S. 90.

18 Ebenda, S. 3.

19 Ebenda, S. 106.

20 Ebenda, S. 69.

21 Ebenda, S. 64.

22 Voltaire über den König von Preußen. Memoiren. Hrsg. und übersetzt von Anneliese Botond, Frankfurt/Main 1969, S. 28.

23 Ebenda, S. 29 f.

24 Briefwechsel mit Prinz August Wilhelm, S. 198.

25 Friedrich der Große im Spiegel seiner Zeit, Bd. 1, S. 239.

26 Werke, Bd. 8, Berlin 1913, S. 110.

27 Ebenda, S. 103.

28 Friedrich der Große im Spiegel seiner Zeit, Bd. 1, S. 234.

29 Fontius, Martin, Voltaire in Berlin. Zur Geschichte der bei G. C. Walther veröffentlichten Werke Voltaires, Berlin 1966, S. 48.

30 Ebenda, S. 49.

31 Ebenda, S. 119 f.

Der Siebenjährige Krieg (1756–1763)

1 Werke, Bd. 3, Berlin 1913, S. 3.

2 Ebenda, Bd. 6, Berlin 1913, S. 80.

3 Ebenda, Bd. 3, S. 12.

4 Die Briefe Friedrichs des Großen an seinen vormaligen Kammerdiener Fredersdorff, Berlin 1926, S. 246.

5 Briefwechsel mit Prinz August Wilhelm, S. 247.

6 Werke, Bd. 3, S. 166.

7 Ebenda, S. 37.

8 Briefwechsel mit Prinz August Wilhelm, S. 266.

9 Ebenda, S. 247.

10 Friedrich der Große und Wilhelmine von Bayreuth, Bd. 2, S. 361.

11 Briefwechsel mit Prinz August Wilhelm, S. 291 ff.

12 Ebenda, S. 295.

13 Politische Korrespondenz, Bd. 16, Berlin 1888, S. 146.

14 Werke, Bd. 3, S. 167.

15 Gespräche mit Catt, S. 175.

16 Ebenda, S. 280.

17 Briefe, Bd. 2, S. 43.

18 Archenholtz, Friedrich Wilhelm von, Geschichte des Siebenjährigen Krieges in Deutschland, Berlin 1793, Bd. 2, S. 52.

19 Mehring, Franz, Gesammelte Schriften, Bd. 9: Die Lessing-Legende, Berlin 1963, S. 174.

20 Briefe, Bd. 2, S. 52.

21 Ebenda, S. 57.

22 Werke, Bd. 4, Berlin 1913, S. 190.

23 Briefe, Bd. 2, S. 52.

24 Ebenda, S. 53.

25 Ebenda, S. 60.

26 Werke, Bd. 4, S. 192.

27 Briefe, Bd. 2, S. 63.

28 Ebenda, S. 66.

29 Ebenda.

30 Werke, Bd. 4, S. 131.

31 Werke, Bd. 6, S. 77.

32 Ebenda, S. 60.

33 Ebenda, S. 65.

Krisenjahre in Preußen

1 Werke, Bd. 5, S. 56.

2 König, Anton Balthasar, Versuch einer historischen Schilderung der Hauptveränderungen der Religion, Sitten, Gewohnheiten, Künste, Wissenschaften der Residenzstadt Berlin seit den ältesten Zeiten bis 1786, Bd. 5, Berlin 1798, S. 256.

3 Werke, Bd. 5, S. 57.

4 Die Politischen Testamente, S. 190.

5 Ebenda, S. 225.

6 Ebenda, S. 232.

7 Fechner, Hermann, Wirtschaftsgeschichte der preußischen Provinz Schlesien in der Zeit ihrer provinziellen Selbständigkeit 1741–1806, Breslau 1907, S. 69 f.

8 Acta Borussica. Die einzelnen Gebiete der Verwaltung, Handels-, Zoll- und Akzisepolitik 1740–1786. Bearb. von Hugo Rachel, Bd. 3/1, S. 369.

9 ZSTA Merseburg, Hist. Abt. II, Gen.-Dir., Fabriken-Departement, Tit. XC, Nr. 28, fol. 89.

10 Acta Borussica. Handels-, Zoll- und Akzisepolitik, Bd. 3/1. S. 375.

11 Kuczynski, Jürgen, Die Geschichte der Lage der Arbeiter unter dem Kapitalismus, Bd. 26, Berlin 1965, S. 9.

12 Acta Borussica. Handels-, Zoll- und Akzisepolitik, Bd. 3/1, S. 364.

13 Ebenda, S. 659.

14 Die Politischen Testamente, S. 133.

15 Werke, Bd. 7, S. 222.

16 Die Politischen Testamente, S. 136.

17 Ebenda, S. 134.

18 Beneckendorf, Karl Friedrich, Oeconomia forensis oder kurzer Inbegriff derjenigen landwirtschaftlichen Wahrheiten, welche allen sowohl hohen als niedrigen Gerichtspersonen zu wissen nöthig, Bd. 2, Berlin 1775, S. 13.

19 Stadelmann, Rudolph, Bd. 2, S. 368.

20 Werke, Bd. 5, S. 64.

21 Stadelmann, Rudolph, Bd. 2, S. 340.

22 Werke, Bd. 7, S. 233.

23 Friedrich der Große im Spiegel seiner Zeit, Bd. 2, S. 240 f.

24 Gespräche mit Catt, S. 34.

25 Gespräche Friedrichs des Großen, S. 251 f.

26 Holbach, Paul-Henri Dietrich, Baron d', System der Natur, Berlin 1960, S. 111 f.

27 Briefe, Bd. 2, S. 154.

28 Ebenda, S. 157.

29 Ebenda, S. 179.

30 Ebenda, S. 182.

31 Du Marsais, César Chesneau/Holbach, Paul-Henri Dietrich, Baron d', Essay über die Vorurteile, Leipzig 1972, S. 122.

32 Werke, Bd. 7, S. 239.

33 Ebenda, S. 241.

34 Ebenda, S. 243.

35 Ebenda, S. 244.

36 Ebenda, S. 245.

37 Ebenda, S. 267.

Preußen und Österreich

1 Die Politischen Testamente, S. 232.

2 Politische Korrespondenz, Bd. 22, Berlin 1895, S. 525.

3 Werke, Bd. 5, S. 20.

4 Politische Korrespondenz, Bd. 30, Berlin 1905, S. 418.

5 Werke, Bd. 5, S. 92.

6 Politische Korrespondenz, Bd. 40, Berlin 1928, S. 196.

7 Engels, Friedrich, Varia über Deutschland, in: MEW, Bd. 18, S. 592.

8 Politische Korrespondenz, Bd. 40, S. 202.
9 Die Politischen Testamente, S. 171.
10 Ebenda, S. 182.
11 Werke, Bd. 6, S. 314.
12 Ranke, Leopold von, Die deutschen Mächte und der Fürstenbund, Leipzig 1871, S. 148.

Das Ende Friedrichs und des aufgeklärten Absolutismus

1 Deutsches Museum, Bd. 1, Leipzig 1777, S. 108.
2 Werke, Bd. 5, S. 86.
3 Ebenda, S. 87.
4 Ebenda, S. 85.
5 Ebenda, S. 94.
6 Gespräche Friedrichs des Großen, S. 282.
7 ZSTA Merseburg, Hist. Abt. II, Rep 9, F. 2 a, Fasz. 18, fol. 29.
8 Gespräche Friedrichs des Großen, S. 192.
9 Klein, Ernst Ferdinand, Beurtheilung der Kritik über das willkührliche Verfahren des Kaisers in Criminalfällen, in: Annalen der Gesetzgebung und Rechtsgelehrsamkeit in den Preußischen Staaten, Berlin/Stettin 1788, S. 395.
10 Derselbe, Freyheit und Eigenthum, abgehandelt in acht Gesprächen über die Beschlüsse der Französischen Nationalversammlung, Berlin/Stettin 1790, S. 77.
11 Berlinische Monatsschrift, hrsg. von Friedrich Gedike und Johann Erich Biester, Bd. 4, Berlin 1784, S. 481.
12 Gespräche Friedrichs des Großen, S. 218.
13 Werke, Bd. 8, S. 75.
14 Ebenda, S. 88.
15 Ebenda, S. 99.
16 Ebenda.
17 Kästner, Erich, Die Erwiderungen auf Friedrich des Großen Schrift „De la Littérature Allemande", Phil. Diss., Leipzig 1925, S. 105.
18 Ebenda, S. 106.
19 Klopstocks Gesammelte Werke in vier Bänden, Bd. 3, Stuttgart o. J., S. 145.
20 Kästner, Erich, S. 108.
21 Goethe, Johann Wolfgang, Werke, Bd. 40, Weimar 1901, S. 199.
22 Gespräche Friedrichs des Großen, S. 300.
23 Ebenda, S. 299.
24 Briefe, Bd. 2, S. 261.
25 Friedrich der Große im Spiegel seiner Zeit, Bd. 3, S. 255.

Schlußbetrachtungen: Friedrich II. und die Nachwelt

1 Bismarck, Otto, Die gesammelten Werke. Friedrichsruher Ausgabe, Berlin o. J., Bd. 10, S. 233.

2 Engels, Friedrich, an Franz Mehring, in: Marx/Engels, Werke, Bd. 39, S. 99.

3 Goebbels, Joseph, Tagebücher 1945. Die letzten Aufzeichnungen, Hamburg 1977, S. 370.

Personenregister